호모 나라티오 · 이야기하는 인간

훈, 율, 지언에게

삼인

* 내러티브 narrative의 어원 gnâ (라틴, 그리스, 산스크리트어에서 공통적으로 발견되는)는 '알 수 있는 것, 또 알려진 것을 아는 것 knowing the known, the knowable'이라는 의미이다. 로만어의 narratio는 연설 oration을 하는 데서 그 연설을 하게끔 한 이유라든가 그와 관련한 사실들을 서술하는 것이었다. 즉 논란이 되는 사건의 배경에 대해 말하는 행위가 narratio였다. 17세기 유럽에서 narratio는 두 가지 의미를 갖고 쓰였다. 하나는 사실들에 대한 진실된 언급 truthful account이며 또 하나는 논의 argument의 필요성을 알리고 설득하는 것이었다.

과거는 사라졌고
기억은 시간을 따라
흩날려 가고 있다.
내가 돌이키는 '나'라는 허상은
오직 이야기됨으로써만
구체화될 수 있는 것이다.

우리는
이야기하는
인간,
Homo Narratio*다.

책을 내면서
# 지난 삶을 이야기하려는 이의 생각과 입장

나는 몇 해 전 오래 다니던 직장에서 정년(停年)을 맞아 은퇴를 했다. 진짜 인생은 퇴직 이후부터라고 힘주어 말하는 사람도 더러 만나 보았지만, 장차 무엇을 어떻게 해야 할지 여전히 막연할 뿐이다. 묵은 숙제를 마친 듯한 기분이다가도 알짜 세월은 다 보내고 말았다는 생각에 허탈하여 공연히 지난 시간을 돌이켜 내곤 한다. 살아온 과정의 이런저런 굽이들을 더듬어 들어가니, 갖가지 일에 매달려 있던 동안은 까맣게 잊고 있었던 내용들이 되살아나서 스스로 놀란 적도 있다. 이런 경위로 기억이 있는 시절부터 내가 겪고 느낀 바를 어떻게든 정리하면 어떨까 하는 생심을 내기에 이르렀다.

나이가 들면서 차츰 분명하게 깨닫게 되는 것들이 있다. 앞서 간 이들처럼 나 또한 잊히고 사라지리라는 사실은 그 하나다. 어린 시절, 세상에서 제일 무서운 것은 망각이라고 주장하는 동화를 읽으며 그 의미를 이해하지 못해 의아해 하던 기억이 난다. 잊히고 잊는 것의 무서움을 몰랐던 때였다. 긴 시간이 흘러 마침내 내가 황혼녘에 지팡이를 짚고 서서 다가올 망각을 두려워하는 노인이 되고 말았다. 나 역시 사라지고 말 운명을 피할 수 없다면 조용히 이를 받아들여야 할 터인데, 여전히 무명(無明) 속을 헤매는 주제에 아물아물하기까지 한 옛 기억을 이야기하겠다고 나서는 것이 과연 마땅한 일일까?

과거의 기억이란 되감을 수 없는 시간의 허상일 뿐이라고 한다. 기억이 모두 헛것이고 따라서 나의 기억도 실체적 근거를 갖는 것은 아니라는 가르침대로면, 생애 돌이키기란 애당초 잡히지 않을 것을 잡으려 하는 헛수고가 될 공산이 크다. 그러나 인생의 정오를 지나친지 이미 오래임을 실감할수록 이 허상들은 때로 강렬하고 세세하게 눈앞에 닥쳐오고, 마치 꿈속의 장면인양 그립고 애틋하게 여겨지기도 한다. 창고 속에 버려두었던 예전 물건들을 우정 다시 꺼내어 살펴보듯 세월 저편에 흩어진 경험과 생각의 조각들을 음미하려는 기도는 망각에 맞서려는 안간힘으로 치부할 수 있을 듯하다. 문제는 망각에 저항하려 할수록 과거에 대한 회한에 감겨들게 된다는 점이다. 나 역시 시간의 빗장을 열자마자 어리석은 욕망과 집착에 휘둘렸던 광경들이 살아나 착잡한 감정을 떨쳐 내기 힘들었다.

어리석고 아둔하여, 또 끓어오르는 번뇌로 인해 안달하면서 일으킨 희비극들을 돌이키는 것은 민망하고 괴로운 일이 아닐 수 없다. 그러나 애를 쓰고 화를 내며 종종거렸던 순간들 또한 허공 속으로 흩어졌다. 그리운 장면이든 부끄러운 사연이든 그것들의 남은 흔적까지 곧 바람을 타고 사라져

갈 것이다. 현진건(玄鎭健)의 호인 빙허(憑虛)는 허공에 기댄다는 뜻이다. 허공이 의지할 만한 곳일 리 만무하지만, 사라지는 것들을 그냥 보고 있을 수만은 없어 그림자를 뒤좇는 심정으로 펜을 들고 말았다.

자신에 대한 애호심이 발동해서인지, 돌이키지 못할 세월이라면 긍정하자는 심사에서인지 요즘은 이 나이까지 살아온 것을 짐짓 대견해 하는 자신을 종종 발견한다. 심지어 최근엔 친구들과 이런저런 이야기를 나누다가, 그래도 우리는 인생의 '배틀'에서 살아남은 운 좋은 생존자라며 농담 같은 진담을 한 적이 있다. 개인적으론 여태 건강해 보인다는 소리를 들었고, 유족하달 정도는 아니어도 심하게 곤궁한 처지로 내몰린 적 없이 그럭저럭 살아왔음을 고맙게 여긴 군소리였지만, 또 먼저 간 사람들이 떠올라 공연히 변명하듯 내뱉은 말이었다.

나도 어느덧 마지막을 준비해야 할 나이가 되고 보니 살아오면서 가족과 친구, 지인들을 잃고 떠나보낸 기억은 도리어 뚜렷하다. 얼마 전에도 어릴 적부터 가까이 지냈던 벗이 병상에서 일어나지 못했는데, 아예 젊은 시절에 세상을 뜨지 않은 이상, 먼저 간 이들 대부분은 삶에 기진하거나 지속적인 내상(內傷)에 주저앉고 만 경우들이었다. 그렇기에 '운 좋은' 생존자의 입장에서는 뭔가 빚을졌다는 느낌이 들게 마련이다. 생애 이야기를 쓰려 할 때는 그간 알고 만났던 여러 인물들의 이야기를 하게 될 터이거니와, 아무래도 나의 회고는 상당 부분 앞서 간 이들을 추억하는 것이 될 수밖에 없을 듯싶다.

딱히 부탁을 받은 것도 아닌데 남들이 못한 이야기를 대신해 보겠다고 했지만, 당장 걱정되는 바는 내가 과연 그럴 만한 인생을 살았는지, 내가 할 이야기가 다른 사람들 또한 머리를 끄덕일 만한 것인가 하는 점이다. 아닌 게 아니라 여태까지의 내 인생에서 특별히 드러내 밝힐 만한 내용이 있는가 하는 물음 앞에선 고개를 젓게 된다. 성장한 이후로 수십 년 넘게 학교와 집을 오가는 생활을 해 왔기에 세간의 관심을 끌 사건의 와중에 있었던 적이 있을 리 없고, 유의미한 증언을 남길 지위를 가진 적 역시 없다. 대강 돌이켜 보아도 남다른 경험을 했다든지 혹은 대단한 장애와 맞닥뜨렸던 경우가 딱히 떠오르지 않는 것을 보면, 내 이야기는 감추어진 내막을 들추는 심각한 보고서나 간난신고를 이긴 눈물겨운 후일담과도 거리가 멀 듯싶다. 그러나 내가 할 이야기는 있다. 아무리 갑남을녀일지언정 왜 나름의 사연이 없겠는가.

자신의 삶과 별반 다르지 않은 그렇고 그런 이야기가 우리의 호기심을 자극하기는 어렵다. 그러나 비범한 영웅들의 극적인 모험담이란 우리의 실제 삶과 동떨어진 것이기 쉽다. 나는 평범한 사람들의 반복되는 일상이야말로 모든 이야기의 궁극적 출발점이자 귀결점이라고 생각한다. 하루하루의 생활 속에서 사람들은 꿈을 키우고 희망을 좇다가 마음을 졸이며 힘든 시간을 보내기도 한다. 자못 평온해 보이는 경우에도 삶의 속내는 갖가지 갈등과 긴장감으로 어지럽게 마련이다.

무릇 모든 이야기를 이루는 동력은 이미 일상 속에 있다. 대개 일상은 정해진 질서와 관습을 따르는 것처럼 보이지만, 기왕의 전례를 뒤엎어 현재를 과거로 만드는 이변들 또한 일상에서 발생한다. 우리가 무심하게 보내는 매일은 실로 관습의 힘과 변화의 불가역성이 맞서고 부딪는 시간이다. 그러기에 세상을 움직이는 새로운 이야기의 실마리들이 얽히고설키어 형태를 갖추고 떠오르는 것도 여러 보통 사람들의 구체적인 일상을 터전으로 하여 가능한 일이다. 내가 생애 이야기를 시작하며 감히 기대하는 바는 별스럽지 않은 경험 속에서도 인생과 세상의 변천을 발견해 가는 드라마를 잡아내 보는 것이다.

과거는 이국(foreign country)이라고 한다. 살아 숨을 쉬던 사람도 죽은 뒤엔 살이 삭아 뼈만 남고 그마저 가루가 되듯, 시간이 흐르면 그 시절은 사라져서 가보지 못한 나라처럼 제대로 알기 힘들고 이해도 어렵다는 뜻이다. 짧은 시간 동안에 뽕나무밭을 바다로 바꾼 우리나라 사람들은 얼마 되지 않은 과거를 지금과 판이한 시절로 여기는 경향이 있는데, 이 역시 그런 관점에서 이해해 볼 수 있다. 그러나 예를 들어 '발전한' 오늘의 눈으로 과거를 지긋지긋한 가난에 시달렸던 때라고 치부해버릴 때 우리의 삶이 어떻게 바뀌어 왔는지 찬찬히 되짚어 보기는 어렵다. 역사에 무슨 목적이 있다는 생각은 더러 하는 것이지만 과거가 이를 성취해 가는 과정으로 단순화되어서는 안 된다.

특히 역사가 마땅한 이념적 방향으로 전진해야 한다고 믿는 사람들은 스스로 형사나 된 듯 그 진행을 거스른 누군가의 잘못을 추궁하고, 심지어 옳은 것과 그른 것을 가르는 재판관의 역할을 자임하기까지 한다. 지난 시대와 사람들의 삶을 정당한 부분과 부당한 부분으로 나눌 수 있다고 믿는 탓이다. 그러나 과거가 이국이라면 이를 함부로 재단하는 것은 예의에도 어긋나는 일이다. 그렇기에 아무리 자신의 이야기라 할지라도 과거를 돌이키는 일은 마치 이국에 다가서듯 조심스럽고 겸허한 태도를 필요로 하는 것이리라. 나는 나의 살아온 이야기가 과거를 폭력적으로 마르고 가르는 것이 되지 않기를 바란다.

나는 한국전쟁의 상흔이 채 아물지 않은 때 태어나 이른바 고도 성장기를 살았다. 지구적으로는 냉전이 지속되었던 만큼 반공을 최우선의 국시(國是)로 여긴 시간이었다. 북한이라는 위협을 물리치기 위해서라도 반드시 부강한 나라가 되어야 한다는 기대와 바람을 대부분의 사람들이 공유했던 시간이기도 했다. 어찌어찌 하다 보니 나로선 특별히 기여한 바도 없는 것 같은데 세계 최빈국이라던 한국은 까마득히 올려다보던 모모한 나라들과 마침내 어깨를 곁게 되었다. 나만 그런 것이 아니겠지만 과거와 현재를 비기면 격세지감에 어리둥절한 기분이 들기도 한다.

여러모로 좋아진 점이 많은 데 감사할 따름이다. 그러면서 그만큼 아쉬운 바도 많고 이런저런 걱정이 들기도 한다. 살기가 나아졌다는데 젊은이들은 살기 힘들다고 아우성인 것부터 그러하다. 나의 이야기가 과거와는 다른 세상을 살아가는 데 무슨 도움이 되겠느냐만 훌륭한 사람들이 펼치는 경세론(經世論)과는 전혀 다른 입장에서, 이 발전의 시간 뒤편을 나름대로 비춰내 보려 한다. 나의 글이 발전의 시대를 산 또 하나의 증언으로 읽히면 더 바랄 것이 없겠다.

나의 이야기는 1960년대 초부터 시작될 것이다. 유치원에 다니고 초등학교에 갓 들어간 무렵일 터인데, 내 기억이 가 닿는 가장 이른 출발점이 그때이기 때문이다. 생애 이야기를 서술하는 여러 방법과 원칙이 있겠으나, 특별한 체제를 고집하기보다 떠오르는 내용과 덧붙여지고 뒤따르는 상념들을 자연스럽게 엮어 보려 한다. 오래된 기억은 단편적으로 쪼개지게 마련이어서 나의 회고는 아무래도 에피소드 별로 나뉠 것이다. 기억에 근거한 이야기는 기억이 그대로 사실이라는 보장이 어려운 만큼, 나의 이야기도 검증을 거친 실제의 기록은 아니다. 나로선 떠오르는 기억을 충실히 좇을 마음이지만, 누가 나의 이야기를 허구로 여긴다 하더라도 그에 항변할 생각은 없다.
개인적인 기억 역시 여느 과거사처럼 이야기됨으로써 구체화될 수 있는 것이다. 아예 머릿속에서 떠오르는 기억부터 대부분은 이미 이야기의 형태를 취하게 마련이다. 일대기를 쓴다는 일이 기억을 재구성하고 보완하며 다듬는 작업이라면, 이는 기억이라는 이야기를 다시 이야기하는 행위라고 할 만하다. 그렇기에 기억의 내용을 살피기에 앞서 먼저 점검해 보아야 할 것은 이야기를 한다는 행위 자체가 아닐까 싶다.
그간 이야기를 읽고 공부하는 일을 해 온 나로선 이야기하기에 대해 할 말이 있고, 또 아무래도 이 글을 써 나가는 데서도 나의 견해는 적지 않게 작용할 터이므로 먼저 이를 밝혀야 순서가 맞겠다는 생각이다. 다음의 짧은 예비적 서베이는 내 생애 이야기를 펼치는 기본적 입장에 관한 것이다.

&lt;목차&gt;

프롤로그; 이야기에 대한 나의 생각

## 1부 성장

1. 첫 이야기; 유치원 폭행 사건 ------------ 43
2. 무서운 꿈 ---------------------------- 55
3. 낚시의 추억; 아버지를 기리며 --------- 67
4. 삼인행, 필유아사 ------------------- 83
5. 외가와 외숙의 기억 ------------------ 97
6. 먼 고향 --------------------------- 119
7. 낯선 세계와 환멸의 자연주의 --------- 135
8. 과외공부, 혹은 중학교 입시 ---------- 151

## 2부 만남

9. 내가 만난 세 남자 ---------------- 167
10. 첫 등산 -------------------------- 181
11. 친구 이야기 --------------------- 195
12. '세레피아' 선생님 ---------------- 213

## 3부 청춘

13. 대학 초년생이 되어 ---------------- 231
14. 산에 빠져 살다 -------------------- 249
15. 자포자기의 영웅주의 -------------- 265
16 기억에 남는 사람들 ---------------- 281

## 4부 상실

17. 상실에 대하여 --------------------- 303
18. 민중을 찾아서 --------------------- 319
19. 열린사회의 적들 ------------------- 335
20. 종말의 감각 ----------------------- 353

# PROLOGUE
## 이야기에 대한 나의 생각

· 이야기란 무엇인가

· 허구(fiction)

· 감식안(鑑識眼)

· 과거를 향한 이야기, 미래를 위한 이야기

## 1. 이야기란 무엇인가

우리가 흔히 쓰는 이야기라는 말은 간단히 행동(act)에 대한 서술이 이어지는 텍스트라고 정의해 볼 수 있다. 즉 이야기는 누군가가 어떤 행동을 해서 사건이 일어나고, 거기에 다른 사건이 잇따르는 과정을 제시한다.

한 상황을 다른 상황으로 바꾸는 것이 사건이다. 예를 들어 <창세기 Genesis>는 조물주가 그 전에는 없던 세상을 있게 한 첫 사건을 그리며 시작된다. 우주가 한 점으로부터 비롯되었다는 빅뱅(big bang)이론 역시 어떤 이유에서 대폭발이 일어나 천체(天體)가 만들어진 과정을 서술하고 있다. 사람이 만들어진 이후 사건은 끊일 리 없고, 우주는 지금도 팽창하고 있다고 한다. 신(神)이 한 일을 적은 창세기와 과학적 탐구의 결과인 빅뱅이론은 누군가(무엇)의 어떤 행동으로 세상이 열린 획기적 사건과 거기서 시작되는 사건의 연쇄(連鎖 sequence) 과정을 담고 있다는 점에서 천지창조 이야기로서의 공통된 뼈대를 갖는다.

이야기의 핵심이라 할 사건의 연쇄는 시간의 흐름 속에서 진행되는 것이다. 따라서 사건들은 시간적 순서를 갖기 마련이다. 그러나 이야기의 내레이터는 어떻게 그 사건이 일어났고, 뒤이은 사건과는 어떤 관련이 있는 것인지 해석하고 설명할 수 있다. 내레이터가 숨겨진 경우도 얼마든지 있지만 모든 이야기는 반드시 누군가에 의해 구체화되는 것이므로, 사건의 이어짐은 화자가 비추는 계기(繼起)나 인과(因果)의 고리를 중심으로 제시된다. 왜, 그리고 어떻게 이 사건에 저 사건이 이어지는가 하는 유기적 관련성을 보여주는 스토리는 이야기 안에 있으면서 실질적으로 이야기를 이루는 동인(動因)으로 작용한다.

　같은 사건을 대상으로 하더라도 보는 이에 따라 같지 않은 이야기를 하게 될 가능성이 큰데, 이는 서로 관점이 다를 수 있을 뿐 아니라 편집의 의도나 테마의 선정에서도 차이가 날 터이기 때문이다. 요컨대 무엇을 다루느냐 이상으로 누가 하느냐는 이야기를 특별하게 만드는 요인이다. 우리가 이야기에서 기대하는 것 역시 사건(들)의 내용뿐 아니라 그로부터 제기되는 문제들이며 그에 대한 이해와 통찰이다.

　오늘날 세상엔 온갖 이야기가 넘쳐나고 있다. 이야기라면 먼저 옛날이야기부터 소설에 이르는 갖가지 서사물을 떠올리게 되지만, 보고 및 기사며 정론(政論) 등은 물론, 우리가 역사라고 부르는 각종의 서술 역시 누군가가 하는 이야기이다. 매일 같이 접하는 영상물들과 광고까지 사건의 연쇄를 뼈대로 갖는 한 이야기를 하고 있는 것이다. 형식을 갖추지 않은 일상의 사적 대화에서도 번번이 이야기가 오간다. 이야기는 마치 공기처럼 주위를 가득 채우고 있어서 산다는 것은 잠시도 쉴 틈 없이 이를 들이마시고 내뱉는 일이 아닌가 하는 생각이 들 정도이다.

　주위에 넘치는 숱한 이야기들은 개인적인 산물이기도 하고, 간단치 않은 시스템을 통해 생산되거나 딱히 어떻게 만들어졌는지 알 수 없는 경우도 흔하다. 널리 퍼져 사람들이 다 알게 된 이야기인데 그 출처가 모호해 책임의 소재를 두고 다투는 경우도 있다. 예를 들어 정치인 내지 연예인에 대한 가십 같은 것은 구전(口傳)된 서사물 같이 입과 입을 거치며 살이 붙고 변형되는 탓이다. 이야기를 받아들여 옮기는 사람들

대부분이 관심을 갖는 것은 그 내용이지 원본의 모습이라든지 어디까지 팩트인가 하는 진실성 여부가 아니다. 이야기를 대하는 사람들의 자세는 대체로 수용적이라고 한다. 어떤 이야기이든 이야기를 접하면 먼저 들을 준비를 해서, 설령 그 전제나 내용이 믿기지 않는 경우에도 자발적으로 불신을 차단한다는("willing suspension of disbelief") 주장도 있다.

이야기는 대개 우리가 이미 알고 있고 알 만한 것, 혹은 알게 되는 내용을 다룬다. 이야기란 사람들이 하는 사람들의 이야기인 때문이다. 누구나 처음 듣는 이야기가 낯설지 않게 느껴지거나, 어떤 이야기에 단번에 빠져든 경험이 있을 것이다. 남의 이야기라고만 여겼는데 어느덧 그것이 내 이야기임을 깨닫게 되기도 한다. '유적(類的) 존재'로서 인간이 갖는 보편성을 일깨우는 이야기는 우리의 삶이 안고 있는 공통적(communal)인 문제에 대해 생각하게 한다. 이런저런 인물(행위자)들이 나름의 처지에서 사건을 빚고 그것이 얽히는 과정을 그려냄으로써 궁극적으로 인간을 탐구하며, 무지와 망각에 맞서 (삶의) 의미를 찾고 지키는 것은 이야기의 중요한 기능이다.

우리들의 인생은 세상에 대한 이해를 넓히면서 삶의 방향을 선택해 가는 과정이라고 할 수 있다. 누구에게든 실제로 만나 겪어 볼 수 있는 사람의 수는 제한적이고, 세상을 샅샅이 살펴 본 이는 없는데다가, 지나버린 과거나 오지 않은 미래로 몸을 옮겨 가는 것은 불가능하다. 대신 우리는 갖은 사람을 이야기 속에서 만나고, 이야기를 통해 매번 다른 시간과 장소에 임하며, 경험하지 못한 것을 경험한다. 이야기는 과거를 구체화할 뿐 아니라, 자신이 처한 현실을 읽고 미래에 대한 상상을 펼치게 한다. 이야기 속에선 매번 나름의 상황이 펼쳐지는 것이어서 이를 따라가면 일이 진행되어 결말에 이르는 경위를 목도하게 된다. 이야기 경험을 통해 축적한 인과(因果)의 데이터는 우리가 세상을 인식하고 판단하는 근거가 된다.

세상이 어떻게 시작되었으며 어떻게 끝날 것인지, 어떻게 살고 무엇에 힘써야 할 것인지 등은 한생을 사는 우리가 묻게 되는 근본적인 질문이다. 종교적 교리라든가 도덕적 교훈을 내용으로 하는 이야기는 시대를 뛰어넘어 여전히 중요한 위상을 차지한다. 그러나 예를 들어 인간이라는 종(種)의 발생 과정을 밝힌 과학적 교설이라 할 다윈(C. Darwin)의 진화론 역시 기왕의 인간중심주의적인 가르침과는 다른 방식으로 삶의 의미를 깨우치게 한다는 점에서 그 타당성에 대한 논란을 떠나 매우 유의미한 이야기라고 할 만하다.

갖가지 역사서술들 또한 인간이 무엇을 하며 어떻게 살아왔는가를 보여준다. 모든 역사서술은 누군가에 의해, 사료를 정리하고 해석하는 과정을 거쳐 쓰이는 이야기이다. 스스로 말하는 역사 같은 것은 없다. 의미 있는 곳에 초점을 맞추고 수사적 효과를 높여 테마를 살려 낸 역사서술은 '문학적'인 방법으로 인간과 과거에 대한 앎을 제공한다. 훌륭한 역사서술 덕분에 우리는 '진주성' 싸움의 치열함을 느낄 뿐 아니라 아프리카인들이 사탕수수 농장의 노예가 되었던 경위를 들여다보고, '피의 일요일'에서 볼셰비키 혁명까지의 과정을 되짚어 나름의 교훈을 얻을 수 있는 것이다.

이야기의 힘은 잘 알지 못했던 것에 대한 정보를 제공함으로써 새로운 각성을 이끌어 내는 쪽으로 작용할 수 있다. 인도적 시선으로 흑인노예가 처한 비참한 실상을 고발한 <엉클 톰스 캐빈 Uncle Tom's Cabin>은 당시의 미국에서 노예제도를 폐지해야 한다는 생각이 사회적으로 확산하는 데 큰 영향을 끼쳤다고 한다. 부당한 억압과 착취에 시달려야 하는 처지에서는 그와 맞서는 이야기에 빠져드는 것이 당연하다. 근로기준법이 지켜져야 한다고 외치며 자신의 생명을 불태운 전태일(全泰壹)의 이야기는 한국 노동운동의 역사를 열었다.

    이야기의 형식을 해체하고 바꾸어 기왕의 것과는 다른 효과와 의미를 모색하는 경우도 있다. 예를 들어 현대소설이 그려낸 '의식의 흐름' 속에서 사건의 연쇄는 뒤섞이고 엉클어진다. 이는 이야기이기를 거부한 것이라기보다 인간의 내면이라는 새로운 영역에 다가서는 이야기의 또 다른 가능성을 시험한 것으로 보아야 옳다.

    이야기 안으로 들어갈 때 우리는 이야기 속 인물들과 그들의 행동에 주목하게 마련이다. 그 가운데는 더 공감하게 되는 인물이 있을 수 있다. 때로 우리는 인물의 처지에 자신을 대입시켜 나라면 어떻게 했을까 가정하기도 한다. 이야기된 상황 속에서 자신이 서야 할 위치를 정하는 것은 윤리적인 행위이다. 새삼스러울 수 있지만 자신이 어떤 인간이고 어떤 취향과 입장을 갖는지를 '깨닫게' 한다는 점에서 그렇다.

    사람들은 누구나 자신이라는 모습[我相]을 만들며 살아가는데, 어떤 이야기는 이른바 정체성이 형성되는 과정에 큰 영향을 미친다. 사실 특정한 이야기를 얼마나 진지하게 받아들이느냐 여부에 따라 우리는 전혀 다른 사람으로 변할 수 있다. 그 이야기가 요구하는 눈으로 세상을 볼 뿐 아니라, 가르치고 본을 보이는 대로 행동하게 되기 때문이다.

이야기가 우리에게 끼치는 영향이 큰 만큼 그에 대한 감식(鑑識)은 절실하다. 그러나 어떤 이야기는 아예 권위적인 위치에서 발화된 것이어서 비판이 불가능한 경우도 있다. 해방이후부터 오늘날까지 북한사람 누구도 김일성을 위대한 민족의 영웅으로 그려낸 이야기에 토를 달 수 없었다. 마찬가지로 한국전쟁 이후 확산된 반공 이야기는 국가적인 포고와 같아서 오랫동안 그에 대한 논란은 불가능했다.

　　집단적으로 특정한 이야기에 장악되는 것은 인간이 군집생활을 한 이래 계속된 현상일 것이다. 여전히 혹세무민하는 사교(邪敎)가 출몰하는 것을 보면 의외로 상식 밖의 이야기에 빠져들 준비가 되어 있는 사람들이 적지 않은 듯하다. 황당한 소문이 무섭게 퍼져 바로잡기 힘든 상태에 이르는 여러 사례들이 증명하듯, 이야기는 확인이 불가한 전제를 믿고 받아들이도록 하는 힘을 발휘한다. 터무니없는 정치적 선전이나 정치 이데올로기가 놀랍게도 열광적인 추종집단을 형성하는 것은 여전히 현실 속에서 일어나고 있는 일이다. 입소문으로 이야기가 퍼져 나가던 때부터 고도의 미디어 장치가 우리의 눈과 귀를 대신하는 오늘날까지 이야기는 그것의 불가사의한 힘을 통해 우중(愚衆)을 만들고 장악하는 수단으로 이용되었다.

　　이야기가 묶어낸 공동체는 경우에 따라 큰 사회적 변화를 일으키기도 하고 역사의 물줄기를 바꿔 놓기도 했다. 그러나 하나의 공동체를 구획하는 이야기가 배타적인 폭력을 정당화한 경우 역시 드물지 않았다. 근대 국가에서 통합된 국민 만들기의 일환으로 쓰인 이런저런 민족 이야기(nation narrative)는 흔히 외부의 위협으로부터 '순수하고 거룩한 민족적 정수(精髓)'를 지켜내는 것이 공동체의 운명적 과제라는 테마를 반복하여 서술했다. 유태인이나 여타 '열등 인종'들을 제거한 '순수 아리안 족'만의 천년왕국을 꿈꾼 나치의 신화가 근대를 야만으로 되돌린 홀로코스트의 배경이 되었다는 것은 널리 알려진 사실이다.

타자를 적으로 몰아 없애버림으로써 새로운 미래를 만들어 내어야 한다고 주장하는 이야기란 끊임없이 그 안과 밖을 갈라내야 해서 안에 들었다고 믿고 있는 사람들조차 언젠가는 배제의 칼날 앞에 놓일 수 있다. '우리'를 획정하는 선이 얼마든지 변덕스럽게 바뀔 수 있다는 뜻이다. 이런 이야기가 따듯한 안을 보장하리라는 생각은 어리석은 기대에 지나지 않는다.

이야기 속에서 숨 쉬고 사는 우리가 곧 이야기의 실연자이기도 하다는 것은 자주 잊는 사실이다. 자기 이야기를 한다는 것은 자신을 드러내고 그럼으로써 어떤 정황에 가담하는 일이다. 예를 들어 종교적 체험의 고백은 은총을 내린 신의 존재를 인정할 뿐 아니라 그에 대한 자신의 입장을 선언하는 것이기도 하다. 자기 이야기하기가 정치적 행동으로서의 의미를 갖게 되는 경위도 이와 같다. 자신의 설 자리를 여러 사람 앞에서 천명하는 점이 특히 그렇다.

과연 종교지도자나 사회운동가, 그리고 정치인들은 항용 자기 이야기를 함으로써 어떤 목적이나 의도를 실현하려 한다. 교사와 작가 역시 자기 이야기하기를 일삼는 직업군이다. 그러나 교언(巧言)을 늘어놓는 사기꾼도 자신을 걸고 그럴 법한 이야기를 꾸며낸다. 자기 이야기하기가 심각한 책임을 감당해야 하는 일임은 분명하다.

오늘날 우리는 일상적으로 갖가지 이야기를 접하면서 빠르게 이 세계와 저 세계를 오간다. 이야기 텍스트가 열어주는 공간은 때로 눈으로 보는 실상보다 더 생생하고 인상적일 수 있다. 개인이 외국에 나가는 것이 제한되었던 시절, 젊었던 나는 <파리의 우울 Le Spleen de Paris>을 읽으며 상상 속에서 19세기 메트로폴리스의 뒷골목을 서성이곤 했다. 중년을 넘기고 몇 번 여행자가 되어 실제의 파리에 머물렀지만 저녁 어스름이 깔리는 포도에 선 산책자(flâneur)의 우울한 황홀감을 느껴 본 적은 없다. 이야기에서 가상과 실제의 구분은 항상 모호할 수밖에 없는데, 그 구분이 더욱 흐려지고 있는 오늘날, 이야기의 효능에 대해선 새삼 반추해 볼 점이 적지 않을 것이다.

우리가 세상이라고 여기는 것의 모습은 물론, 선택적으로 떠올려져 조명된 과거며 아직 오지 않은 미래를 향한 기투(企投)로서의 비전은 모두 여러 이야기 텍스트들의 교직(交織)으로 제시되는 것이다. 갖가지 이야기들이 오케스트라처럼 어우러져 내는 효과라는 뜻이다. 세상이 그러할진대 나의 생애라는 것 역시 이야기들의 역학을 벗어날 수 있겠는가. 내가 살아온 시간은 세상의 이야기들에 대한 또 하나의 이야기로 재현될 것이다. 우리 모두는 이야기하는 인간 homo narratio이고 그럼으로써 살고 기억되(하)는 존재다.

## 2. 허구(fiction)

지난 시간을 돌이킨다는 것은 언제든 현재의 관점에서 이루어지는 일이다. 과거의 에피소드는 그 결과를 알고 전후를 조감할 수 있는 오늘의 관점에서 조명될 터이므로 사건을 맥락에 맞게 배치하고 보충적 설명을 덧붙이는 행위가 불가피해진다. 오래된 기억에는 당연히 흐릿한 부분도 있게 마련이어서 어떤 식으로든 편집은 이루어져야 한다. 과연 나는 나의 생애를 솔직하고 가감 없이 드러낼 수 있을까? 그러기는 힘들 듯하다. 자신을 돋보이게 하려는 것은 물리치기 어려운 인지상정이다. 아무리 있었던 사실에 충실하려 한다고 말하는 경우라도 추후에 쓰이는 이야기는 원하든 원하지 않든 교정과 보완[emendation] 작업의 산물일 수밖에 없다.

모든 이야기는 누군가에 의해 이루어지는 것인 만큼 화자의 견해와 입장을 완전히 배제한 이야기 텍스트가 있기는 어렵다. 특히 자기 이야기를 하는 데서는 더욱 그럴 수밖에 없다. 우리 대부분은 말을 시작하는 어린 시절부터 자신의 행위를 정당화하기 위해 이야기를 꾸민다. 경찰 앞에서 진술을 하게 된 피의자가 자신에게 불리한 이야기를 먼저 하는 경우는 드물 것이다. 물론 근거가 불확실한 일방의 이야기라도 일단 그럴 듯해야 남들의 주의를 끌 가능성이 커진다. 어떤 행동을 하게 된 계기가 이해할 만하지 않으면 듣는 이는 이야기 전체의 진실성을 의심하게 된다. 생애 이야기가 예외일 리 없다. 사람들은 각기 자신의 경험에 비추어 있을 법한 내용이라고 생각해야 고개를 끄덕일 것이다.

　더구나 이야기는 하나의 구조물이어서 잘 짜여야 전달도 쉽고 설득력을 갖는다. 과거의 사건에 대한 생생한 경험을 반추한다 하더라도 사건들의 연쇄를 인과적이고 개연적인 것으로 만들기 위해서 계산된 플롯 구성은 필수적이다. 내가 시작하려는 생애 이야기 역시 이런 의미의 정비된 허구(fiction)일 수밖에 없음을 밝혀 둔다.

　모든 이야기가 허구의 측면을 갖는다면 이야기가 만들어 내는 세상 역시 허구로서의 성격을 갖는다고 보아야 한다. 우리가 모든 실제를 확인하고 파악하는 것이 불가능한 이상, 허구적 형식은 세상을 이해하고 그 모습을 떠올리는 불가피한 경로다. 그런 만큼 이야기에서 중요한 것은 사실로서의 내용뿐 아니라 이를 다루는 방식과 구성의 효과다. 나는 허구가 사실에 대한 충실성과 항상 맞서는 것은 아니라고 생각한다. 이 부분에 대해서는 일찍이 아리스토텔레스가 간단한 논변을 펼친 바 있다. 사실에의 충실성 여부는 얼마나 개연적인 이야기를 제시하느냐에 따라 결정된다는 것이 아리스토텔레스의 입장이었다.

　아리스토텔레스는 허구인 시(문학)와 사실에 근거한 역사를 비교하여 시는 인간사에서 '있을 수 있는 것'(개연적인)을 그리고 역사는 일회적으로 '있었던 것'을 서술한다고 말했다. '있을 수 있는 것'은 '보편적(universal)'이고 '있었던 것'은 '특별하다(particular)'고 하면서, 아리스토텔레스는 그렇기 때문에 시가 역사에 비해 '더 철학적'(more philosophical)이라고 단언한다. 아리스토텔레스의 이 '철학적'이라는 찬사는 시가 특별한 일회적 사실에 매이기보다 있을 법한 허구를 통해 인간사의 보편성을 헤아려낸다는 생각의 표현이었다. 즉 그저 사실을 기록하는 역사와 달리 시는 인간이 어떤 존재인가를 탐구한다는 점에서 더 능동적인 장르라고 생각했던 것이다.

아리스토텔레스 식으로 말하면 개연성은 보편적인 것을 잡아내는 조건이어서, 보편성의 제시는 개연적인 설정과 구성을 통해 이루어지는 것이었다. 모든 면에서 완벽하여 전혀 실수를 않는 사람이 있을 수는 있겠지만 보편적인 것은 아니다. 아무리 나쁜 짓을 밥 먹듯 저지르는 사람이라도 마음속의 갈등이 전혀 없기는 힘들다. 생각대로 일이 이루어지기보다 뜻밖의 실수나 오해 때문에 예상치 못한 쪽으로 사건이 전개되는 것이 더 개연적이라고 할 수 있다. 어떤 보편성을 부각하느냐에 따라 개연성의 범위는 확장될 수도 있다. 예를 들어 '그레고르 잠자'가 어느 날 아침 거대한 갑충(甲蟲)으로 변하는 <변신 Die Verwandlung>의 설정은 실제로 일어날 수 없지만, 사람들과 사회로부터 동떨어져 있는 개인의 고독과 소외가 왜 문제인가를 일깨우는 점에서 개연적이다.

대개 어떤 생각과 행동을 하는 데는 이유가 있다. 그 이유는 그가 어떤 인간인가를 말해 주는 근거다. 시(허구)는 어떤 인물이 어떤 생각과 행동을 하는 구체적인 상황을 재현함으로써 '나'를 돌아보고 '우리'의 운명을 생각하게 한다. <세일즈맨의 죽음 Death of a Salesman>의 가련한 가장(家長) '윌리'는 평생에 걸쳐 자식과 자신에게 걸었던 기대가 어그러진 막다른 상황에서, 이를 수동적으로 받아들이기보다 극단적인 선택을 감행하려 한다. 본의 아닌 잘못에 대한 죄책감과 후회가 없지는 않았겠으나 작자의 말대로 그는 드러난 결과를 인정하지 못하는 '기질을 갖는 인간(man of temper)'의 모습을 보여준다. 윌리와 같은 처지에 놓인다고 해서 실제로 그런 행동에 이르는 경우는 드물겠지만, 바람을 저버리는 현실에 무릎 꿇지 않고 어리석은 방법으로라도 과오를 만회하려는 것은 우리의 보편적인 모습이다. 시(문학)는 보편적인 인간사란 어떤 것인가를 통찰하려 한다는 점에서 더 철학적이라고 할 만하다.

시와 역사를 대비한 아리스토텔레스의 의도가 역사를 비하하는 데 있지는 않을 터여서 사족이 되겠지만 개인적인 의견을 조금 덧붙이려 한다. 세상과 인간사를 통찰하게 하는 훌륭한 역사서술이라면 역시 있었던 일을 그저 정리하거나 옮기는 데 그칠 수 없다. 마르크스는 프랑스혁명을 다룬 역작 <루이 보나파르트의 브뤼메르 18일 The Eighteenth Brumaire of Louis Napoleon>에서 보나파르트의 쿠데타가 어떻게 진행되었는가를 생생하면서도 예리하게 분석했다. 보나파르트를 앞세운 쿠데타 세력이 그에 맞서는 모든 입장들을 적대적으로 타자화해버리는 양상이나, 그 과정에서 노동계급을 참칭하며 눈앞의 이득을 위해서는 어떤 짓도 마다 않는 룸펜 프롤레타리아가 준동하는 모습은 현재 한국의 정치적 상황에서도 결코 낯선 것이 아니다. 마르크스는 저열한 욕망에 휩쓸린 군상이 정치적으로 오용된 또 하나의 보편적 사례를 보여준 것이다.

내가 하게 될 생애 이야기는 역사서술이 아니며 완전한 허구도 아니다. 그러나 내가 왜 그렇게 느끼며 생각하고 행동했던가를 돌이키는 회고는 어떤 상황을 그리고 그것의 사회적이고 역사적인 맥락을 불러올 것이라는 점에서 일종의 역사서술이며, 특별한 개인의 신상담에 그치기보다 인간(사)의 보편성에 대한 탐색이 되기를 바라는 점에서 문학을 지향한다.

## 3. 감식안(鑑識眼)

이야기에 대한 감식안(鑑識眼)이란 그 이야기가 그럴 듯한 것인지 아닌지, 과연 하고 들을(읽을) 만한 것인지 아닌지를 판별하는 눈이다. 예를 들어 재판에서 원고와 피고의 다툼은 누구의 이야기가 사실에 맞고 타당한가에 대한 감식을 통해 결판이 난다. 이때의 감식은 거짓과 참을 가리고, 부당함을 밝히며 정당함을 세우는 일이다. 그러기 위해서는 이야기의 세부와 전체를 비평(批評)할 수 있어야 한다. 맞는 것과 잘못된 것, 옳은 것과 그른 것, 적절한 것과 그렇지 않은 것을 가르는 비평이 섬세한 감식안을 필요로 하는 것임은 더 말할 나위 없다. 감식안이 부재한 비평은 유해하고 위험하다.

우리는 일상 속에서 감식을 거듭하며 살아간다. 이 집 커피가 저 집 보다 낫다고 하며 저 배우의 연기가 다른 사람에 비해 더 그럴 듯하다고 평가한다. 때때로 감식은 자신의 특별한 취향에 따라 좌우되기도 하지만, 좋고 나쁨과 훌륭하고 그렇지 못함을 가르는 행위는 여럿이 동의하는 근거에 바탕을 두어야 한다. 무엇에든 가치를 매기는 행위는 함부로 할 수 있는 일이 아니다. 가치판단은 필연적으로 다른 사람과 관련되게 마련이어서 나만의 것일 수 없는 의미를 생산하거나 지키는 행위가 되기 때문이다. 인문학(人文學)의 전통 속에서 감식(taste)이 고도의 성실성을 필요로 하는 행위로 여겨졌던 이유는 이렇게 설명되어야 할 것이다.

우리의 삶이 가치의 체계라고 할 만한 것을 시험하고 확인하면서 의미를 갖게 된다고 본다면 감식은 의미라는 공동의 자산을 매번 등록하는 행위이다. 어떤 문학작품을 비평할 때 고전(古典)에 비추어 그 가치를 판단해야 한다는 인문학적 입장 또한 세월로 다져진 견해나 보편적 깨달음이 평가의 근거가 될 수 있다고 여기는 것이다. 즉 갓 캐낸 광석을 시금석(試金石 touchstone) 판에 그어 금의 함유 여부를 알아내듯, 고전에 비추어 보면 대상 작품의 훌륭한 정도가 드러난다는 생각이다. 무엇이 고전이고 어떤 고전이냐를 물어야 하겠지만, 고전을 바탕으로 한 감식안이 부재한 사회는 가치의 준거를 갖지 못한 사회일 수밖에 없다.

　이런 사회에서는 황당한 이야기가 순식간에 널리 퍼져 나가고, 별나거나 흉한 이야기가 거리낌 없이 나돌게 마련이다. 목소리가 크고 교언영색(巧言令色)으로 꼬드기는 이야기에 솔깃해 하는 사람이 늘어갈수록 세상은 어지러워질 수밖에 없다. 비평을 뜻하는 영어 criticism은 위기라는 의미의 crisis와 어원이 같다고 하는데, 여기서 우리는 위기의 상황이야말로 제대로 된 비평이 필요하며, 비평이 이루어지지 않거나 엉터리 비평이 난무하는 상황 그 자체가 위기라는 생각을 해볼 만하다.

　감식의 근거가 고전이라고 하면 무슨 케케묵은 이야기를 하냐는 반론도 있을 성싶다. 가치의 체계가 역사적 변화 너머에 있는 것이 아닌 이상, 고전의 유효성도 시대의 요구에 맞아야 한다. 나 역시 고전과 그 내용을 못 박는 데 반대하는 입장이다. 그러나 고전이라면 인간 탐구를 통해 우리 삶에 대한 실제적인 이해를 제공하는 경우에 붙이는 이름이다. 무엇을 고전이라고 여기느냐는 역시 감식안의 수준에 따르는 것이리라. 고전을 통해 인간사를 헤아림으로써 비평의 기준은 세워질 수 있다. 음미할 만한 고전을 널리 대중화하는 일은 한 사회가 성숙하기 위한 조건일 것이다.

아우어바흐(E. Auerbach)는 그의 명저 <미메시스 Mimesis>에서 호머의 <오디세이>를 <성경>의 아브라함/이삭 이야기와 비교하며, 오디세우스의 모험담은 이야기 그대로 충분히 강력하고 흥미롭기 때문에 굳이 그로부터 의미심장한 메시지를 찾아내려 할 필요가 없다고 말한 바 있다. 오디세이의 이야기가 우리의 관심을 끄는 이유는 그럴 법하고 그만큼 리얼하기 때문이라는 것이다. 실제적인 이야기 세계란 다른 무엇을 말하기 위해서가 아니라 그 자체로 존재한다는 점을 아우어바흐는 강조했다. 내용이 교훈적이라고 해서 훌륭한 이야기가 되는 것은 아니었다. 이야기로서의 깊이와 매력은 인간의 행동에 대한 통찰의 수준과 개연적이고 필연적인 구성에 달린 문제였다.

아우어바흐에게 미메시스는 이야기를 어떤 의도나 목적에 장악되지 않도록 하는 문학전통이었다. 이런 미메시스를 통해 리얼리즘은 성취될 수 있었다. 그렇다면 리얼리즘은 거룩한 믿음이라든가 증오나 분노, 연민과 환희 같은 격앙된 감정들 역시 거리를 두고 보려는 것임이 분명하다. 즉 특별한 지도자를 향한 숭배와 추종을 요구한다든지, 자의적으로 피아를 구분하여 적대적인 감정을 부추기는 이야기가 리얼리즘이 될 수는 없다. 오히려 리얼리즘이라면 이를 파헤쳐 비판할 수 있게 해야 한다.

시금석이 될 만한 고전이란 미메시스와 같은 전통을 일깨워주어야 한다는 생각이지만, 과연 우리가 어떤 시금석을 갖고 있는지, 어떤 전통이 시금석으로서의 역할을 한 적이 있는지 등에 대해선 별반 할 말이 없다. 대신 북한(北韓)에서 이야기가 한 역할에 대한 나의 견해를 짧게 소개할까 한다. 북한에서 어떤 이야기가 쓰였고 그것이 어떤 효과를 냈는가는 내가 한동안 관심을 가졌던 분야로서 감식안과 관련한 케이스 스터디가 될 수 있기 때문이다.

나는 이런저런 글을 통해서 북한이 이야기로 세워진 나라라는 의견을 피력해 왔다. 김일성을 유일한 주인공으로 하는 항일무장투쟁이야기가 그를 절대적인 지도자로 만든 요인 가운데 하나였다고 보았기 때문이다. 한 인물을 우상화하는 명백한 의도를 갖고 꾸며낸 항일무장투쟁이야기가 비평의 대상이 되지 못하고, 그럴 만한 감식안이 작동하지 않은 결과는 엄혹한 것이었다. 해방직후부터 김일성의 생각과 능력을 절대화하는 이야기는 거듭해 확대 재생산되었고, 그럼으로써 그는 이야기 속에서와 같이 전적으로 옳은 가르침을 내리는 유일한 통치자가 되었다.

문학작품을 비롯한 여러 이야기 텍스트들을 읽는 공부를 시작하며 나는 한때 모든 이야기엔 나름의 논리가 있고, 그것이 얼마나 그럴듯한가에 따라 수용의 방식과 정도가 결정되리라는 기대를 한 적도 있다. 사람들이 제가끔 처한 상황에서 어떤 생각을 하고 어떤 선택을 하는가를 보여주는 이야기는 세상과 인간행동의 이치에 대한 보고서가 아닐 수 없다. 사람들은 그에 대한 평가를 하게 마련이고, 이런 감식의 과정이 합리적인 이치에 대한 이해를 나누게 함으로써 세상이 유지된다고 생각했던 것이다. 다시 말해 이야기가 인간과 세상의 이치를 말하며 동시에 그것을 존속시키리라는 기대였다.

그러나 조금 더 유의해 과거를 돌아보고 현재를 살피면 이야기의 개연성 정도가 그 이야기의 영향력을 결정한다든가, 그렇게 인간과 세상에 대한 이해가 유효하게 확장되리라는 기대는 지극히 순진한 것이라고 말할 수밖에 없다. 대개 사람들은 자신들이 아는 것을 전부라고 생각해서 특별한 계기가 있지 않은 한 기왕의 믿음을 회의하기 어렵다. 익숙한 이야기는 생각을 고정시키고 급기야 상상력을 가두는 감옥이 되기도 한다. 자기편에서 선악을 가르고 상대를 악으로 지목하여 이를 제거하지 않으면 미래가 없다고 겁박하는 정치적 변설들이 여전히 판치고 있는 오늘의 현실은 한국사회가 이야기에 대한 감식안이라고 할 만한 것을 갖고 있는가 하는 의혹을 불가피하게 한다.

2000년대 들어 나는 이른바 민족이야기를 비판하는 아카데믹한 운동에 참여한 적이 있다. 단일한 '우리'인 민족을 상상케 하는 민족이야기는 곧잘 극단적인 단순화나 과장된 대비를 일삼고, 망상적인 열광을 부추기지 않으면 비장한 자기연민과 주술적인 증오에 빠지게 하는 것이었다. 해방직후부터 오늘날에 이르는 북한의 정치적 상황 또한 특별한 민족영웅을 숭배하고 좇으려는 민족이야기의 효과로도 설명되어야 할 부분이 있다. 민족의 해방을 위해 일제와 싸운 '김일성장군'의 이야기는 한 인간의 인격과 능력을 절대화한다는 점에서 실제적이거나 개연적인 것이 아니었다. 그럼에도 불구하고 그를 주인공으로 하는 항일무장투쟁이야기는 출현서부터 상당한 지배력을 행사했다.

갑작스레 해방을 맞은 상황에서 식민지의 시간 동안 험난하지 않은 길을 찾아 살아온 대부분의 평범한 사람들로선, 풍찬노숙을 하며 일제와 싸웠다는 이 '빨치산대장'의 이야기에 불안과 부끄러움을 느꼈으리라. 더구나 김일성이 38이북을 점령한 소련군에 의해 선택된 대표자로 등장한 상황에서 그를 그리는 이야기를 외면하기는 어려웠을 것이다. 요컨대 해방이후가 어떤 세상이 될지 몰라 어리둥절해 했을 한국인들이 일제와 싸운 장군의 출현에 열광하면서 경모(敬慕)의 감정을 표하는 식으로 길들여졌던 데는 그의 편에 서야 마땅하고 또 현실적으로도 유리하리라는 나름의 계산이 작용했다고 보아야 한다.

김일성의 항일무장투쟁이야기는 한국전쟁이후 북한에서 어떠한 제어도 받지 않고 황당한 활극(活劇)이 난무하는 영웅 신화이자 구원의 복음(福音)으로 확대 재생산되었다. 이른바 수령 독재가 권력의 세습에 이르는 과정은 이야기에 의한 지배가 과거를 장악함으로써 미래를 또한 그 안에 가둔 결과였다.

항일무장투쟁이야기는 수없이 반복해서 쓰였지만 1970년대 초부터 출간되는 장편소설 총서인 <불멸의 력사>는 김일성의 이른바 혁명역사를 시대를 나누어 상세하게 그려냄으로써 이 '위인의 풍모'를 완성해내기에 이른다. <불멸의 력사>가 담아낸 숱한 장면들은 모두 구체적인 시간과 상황의 변화를 배경으로 하고 있지만 주인공인 장군—수령은 언제든 두려워하거나 놀라는 적이 없고 무엇이든 마음먹은 일은 반드시 이루어내고 만다. 그는 매번 문제를 해결하는 승리자로 그려질 뿐이다. 게다가 그는 제대로 잠을 자거나 음식을 먹지도 않는 초월적 육체를 가진 듯하다. 한마디로 이 엄청난 분량의 길고 긴 이야기에는 리얼리티가 부재하다. 물론 이런 이야기가 역사일 리 없다. 이 이야기는 오직 그것을 거스르는 어떤 이야기도 쓰일 수 없게 한 이야기였다. 한 인물을 절대화하는, 전혀 리얼리티가 없는 이야기가 수십 년 동안 한반도의 이른바 반쪽을 지배해 왔다는 사실은 해괴하고 끔찍한 일이다.

나는 누구의 것이든 생애 이야기라면 읽는 사람으로 하여금 자신의 모습을 비쳐볼 수 있게 하는 것이어야 한다고 생각한다. 위인전은 그런 점에서 생애이야기라고 할 수 없다. 삶의 보편성을 탐구하기보다 특별한 덕성이나 능력을 우러러 보도록 강요하는 것이기 때문이다.

어떤 이야기가 더 그럴 법하고 귀 기울일 만한 것인지는 생애의 내용에 의해서만 판별되는 것은 아니다. 사실 이야기로부터 생애의 내용을 온전히 떼 내는 일은 가능하지도 않다. 자서전이나 일대기의 감식은 생애가 이야기되는 방식과 그 효과를 상대로 이루어져야 한다. 그럴 때 이야기되는 내용으로부터 비판적 거리를 확보하게 하는 것도 가능하다. 즉 주인공을 숭배하게끔 쓰인 이야기라면 먼저 그 틀과 관점 자체를 비판할 수 있어야 한다. 이야기가 감옥이 되는 경우는 그에 소홀한 결과이리라.

어떤 이야기에 갇혀서 생각과 행동에 제약을 받는 경우는 의외로 흔해 보인다. 홀로코스트와 같은 이족혐오의 역사가 증언하듯 대중이 근거 없는 이야기에 구속되어 범죄에 가담한 예는 일일이 꼽기 어렵거니와, 주변을 보더라도 자신이 빠져 있는 이야기를 비판적으로 검토하는 것이 쉬운 일은 아닌 듯하다. 여전히 갖가지 형태와 내용의 혹세무민이 이어지는 우리의 현실은 훌륭한 감식안이 작동하는 세상이 요원함을 말하고 있다. 과연 나의 이야기는 어떤 것이 될 수 있을까?

생애이야기 쓰기란 자신의 기억을 탐구의 대상으로 삼는 일이다. 기억을 복기(復碁)하는 과정에서는 그 전후 관계를 상황의 변화 속에서 재구성하게 되는 만큼 감식의 눈을 뜨고 이야기의 진행을 점검할 필요가 있다. 생애이야기를 쓰는 이유가 어정쩡한 교훈을 남기거나 과거를 꾸며내려는 데 있지 않다면, 앞서 말했듯 인간행동의 보편성을 탐구하는 데서 이야기는 실제적이고 진지해 질 수 있다고 나는 생각한다. 과도한 표현이어서 겁이 나지만 나의 이야기를 나만의 이야기가 아닌 것으로 만드는 것이 생애쓰기의 과제일 것이다.

## 4. 과거를 향한 이야기, 미래를 위한 이야기

생애 이야기란 과거를 돌이키는 것이다. 과거를 돌이키는 이야기가 미래를 위한 것일 수 있을까? 미래를 상상하고 예측하는 일은 상상력을 자극하는 사이언스 픽션에서처럼 매우 인상적일 수 있으나 필연적으로 구체성이 떨어질 수밖에 없다. 앞날이 어떻게 될지 장담하기는 누구에게나 어려운 일이기 때문이다. 새해 벽두에 보는 토정비결이나 한 해 운수의 길흉을 알기 위해 쳐보는 신수점이 불가피하게 모호한 암시와 은유를 동원해야 하는 것과 같은 이치다. 그러나 사람들은 미래가 지금과 다를 것이라고 기대하거나 상상하는 경향이 있다. 종종 그 상상은 극단적이기도 해서 현재의 갖가지 문제가 해결된 유토피아의 도래를 기대하기도 하는 한편, 그 반대의 암울한 디스토피아를 예상하기도 한다.

한 국가의 운명이나 나아가 인류의 미래를 말하는 것은 심각한 일이다. 그런 만큼 그에 대한 전망은 (종교적인) 강력한 믿음이나 깊은 뜻을 전하는 예언자의 비전(vision)으로 대체되는 경우가 없지 않았다. 예를 들어 마르크스에 기댄 혁명이야기들이 목표로 제시한 공산주의가 이룩되는 세상은 역사의 최종적 텔로스(telos)로서 '천년왕국'의 계시 이상으로 묵시록적인 것이었다.

과연 이러한 묵시록적인 예언은 사람들을 현혹하고 열정과 헌신을 요구해 왔다. 전면적으로 세상을 바꾸는 비전은 마치 마약처럼 다른 고려 없이 오직 그에 빠지게 하는 강력한 유인(誘因)으로 작용할 수 있다.

하지만 두루 알다시피 그 진행 과정과 결과가 항상 바람직했던 것은 아니다.

나는 어떤 이야기를 대중적으로 수용하는지에 따라 우리의 미래가 달라질 수 있다고 생각한다. 앞으로 다가올 세상이 기왕과는 달라야 한다고 생각한다면 마땅히 지금의 문제를 밝히고 무엇을 어떻게 해야 할지 검토해야 한다. 갖가지 정치적 변설들은 기본적으로 그 역할을 자임하는 것들이다. 정치적 캠페인이 내거는 미래의 비전은 으레 그럴싸하고 대체로 그 자체로선 부정하기 어려운 절실함으로 포장되어 있다. 정치지도자로 나서는 사람들은 이러한 비전의 성취를 약속하면서 자신이 그 사명을 수행토록 부름을 받은 유일하거나 특별한 존재임을 주장한다.

그러나 그들이 늘어놓는 이야기가 액면 그대로 실현된 경우는 드물었다. 대중의 입장에서 볼 때 미래의 선택이란 무엇을 어떻게 바꿀 것인가를 말하는 정치적 변설들을 제대로 검토하는 데서 시작되어야 할 일이다. 다른 미래의 모습을 제시하는 이야기를 수용함으로써 그 실현에 동원될 대중이 이야기의 내용을 걸러내고 개정하는 데 참여할 수 있는 방법은 실천적 감식안을 갖는 것이다.

돌이켜 보면 한국현대정치사란 매 시기 전환의 국면을 주도한 이야기들에 대해 대중이 제기할 만한 의문을 애당초 봉쇄한 시간이지 않았나 싶다. 예를 들어 1970년대를 풍미한 경제개발이야기는 국가발전을 향한 대중의 헌신을 종용했지만, 그런 만큼 이 행진에 가담하지 않은 사람들이나 낙오자들의 목소리는 지워졌다. 국가의 의지를 참칭한 지도

자가 이 이야기의 개연성을 기획하고 보장하는 주재자로 나섬으로써 대중이 스스로 생각을 모을 기회는 주어지지 않았다. 앞서 말했듯 북한의 경우 역시 김일성의 항일무장투쟁이야기는 그에 대한 대중적 감식 자체를 불허한 것이었다. 감식안이 작동하기도 전에 그것이 제한되는 상황이 조성되었다는 점이야말로 불행한 일이다.

과거를 돌이키며 우리가 오늘의 시점에서 새삼스레 일깨워야 하는 사실은 어떤 이야기를 선택하거나 거부할 수 있는 권리를 행사할 수 있는 가운데서, 즉 이야기를 생산하고 수용하는 비판적인 자유를 갖는 상황에서 정치적인 자유의 행사는 가능하다는 점이다. 실로 이야기를 선택하는 자유는 정치적 자유의 조건이다. 물론 그 자유는 이야기에 대한 안목이 있을 때 행사될 수 있다. 수준 높은 감식안을 갖기 위해서는 오래 공력을 쌓아야 한다는 주장도 있지만, 사람들은 누구든 자신의 인생경험을 통해서 어떤 이야기가 그럴 법하고 타당한지, 혹은 그렇지 않은지 알아채는 능력이 있다고 나는 생각한다. 오히려 필요한 것은 먼저 자기 자신이 무사(無私)한 입장에 서는 마음 비움의 자세가 아닐까?

분명히 문제가 있는 이야기도 자신의 이해가 걸리면 좋은 쪽으로 새기는 경우는 허다하다. 그러나 중요한 결정을 위해서는 여러 조건을 따져 어디에 문제가 있으며 어떤 것은 또 가능한지 다투어보아야 한다. 자신의 상황을 객관적으로 바라보는 현실감각 없이는 인생살이에 도사리고 있는 매번의 고비에서 일을 그르치기 십상이다. 일확천금을 꿈꾸거나 돈이 급한 사람일수록 사기꾼의 감언이설에 쉽게 넘어가는 법이다. 실로 이야기를 비평할 수 있는 능력은 인생을 비평하는 능력에서 나온다고 본다. 그렇다면 결국 먼저 감식해야 할 것은 자신이고 자신의 삶일지 모른다.

　개인적으로 회고해 보면 나는 민족이야기나 경제성장이야기, 혹은 반공이야기 등이 일상의 삶과 의식을 규율했던 시기를 살아왔다. 마치 음흉하고 억압적인 후견인처럼 내가 살아온 시간에 깊은 그늘을 드리운 이 이야기 문법의 영향력은 오늘날까지 이어지고 있다. 예를 들어 자의적인 포함/배제의 경계 긋기를 통해 '우리'와 타자를 구획하는 논법이나, 그런 '우리'의 눈으로 목표를 단순화하고 모든 갈등을 도덕의 우열로 진단하면서 타자를 향한 폭력을 정당화하는 방식은 일상의 곳곳에서 여전히 작동하고 있는 것이다.

　나아가 일방의 이야기가 굳은 믿음의 대상이 되어 그 개연성을 다시 생각하게 할 만한 어떤 다른 이야기에 대해서도 극단의 적대적 태도를 보이는 현상은 대중이 진영을 나누어 정치에 참여하는 데서 역시 두드러져 보이는 모습이기도 하다. 과거를 타도하자는 변혁론의 목소리는 여전히 크게 울리고 있지만, 인간행동의 보편성에 대한 이해가 없이 '적폐'를 청산하면 모든 문제가 해결될 것처럼 문제를 단순화하는 이야기는 잠시 대중동원에 성공할지 모르지만 결국은 바보들의 열띤 고함소리만을 남기고 끝나는 정치적 사기극의 대사일 뿐이다. 개연적이지 않은 이야기는 세상의 참 모습을 흐리며 잘못된 믿음을 심어주는 것이다.

　살아온 과정을 대충 돌이켜 보아도 결코 마음이 가볍지 않지만 나는 이와 같은 두려움과 절망감이야말로 이야기의 역할에 대해 다시 생각하게 한 출발점이었음을 밝히고 싶다. 나의 생애를 되짚어 이야기해 본다는 이 프로젝트를 감히 기획한 배경에는 이야기를 통해 우리가 계속 소통하고 과거와 자신을 돌아보아야 한다는 나름의 소신이 작용했다.

누구의 것이든 살아온 인생을 비평하는 과정 없이 미래를 거론할 수 있겠는가? 나는 나의 생애이야기가 삶을 감식하는 한 예시가 되었으면 하고 바래본다.

살아온 생애를 돌이키는 글의 서두치곤 너무 무거운 이야기를 한 듯싶다. 이런 이야기를 길게 한 것은 과거의 기억을 함부로 재단/전유하는 현상이 여전한 세태를 경계하는 마음이 앞섰기 때문인지 모른다. 줄곧 쇄신의 외침이 울려 퍼진 시대를 살아온 만큼 과거를 습관적으로 왜곡하는 장면이 거듭되어도 놀라지 않게 되었지만, 지나온 시간에 깃든 무수한 삶들의 자취를 섣불리 다루고 함부로 몰아붙이는 것은 무지막지한 횡포라고 생각한다.

이제 자세를 고쳐 잡고 바야흐로 이야기를 시작하려 하니 내가 과연 나를 어떻게 그려낼 수 있을까 하는 궁금한 마음이 들기도 한다. 그러나 오랫동안 버려두었던 기억의 숲을 탐구해 들어가겠다는 작정을 한 상태여서 흥분된 모험심이 또 한편으로 발동되는 것을 느낀다. 기형도가 살아나온다면 '어리석게도 그토록 기록할 게 많으냐'고 탄식할지 모르겠으나, 쓰인 생애란 이미 내 것이 아니라는 변명을 준비하려 한다.

내

가

살 아 온

이 야 기

1부
# 성장

## 1. 첫 이야기: 유치원 폭행 사건

돌이켜 보면 내가 출연한 드라마는 선생님을 자전거로 들이받은 유치원 시절의 사건을 발단으로 시작하여, 제대로 된 '알아차림(anagnorisis)'의 순간들을 매번 연기시키면서 '운명적 전환(peripeteia)'의 고비 없이 지지부진하게 계속되어온 것이다.

# 첫 이야기;
# 유치원
# 폭행 사건

　　인간의 행동으로 발생하는 사건이란 한 상황을 그 이전과는 다른 상황으로 바꿔 놓는 것이다. 바뀐 상황을 그 이전으로 되돌리는 것은 불가능하다. 예를 들어 살인 사건이 일어났다면 피살자는 이미 죽고 말아서 아무리 노력한다 하더라도 피살자가 살아 있던 이전의 상황이 복구되지는 않는다. 사건은 불가역적이고 그렇게 진행된다. 사건의 경험처럼 시간의 경과가 얼마나 완고하고 가혹한지를 확인시켜주는 경우는 달리 없다.
　　이야기의 뼈대가 되는 사건의 연쇄란 행동이 초래한 결과가 어떻게 다른 행동/사건을 유발하는가를 보여준다. 사건은 불가역적인 만큼 치명적일 수 있기에 우리는 누구의 어떤 행동이 문제적인 사건으로 번져가는 이른바 연기(緣起)의 과정에 관심을 갖지 않을 수 없다. 나아가 왜 그는 그런 행동을 하는가를 묻게 된다. 여기서 눈이 가는 사항은 어떤 환경에서 그런 행동을 하게 되는가이며 또 어떤 사람이기에 그런 일을 저지르는가이다.

며칠을 굶은 절박한 처지에서는 군자 같은 인물도 도둑질을 할 수 있다. 참혹한 전쟁터에 내몰린 순진한 젊은이가 비정한 살인자가 된다는 이야기는 누구나 한번쯤 접했을 것이다. 환경의 영향을 중시하는 입장은 근대에 들어 부각되었다. 물질적인 환경이 사람들의 생각과 행동에 결정적 영향을 끼친다는 결정론은 그 하나다. 그러나 인간의 행동을 그의 성격적 면모와 연관하여 제시하는 방식은 훨씬 오래 되고 그만큼 보편적인 것이다.

선량한 인물은 악독한 행동을 저지르기 힘들며 자존심이 지나치게 강하다면 그 때문에 실수하기 쉬운 법이다. 흥미로운 예는 비극의 주인공들이 그렇듯 훌륭하고 고귀한 인물인데 한편으로 특별한 기질이나 성벽(性癖)을 갖는 경우다. 성벽이란 말의 뜻처럼 성격적 결함을 가리킨다. 영웅적인데 권력욕이 너무 강하다든지, 책임감이 넘치지만 완고하거나 자신이 옳다고 생각하는 데 집착한다면 그런 주인공의 이야기가 해피엔딩을 기대하기는 어렵다. 그리스 비극이 그려낸 프로메테우스는 인간들에게 불을 주는 이타적 행동을 한 죄로 독수리에게 심장을 쪼이는 형벌을 견뎌야 하는 처지가 된다. 이 이야기는 지나친 이타심도 그 자신에게 화를 불러오는 결함일 수 있음을 보여준다.

흔히 그리스 비극은 갑남을녀가 아닌 높은 신분의 주인공이 가혹한 운명의 덫을 피하지 못하는 이야기로 정의되곤 한다. 보통 사람들과 다른 고귀하고 영웅적인 인물인데 문제적인 기질이나 성벽이 있고,

그 때문에 급기야 돌이킬 수 없는 잘못을 저지르는 과정을 보여준다는 점에서 비극은 흥미로운 장르다. 누구나 웬만큼은 아는 오이디푸스 왕(Oedipus the King) 이야기를 살펴보자. 무대가 열리면 테베의 왕 오이디푸스가 나라 전체에 닥친 재앙을 걱정하며 그 이유를 밝히려 한다. 신의 말씀을 듣는 신탁소(神託所)를 다녀온 사자로부터 그가 듣게 되는 정보는 이 재앙이 의문의 죽임을 당한 선왕 라이오스 왕의 시살자(弑殺者)를 벌주라는 신의 뜻에서 비롯되었다는 것이다.

그러나 이내 선왕의 시살자를 찾으려는 그 자신이 바로 라이오스 왕을 해친 살인자라는 주장이 제기된다. 드라마가 전개되며 이윽고 밝혀지는 것은 오이디푸스 자신이 아버지인 라이오스 왕을 죽이고 어머니인 이오카스테와 결혼하여, 동생이기도 한 아들과 딸을 낳았다는 사실이다. 오이디푸스는 우연히 인적 없는 길에서 마주친 마차 속의 노인이 라이오스 왕인지 몰랐으며, 물론 그가 자신의 아버지인지도 모르는 상태에서 시비 끝에 몽둥이를 휘둘렀던 것이다. 오이디푸스는 솔직할 뿐더러 책임감이 강한 인물이다. 반면 자신에게 덤비는 노인과 그 일행을 모두 때려죽일 정도로 거칠고 충동적인 면모가 있다. 욱하여 충동적으로 일을 저지르는 오이디푸스가 아니었다면 이렇게 참담한 결과가 초래되었을까?

자신이 문제의 살인자임을 알아차린 오이디푸스는 왕비 이오카스테의 부로치로 부모를 몰라 본 자신의 눈을 찌른다. 이렇게 그는 스스로 징벌을 가함으로써 자신을 파멸시킨 교묘한 운명에 맞선다. 그는 변명을 하지 않으며 책임을 전가하려 하지도 않는다. 사실 오이디푸스가 태어날 때 아들이 아버지를 죽인다는 끔찍한 결과는 이미 예정되어 있었다. 운명이란 인간이 먼저 알아차리고 의지를 갖고 바꿀 수 있는 것이 아니므로 오이디푸스 이야기는 인간의 한계와 운명의 가혹함을 일깨운다. 그는 별 생각 없이 노인과 그 일행을 때려죽였지만 그로선 모르고 한 일이었다. 당연히 이오카스테가 어머니인 줄 꿈에도 몰랐던 것이다.

힘세고 영특한 오이디푸스지만 운명 앞에서 그는 한낱 희생물에 불과했다. 그러나 그를 전혀 잘못이 없는 무죄한 희생자라고만 보기는 어렵다. 자신을 공격한다고 지팡이로 노인과 그 일행을 모두 때려죽이는 행위는 오늘날 기준으로는 종신형을 받을 만한 범죄이다. 쉽게 성내어 극단적인 행동으로 치달은 그의 기질이야말로 운명의 덫을 작동시킨 동력이었다.

물론 이런 결말이 모두 오이디푸스의 잘못 때문에 빚어졌다고 보기는 어렵다. 충동적으로 폭력을 행사하는 사람이라고 해서 다 아버지를 죽이고 어머니와 결혼하는 것은 아니다. 그러나 분명한 점은 운명이 눈을 가린 순간에 오이디푸스는 그렇게 행동함으로써 사건의 진행에 가담했다는 사실이다. 만약 그가 성급하게 몽둥이를 휘두르지 않았다면 라이오스 왕은 살아 돌아갔을 터이므로 오이디푸스가 왕이 되고 어머니와 결혼하는 일은 없었을 것이다. 모르고 라이오스 왕을 죽인 오이디푸스의 행동은 이야기의 전개에서 결정적인 분수령을 이룬다. 이렇게 보면 주인공의 성벽은 비극적 결말에 이르는 데 필수적인 요인이라고 할 만하다.

여태 살아오면서 나는 수없이 후회할 일들을 저질렀다. 어떤 경우는 모르고 한 일도 있었지만 알고도 잘못을 저지른 경우 역시 얼마든지 있었다. 물론 오이디푸스처럼 그 결과가 치명적이지는 않았기에 좋은 표현으로 '실수'를 거듭할 수 있었다. 내가 만들고 가담한 숱한 사건들은 이제 기억 속에서 문득문득 튀어나올 뿐 모두 과거가 되었다. 아마도 이제 내가 할 수 있는 일은 만회할 수 없는 잘못들이 어떻게 저질러졌는가를 돌이켜 내는 것일 터이다.

과거를 참회한다고 하면 실속 없이 거창한 듯하고, 반성한다고 하면 문제를 사적인 수준으로 돌리는 것 같아 그런 말은 쓰고 싶지 않다. 내가 나의 경우를 들어 논의하려는 것은 어떤 행동을 하는 데 작용하는 조건과 기질의 영향이다. 어떻게 된 영문인지 나 역시 기이하게 여기는 행동을 했던 사례를 거론해 보려는 것이다.

산만하고 단편적이지만 기억 저편에서 또렷하게 떠오르는 것 하나는 유치원 시절 내가 저지른 폭행 사건의 전말이다. 집안 형편이 그렇게 유족하지는 않았지만 어떻게든 자식들이 좋은 교육을 받을 수 있게끔 애썼던 아버지 덕분에 나는 아버지가 근무하던 대학의 부속유치원에 다녔다. 유치원 시절의 기억은 별로 없다. 햇빛이 가득한 마당에서 놀다가 실내로 들어서면 발에 차갑게 느껴지던 마루의 감촉과 거기서 풍겨오던 연한 '니스칠' 냄새라든가, 아이들의 그림을 붙여 놓은 방 한쪽 구석에 놓여 있던 커다란 모형 코끼리 정도가 떠오를 뿐이다. 그러나 이 사건은 비교적 생생한 줄거리에 스틸 컷 몇 장이 덧붙여져 상당한 구체성을 갖고 눈앞에 다가온다.

발단은 자전거였다. 현관 앞에 세워져 있던 보조바퀴가 달린 자전거는 불과 몇 대 안 되고, 타려는 아이들은 많다 보니 항상 경쟁이 치열했다. 낮잠을 자는 일과가 있어 분단 별로 선생님이 호명을 하면 일어나

마당에 나갈 수 있었는데, 자전거를 타려면 일찍 낮잠에서 풀려나야 했던 것이다. 티브이도 없던 시절이어서 저녁 먹고 곧 잠자리에 들곤 하였으므로 억지로 자는 흉내를 내야 하는 유치원의 낮잠시간은 고역이었다. 나는 어서 나가고 싶어 조바심을 치며 바닥에 깐 긴 수건 위에 꼿꼿이 누워 팔다리를 몸통에 꼭 붙이느라 몸에 힘을 가득 주고 있었다.

휴대용 축음기에서 나오는 유머레스크의 바이올린 선율이 야속하게 머리 위를 스쳐가는 가운데 어서 불리기만을 기다리고 있는데, 웬걸 선생님은 우리 분단을 빼놓고 다른 아이들만 나가게 하고 있지 않은가! 뒤늦게 달려 나갔지만 자전거들은 이미 마당 한가운데를 돌고 있었다. 한참을 기다렸다 어떻게 차례가 돌아와 자전거에 올라 분풀이 하듯 내달리는 와중에 눈앞에는 우리 분단을 늦게 해방시켜 준 선생님이 서 계셨고 나는 그대로 페달을 밟아 선생님을 받아버렸다.

낮잠에서 늦게 풀어준 판결에 분노했던 것일까? 물론 충동적 행동이었으나 선생님을 자전거로 들이받는 순간 나는 잘못된 일임을 알았던 듯하다. 나 역시 당황했겠지만 이미 엎지른 물이었다. 그리고 어떻게 했는지 장면은 끊긴다. 다음 날 보니 치마 밑으로 드러난 선생님의 정강이는 시퍼렇게 멍이 들어 있었다. 나도 새삼 놀라 집에 가서 어머니께 내가 뭘 했는가를 알렸고, 어머니가 선생님께 사과드리려 유치원에 오셨던 것이 기억난다. 폭행 피해자였던 유명호 선생님은 조용하고 차분한 분이셨다. 특히 그 일과 관련하여서는 가해자를 질책하는 말씀은 물론, 어떤 표시도 하지 않으셔서 나는 아무 일도 없었다는 듯 또 자전거에 매달릴 수 있었다. 연세를 생각하면 건강하게 살아 계실 수도 있을 터인데 매우 늦었지만 지금이라도 사죄드리고 싶다.

듣는 사람은 내가 폭력적 성향이 있는 개구쟁이나 사고뭉치였다고 생각할지 모르겠으나 그렇지는 않았다고 반박하고 싶다. 나는 대체로 내성적이고 다른 아이들을 때리거나 괴롭히지 못하는 부류였다. 쉽게 흥분하고 서둘러서 부모님의 걱정을 듣는 경우는 잦았어도 남을 해코지해 문제를 일으킨 경우는 드물었다. 그러나 엉뚱한 일을 저질러 스스로도 놀랐던 기억은 여럿 있다.

조심 없이 높은 곳에서 뛰어내려 몇 번이나 심하게 다쳤는가 하면, 석유에 불이 붙는 실험을 한다고 큰 기름통에 성냥불을 그어 넣어 온 집을 태워 먹을 뻔도 했다. 어떤 경우는 나도 어찌나 놀랐던지 지금까지 흠칫 몸을 떨게 되기도 한다. 초등학교 이삼 학년쯤 되었을 무렵 마산의 큰집을 간다고 탄 기차에서 문을 열고 나가 객차들을 서로 연결하는 홈통 안에 공연히 발을 넣었다가 간발의 차이로 발목 아래를 잃을 뻔했던 기억이 그 하나다. 조금 잘못되었으면 아주 심각한 일이 벌어질 수도 있었다. 친구네 공기총으로 남의 집 문고리를 쏘아 맞추려 했는데 총알이 판자를 뚫고 들어가 안에 있던 그 집 할머니의 정수리를 훑고 지나갔던 것이다.

물론 시비 끝에 노인과 그 일행을 때려죽인 오이디푸스의 조포(粗暴)함에는 감히 댈 수 없지만, 순간적으로 앞뒤를 재지 못하고 충동적으로 행동하여 남과 자신을 위험에 빠트리게 한 점은 마찬가지였다. 다행히 나에겐 운명의 덫이 놓여 있지 않아 잘못된 행동은 대부분의 경우 치명적 사건으로 비화되지 못했지만, 어른이 되어서도 이런 식의 행동 때문에 뼈아픈 손해를 보거나 끼친 적이 여러 번이다. 꼼꼼히 따져 보고 자문을 구하기보다 마치 잘 아는 듯 예단하여 일을 벌이는 버릇은 여러 번 후회를 하고도 계속되었다.

동기나 이유가 모호한 충동적인 행동은 인간만이 갖는다는 합리적 이성으로 제어되지 않는다는 점에서 동물적인 것이라고 할 수 있을지 모르지만, 생명체의 본능과도 무관한 것임이 분명하다. 엉뚱한 행동을 선택할 때 그 개체는 위험에 빠지게 마련이므로, 살아남아야 한다는 절대적인 목적을 거스른다는 점에서다.

그런데 어쨌든 허구와 실제에서 끊임없이 되풀이 되는 드라마는 사람들이 이성의 논리나 본능의 원칙에 의해서만 움직이지 않는다는 것을 보여준다. 많은 경우 사람들은 자신의 문제적 기질에 대해 무자각할 뿐더러, 설령 자신에게 문제가 있음을 경계하고 있더라도 그것이 발현되는 돌발적인 순간에는 어쩌지 못하고 눈을 감게 된다. 사람들이 벌이는 드라마가 매일같이 일상의 곳곳에서 쓰이는 이유이다.

아무리 문제적인 것이라 하더라도 성벽 역시 자신의 일부분이기 때문에 대개 사람들은 그것의 존재를 인정하지 못한다. 자신이 거만하고 권력욕에 휘둘리는 순간이 잦다는 것을 시인할 사람이 얼마나 있겠는가. 그러나 오랜 시간이 지나고 누군가를 기억할 때 떠오르고 부각되는 것은 각자의 얼굴처럼 개성적인 기질이며 성벽이다. 특별한 선택의 순간에 생각하고 움직이는 방식은 사람마다 다를 수 있다. 곤경에 처하거나 놀라운 일을 겪을 때 어떻게 대응하느냐는 그 사람의 내면적 인상을 규정하는 것이다.

외면적으로 드러나는 신체적 특징(특히 얼굴)과 내면의 심성 내지 성격은 연결되어 있다고 보아서 전자로 후자를 파악하려 하는 인상학(人相

學 physiognomy)은 실로 우리가 사람들을 기억하고 평가하는 방식이다. 사람의 인상을 언제든 그의 기질과 결부시킨다는 점에서 그렇다. 인상이 다양한 만큼 인간의 내면도 천차만별이리라. 그렇지만 대부분의 사람들에게 어느 정도는 문제적 기질이 있고 비합리적이거나 충동적으로 행동할 때가 잦다는 것 또한 인간의 보편적 면모가 아닐까 싶다.

문학작품을 읽어오며 내가 특별히 흥미를 느꼈던 부분은 인물들이 비합리적이고 설명되지 않는 행위를 저지르고 이로써 초래되는 사건들이 숨 가쁘게 이어지는 대목이었다. 이해할 만한 사정이나 이유를 초과하는 행동 내지 열정과 집착은 예기치 못한 상황을 빚어내거니와, 급전(急轉)하는 사건의 격류에 휩쓸려가는 주인공은 기왕과는 다른 모습을 보여줄 수밖에 없다. 자신의 행동 때문에 이미 만회가 불가능한 처지에 빠졌음을 깨닫는 순간, 주인공이 취하는 태도나 반응은 흔히 나의 경우에 비쳐보게 되는 것이었다.

예를 들어 왕이 되려는 야심 때문에 잠자고 있던 던컨 왕을 칼로 찔러 죽인 맥베스는 곧바로 자신이 무슨 짓을 했는가를 알아챈다. 물론 후회하거나 낭패감을 드러내는 것은 그의 방식이 아니다. 대신 그는 자신 역시 인생이라는 무대의 한심한 배우(poor player)에 불과했음을 깨닫고 자탄한다. 거들먹거리거나 종종걸음을 치며 짐짓 심각하게 떠드는 변설들이란 마치 '백치의 말처럼 음향과 분노(sound and fury)로 가득 차 있을 뿐 결국엔 아무 의미도 없는 이야기'라는 것이다.

그가 내던진 독백에서 묻어나는 것은 그 자신의 야망뿐 아니라 그에 휘둘린 삶 또한 얼마나 한심하고 허망한 것인가를 한탄하는 강렬한 페이소스다. 자신의 행위를 내려다보는 그의 태도는 미구에 닥칠 파멸을 예감하면서 감당하겠다는, 그럴 수밖에 없다는 결연함을 느끼게 한다. 보통 사람 눈에는 '한심한 배우' 운운하는 맥베스가 던컨 왕에 대한 자신의 배신행위를 한낱 광대의 헛발질 정도로 간주함으로써, 살인을 저지른 책임에 물타기를 하려는 것처럼 보이기도 한다. 그러나 맥베스의 탄식은 친구이기도 했던 던컨 왕을 몰래 찌른 행동이 결과적으로 그가 줄곧 내세우고 지키려 했던 위엄을 조롱거리로 만들어버렸음을 자인하는 것이었다. 권력욕의 비열한 꼭두각시가 되고 만 그는 이미 파멸한 셈이다.

왕을 죽일 기회가 아무에게나 오는 것은 아니므로 범인에게 맥베스의 자책은 남의 일로 느껴질 수 있다. 그렇지만 나의 경우를 돌이켜 보아도 무진장한 후횟거리를 만들어내는 것이 보통 사람들의 삶이다. 해서는 안 되는 일임을 뻔히 알면서 멈추지 못한 사례는 다 세기도 힘들다. 왕을 암살하는 정도는 아니지만 심각한 잘못을 저질러도 받게 되는 처벌이 약하거나 운 좋게 넘어가기도 한다는 점에서 범인의 처지는 맥베스와 다를 뿐이다.

돌이켜보면 나는 수없이 리어왕처럼 완고하기도 했고, 안티고네도 아닌데 짐짓 도리를 앞세워 남들이 모두 외면하는 길을 고집한 적도 있었다. 오셀로 이상으로 귀가 얇아 번번이 남의 말에 넘어갔으며, 맥베스나 된 듯 오래 알던, 그래서는 결코 안 되는 이를 배신하기도 했다. 그럼에도 불구하고 나는 딸을 잃지 않았고 처형의 위험에 처하거나 아내를 목 졸라 죽인 적도 없다. 파멸은커녕 여태까지 살아남아 회고 이야기를 꾸며내려 하고 있다. 문학작품에서 구현되는 질서가 그대로 작동하는 것은 아니라는 점에서 현실은 훨씬 너그러운 곳이다. 그것이 나만의 행운이었는지 모르겠으나, 나의 행동에 비해 처벌은 가벼웠고 재생의 기회 또한 계속 제공된 셈이다. 그런 만큼 나는 살아오면서 번번이 변명을 둘러대거나 자신을 나무랐고 때로는 참회의 다짐을 반복하기 일쑤였다.

물론 내가 기왕의 잘못을 딛고 다른 사람으로 거듭났던 것은 아니다. 세월이 흐르며 이른바 노회함을 배우기도 했지만 사람은 쉽게 바뀌지 않는다. 성급하고 때로는 과격하기도 한 성정이 안 그래도 어려운 상황을 더욱 힘들게 만들어, 상당한 세월을 거의 제정신이 아닌 상태로 보냈던 적도 있었다. '실수'가 불러오는 실수가 쌓여 마치 대사를 잊은 희극배우처럼 허둥대며 그야말로 아무 의미도 없는 '음향과 분노'를 분비해냈던 시간이었다.

돌이켜 보면 내가 출연한 드라마는 선생님을 자전거로 들이받은 유치원 시절의 사건을 발단으로 시작하여, 제대로 된 '알아차림(anagnorisis)'의 순간들을 매번 연기시키면서 '운명적 전환(peripeteia)'의 고비 없이 지지부진하게 계속되어 온 것이다. 하지만 그렇고 그런 삶을 이어가는 것이 평범한 사람의 운명이라면 이를 수긍하고 받아들이는 외에 달리 할 수 있는 일이 있을까? 나의 회고록 아닌 회고록 쓰기는 아마도 이 운명에 대한 나름의 보고서가 될 듯싶다. 전혀 극적이지 못한.

## 2. 무서운 꿈

그 악몽 속에서 어린 나는 절망적인 무력감에 짓눌린 나머지 그냥 이 괴물에게 투항을 해 버릴까 하는 유혹을 느끼기도 했다. 그러나 나는 알고 있었다. 괴물에게 투항한다고 해서 내가 무서워하는 편에서 무서운 편으로 옮겨갈 수 있는 것은 아니라는 점을.

# 무서운 꿈

나는 이화여대 후문 앞 동네, 당시엔 봉원동이라고 부르던 안산(鞍山) 자락에서 자랐다. 연세대와 이화여대 사이의 골짜기에 앉은 이 동네는 영천으로 연결되는 금화터널이 뚫리기 전까지 옥수수 밭이 널린 조용한 주택가였다. 이대 후문 근처는 멋진 양장에 뾰쪽 구두를 신은 여대생들의 웃음소리가 높았고, 조금 더 내려가면 세브란스 영안실이 울타리도 없이 열려 있어서 흰 옷을 입고 서성이는 사람들을 볼 수 있었지만, 시내로 가려면 다시 신촌로터리까지 나가야 하는 벽지 아닌 벽지였다.

다만 일 년 중 하루 4월 초파일은 그 동네가 시끌벅적해지는 날이었다. 아침부터 장구를 메고 나팔을 불면서 봉원사(奉元寺)로 가는 행렬이 끊이지 않았고, 저녁이면 술이 취해 거칠게 싸움을 벌이거나 흙투성이가 되어 길가에 쓰러져 자는 사람들 구경이 가관이었다. 동네 이름이 절 이름이었고 대처승들이 절 인근에 살았지만 우리 동네에서 승려를 보지는 못했다. 오히려 조그마한 동네에 교회가 세 개나 있었을 뿐 아니라 같이 놀던 친구들 집에 가면 부모님이 억센 이북 사투리를 써서 생소했던 적도 있는데, 동네구성원들 상당수가 월남한 기독교인들이 아니었던가 싶다. 또 두 대학교 사이에 위치한 만큼 그에 관련된 사람들도 꽤 살았던 듯하다.

신촌은 식민지 시대에 개발된 곳이다. 아마 내가 자란 동네도 연대와 이대가 들어서면서 형성되었을 것이다. 우리 가족이 살던 집은 한국전쟁 이후에 지어진 이른바 문화주택들 가운데 하나였다. 봉원사로 올라가는 도로 한쪽으로 잿빛 벽에 역시 암회색 기와를 얹은 주택들이 횡으로 줄지어 앉았는데 우리 집은 이대 후문 쪽이었다. 검은 타르를 칠해 잇댄 판자 담 밖으로는 봉원사에서 내려오는 개천이 흘렀고, 집 뒤는 나무와 풀만 우거진 연대 산이었다. 길은 비포장이어서 가끔씩 버스가 지나가면 먼지가 일었지만, 놀던 아이들은 짐짓 반가운 듯 차가 오면 따라 달리기도 했다.

남의 집 문간방에 살면서 어머니가 아버지 봉급을 몇 년 동안 와이셔츠 통에 넣어 모은(은행이 멀어 가기 힘들어서) 돈으로 샀다는 우리 집은 제법 마당이 넓었다. 뒷마당에 선 커다란 플라타너스 나무엔 참새들이 들끓어 잎이 떨어지면 새똥이 하얗게 발린 가지가 드러나 보였다. 무슨 일로 새벽에 일어나 마당에 나서니 깊은 군청색 하늘 위에 뻗은 흰 가지들 사이로 새들이 마치 정령(精靈)이기라도 한 듯 풀풀 날아다니고 있었다.

우유 배달이 없던 때여서 아버지는 마당 한쪽에 각목과 판자로 우리를 만들어 염소를 키웠다. 아침엔 나무 손잡이가 달린 노란 양은그릇에 짜 담은 염소젖을 연탄불에 끓여 온 가족이 나누어 마시는 것이 중요한 일과였다. 해가 떨어질 무렵 툇마루에 앉으면 연대 산의 억새며 가득한 들풀들이 황금색으로 빛나는 광경을 마주할 수 있었다. 그 장면은 마치 환상적인 회화나 일러스트레이션처럼 기억 속에 남아 있다. 억새들 너머 산등성이의 짙은 실루엣은 아득했고 나는 저 너머엔 어떤 세상이 있을까 오랫동안 궁금해 했다.

　누구나 그렇겠지만 나는 아직까지도 종종 어릴 적에 살던 집으로 돌아가는 꿈을 꾸곤 한다. 꿈속에서의 귀향은 마냥 감격적인 것은 아니다. 꿈속의 그 집은 기억보다 훨씬 크고 낯선 방들이 이어져 있는가 하면, 뒷담이 헐려 식구도 아닌 모르는 사람이 기식을 하고 있거나, 오래전에 죽어서 산에 묻었던 개와 처음 보는 고양이가 넘나들고 있기도 했다. 우리 집이 황폐한 빈 집으로 나오는 꿈은 이미 초등학교를 갓 들어갔을 무렵부터 꾸기 시작했다. 그 때의 꿈 가운데 아직도 기억하는 하나는 다음과 같다.

　나는 수년간 타방을 떠돌다 귀향한다. 고향집이 보이는 언덕 위에서 그리움의 눈물을 흘리며 서둘러 발걸음을 내리 닫지만 문을 열면 집은 텅텅 비어 있고 먼지만 가득한 것이 이미 오래전에 사람은 모두 떠난 듯하다. 나는 어찌할 바를 몰라 멍하니 서 있는 것이다. 가족들을 어디서 찾을까 하는 황망하고 쓸쓸한 마음은 잠에서 깨어나도 여전했다.

　누군가가 근대 이후를 살아가는 인간의 정신적 조건이라고 설파한 '선험적 집 없음'을 일찍이 나는 꿈을 통해 인지한 셈이다. 고향이 더 이상 존재하지 않는다면 안식의 터전이 부재한 데 대한 애도는 상상의 영역으로 나아갈 수밖에 없다. 어떻게 하더라도 상실한 고향으로 돌아가는 것은 불가능하기 때문이다. 이렇게 보면 더 넓고 좋은 집을 향한 사람들의 열망도 이해할 만하다. 그렇게라도 고향이 없어진 것을 보상 받으려는 눈물겨운 기도일 수 있는 탓이다. 그런데 내가 이제 하려는 무서운 꿈 이야기는 집을 잃는 것이 아니라 집이 지켜지지 않는다는 절망적인 낙담과 관련된 것이다.

여러 번 반복해 꾸었던 그 꿈의 기억은 너무도 생생하다. 무서움의 강도를 따진다면 내가 느꼈던 공포감은 10의 9 정도는 되지 않을까 싶다. 꿈의 줄거리는 간단하다. 나는 무슨 연유로 덩그마니 혼자 집을 지키고 있다. 마당은 잿빛이고 주위는 온통 어둑하다. 그런데 나는 담 밖에 무엇인가가 배회하고 있음을 느끼고 섬찟해한다. 이내 그것은 대문 밑에서 일렁이며 웅크리고 있다가 발인지 손인지를 쑥 내미는가 하면 대문을 타고 넘으려 한다. 그것의 형체는 분명치 않아 검은 기운이거나 연기 같기도 하다.

나는 무서움을 억누르며 허둥지둥 손에 잡히는 아무 것이나 들고 필사적으로 그것의 침입을 막아보려 하지만 역부족일 뿐이다. 오히려 그 괴물은 여유가 있고 집요하다. 어떤 때는 여동생이 나타나 도우려 하나 상황이 달라지지는 않는다. 잠시 잠잠하여 혹시 가버렸을까 하고 문틈으로 엿보면 아무런 형상도 표정도 없는 그 검은 덩어리는 골목 저편 전봇대 근처에 웅크리고서 곧 다시 달려들 태세다. 어른어른 녹아내리는 듯도 한 그 몸체에서는 마치 텔레파시처럼 소리로 들리지 않는 낮고 위협적인 메시지가 전해진다. 꿈은 대개 그러면서 깨고 만다.

프로이트 식으로 말하면 악몽은 해소되거나 정리되지 못한 트라우마들이 부딪으며 나타나는 일종의 부작용이다. 어린 시절이라고 해서 항상 배려와 보호 속에서만 지내는 것은 아니다. 아이들이 겪는 일 가운데 부모나 어른들이 아는 경우는 오히려 더 적을 수 있다. 아이들로선 놀라운 일을 어떻게 받아들여야 할지 모르기 때문에 그 충격은 고스란히 정신적 외상(外傷)으로 남는다. 나 역시 예외는 아니었다.

기왓장이 휙휙 날아다닌다고 해서 집 안에 잡혀 있었지만 사라호 태풍 같은 것이 아이들에겐 충격적일 수는 없었다. 아버지가 쓴 육아일기에 의하면 어느 날 내가 아버지께 시내에 나가면 꼭 총과 칼을 사 달라고 해서 왜 그러냐고 물으니 4·19 데모에 나가겠다고 했다는데, 잘 기억은 안 나지만 데모 참여 역시 신나고 비장할지 몰라도 몸을 떨게 할 만한 일은 아니었다. 오히려 어린 내가 겪었던 섬뜩한 전율의 순간들은 다음과 같은 것들이다.

모래내 샛강에서 헤엄을 치고 놀다가 수초 가에 떠 있는 짙은 갈색의 실백(實柏-깐 잣) 깡통을 발견하고 열었을 때 마주친, 비닐에 싸인 채 반쯤 눈을 감고 있던 갓난아기의 얼굴은 지금까지 생생하다. 아무런 표정이 없어서 무어라 형언키 어려운 슬픔과 초탈한 정적을 느끼게 했던 그 작은 얼굴은 어린 나의 뇌리에 전혀 생각해 본 적이 없던 죽음이란 것을 각인시켰다. 좀 전까지 소리소리 지르며 물장구를 치며 놀던 세상이 팍하는 소리와 함께 꺼지면서 순간적으로 그 이면에 감추어져 있던 또 다른 세상이 드러나 보였던 것이다. 모든 인간적인 의미와 가치가 몰수된 적멸(寂滅)의 세상이었다.

아마도 그때 나는 살아 있는 내가 보는 세상이 또 다른 세상과 겹쳐져 있는 것임을 깨달았던 듯하다. 마치 한 겹의 장막이기라도 한 듯 눈앞의 세상을 걷어내면 거기엔 향방도 모르고 깊이도 잴 수 없는 어두운 공백이 있었다. 태어나자마자 비닐에 감겨 실백 통에 봉인된 한 생명의 끝이 열어 보인 허공이었다.

아이들이 으레 그렇겠지만 나는 항상 어둠이 무서웠다. 어둠 속에 있으면 저편에서 어둠의 조각들이 아물거리다 급기야 어떤 식으로 뭉쳐 다가오는 듯한 느낌 때문에 눈을 감거나 이불로 머리를 감싸안곤 했다. 그런 내가 카빈 소총의 총열을 주울 수 있다는 말에 방공호 안에 들어갔던 것은 지금 생각해도 모를 일이다.

한국전쟁이 끝나고 수년이 지난 뒤였지만 격전지였던 연대 산에는 메우지 않은 방공호가 여럿 있어서 아이들에겐 담력을 시험하는 곳이 되곤 했다. 내 차례가 되어 한참을 기어들어간 깜깜한 굴 안에서 내 손에 잡혔던 것은 카빈 총열만큼 긴 다리뼈였다. 그게 무엇인지 나는 알고 있었다. 아버지를 따라 낚시를 하러 간 청평 강변에서 뼈가 우산대처럼 꽂혀 있던 군화 한 짝과 마주친 적이 있었기 때문이다. 나는 짐짓 아무렇지도 않은 듯 굴 안에서 주워낸 다리뼈를 아이들 눈앞에 들이댔지만, 그 이후로 국그릇에 담긴 삶은 닭다리에서 비져나온 정강이뼈를 보아도 목덜미가 뜨끈하며 등에 식은땀이 흐르는 느낌을 받곤 했다.

축축하고 나무뿌리가 썩는 냄새가 나던 방공호의 굴속엔 간혹 총알 노다지가 있어서, 캐낸 총알의 탄두를 제거하고 화약을 빼내 난로 위에 흩뿌리거나 달력 종이로 싸서 폭음탄을 만드는 것 역시 아이들의 일이었다. 한 아이는 갈무리를 한다고 그랬는지 활명수 병에 화약을 부어 넣고 굵은 철사로 꼭꼭 쟁이다가 병이 폭발하는 바람에 목과 얼굴에 온통 파편이 박혀 병원으로 실려 가기도 했다. 깜깜한 굴 안과 허연 정강이뼈, 그리고 눈앞에서 터지는 화약은 뭔가 치명적인 사고로 이어지는 알레고리적 표식이 되어 불안하고 우울한 회화처럼 다가온다.

그 무렵 나는 아버지께 어두운 게 무섭다는 고백을 한 적이 있다. 아버지는 자기도 어렸을 때 그랬는데 어른이 되면서 더 이상 무서워하지 않게 되었다고 대답했다. 그 답변은 고무적이었지만 어른이 되는 것은 너무 먼 일인 듯했다. 그때까지는 달리 방법이 없다는 절망감이 다시 무거운 추가 되어 가슴을 내리눌렀다. 벌써부터 나는 예전의 아버지처럼 더 이상 어둠을 무서워하지 않게 되었다. 그러나 기약 없이 무언가를 기다려야 한다는 절망적인 느낌에 사로잡히곤 하는 것은 여전하다.

지금도 크게 다를 리 없겠지만 당시에 아이들은 일상적으로 폭력에 노출되었다. 아침을 먹고 골목에 나가면 어젯밤 술 취해 들어온 아버지에게 두들겨 맞은 아이들이 힘없이 쭈그려 앉아 있곤 했다. 아이들끼리도 주먹다짐은 다반사였다. 특히 '나와바리'에 대한 집착 때문이었는지 혼자 남의 동네로 들어가는 것은 상당한 위험을 감수해야 하는 일이었다. 그 동네 아이들에게 걸려 아무 이유 없이 된통 맞을 수 있었기 때문이다.

나도 그렇게 당한 적이 있다. 코피가 터지고 양복저고리를 찢겼는데, 나를 타고 앉은 대장 아이 뒤편으로 예닐곱 명의 아이들이 마치 영화 속 장면처럼 둘러서 있던 모습은 지금도 그리라면 그려낼 수 있을 것 같다. 그러나 폭력에 대한 공포는 그것의 행사가 예감될 때 더 고조되는 법이다. 곧 위해가 닥칠 게 명백한데 예방은 늦었고 피할 수도 없는 상황이라면 마치 가위에 눌린 듯 꼼짝 못하는 처지가 된다. 대체로 아이들 입장에선 남자 어른이 두려웠는데 그 가운데서도 공포의 대상 1위는 단연 상이군인이었다.

　　당시엔 아이들 없는 집이 없어서 뻔질나게 들락거리는 아이들 때문에라도 낮에 대문을 걸어 잠근 집은 드물었다. 열린 대문으론 생선이나 떡 대야를 인 아주머니들이 마루 앞에까지 들어왔고, 누군가 손 빠르게 빨랫줄에 걸린 옷가지를 걷어가거나 장독대의 된장이 없어지기도 했다. 그러나 상이군인들은 그 출현부터 위협적이었다. 헐렁한 군복에 목발을 짚은, 또 팔이 없어 소매가 펄럭이는 몇이 불쑥 나타나면 마당에서 놀던 우리들은 꼼짝 못하고 얼어붙을 수밖에 없었다. 그들은 마루 기둥을 잘린 손목에서 솟아난 갈고리로 찍기도 하고 집안을 기웃대면서 자신들의 등장을 알리는 신음 같기도 하고 탄식 같기도 한 소리를 내는 것이었다.

　　군모를 한껏 제껴 쓰고 빙글빙글 웃는 이도 있었지만 그들에게서는 힘겨운 원한과 분노가 느껴졌다. 그들의 눈빛과 몸짓은 신체가 이렇게 훼손된 처지에서 무슨 짓인들 못하겠느냐는 메시지를 전하려 하고 있었다. 하지만 홀연히 등장한 것처럼 퇴장도 빨랐다. 어머니가 황급하게 퍼 온 쌀바가지를 내밀면 말없이 받아 어깨에 멘 자루를 열어 담고 곧바로 사라짐으로써 상황은 끝나는 것이었다.

　　상이군인들이 떠난 뒤에도 우리를 얼어붙게 한 긴장은 쉽게 가시지 않았다. 그들에게서 풍겨진 포화에 찢긴 살과 피의 냄새가 여전히 마당을 채우고 있었던 것이다. 그러나 그들은 이미 영웅적인 희생자가 아니었다. 그들이 걸친 군복은 남루한 넝마같이 후줄근했고 얼굴은 어두운 데다가 대담하고 뻔뻔해 보였다. 그 표정들에게서 내가 읽은 것은 재수 없게 인생을 망쳐버렸다는 낭패감이었던 것 같다.

상이군인이라는 말 그대로 그들의 표식이었던 불구성은 무서운 한편으로 불결하고 우스꽝스러워 보이기까지 했다. 젊었지만 더 이상 아름답지도 쓸모 있지도 않은 육체는 한낱 폐기물에 불과했기 때문이다. 그들 자신 역시 희망을 잃은 불구의 육체를 전시하는 일상에 지쳐 있음이 분명했다. 돌이켜 보면 그들이 불러일으킨 두려움은 신체가 그렇게 훼손될 수 있음을 대면하는 데서 뿐 아니라 모든 것이 무너지고 앗길 수 있음을 목도한 데서 비롯된 것이지 않았나 하는 생각이 든다.

이후 나는 살아오면서 여러 상이(傷痍)의 군상들과 맞닥뜨려야 했다. 그럴 만한 일이 아닌데 화부터 내고 자신과 세상을 비웃으면서 피해망상에 빠져 자해를 일삼는 그들에게 나를 비춰보는 순간은 힘겹고 고통스러웠다. 그들에게 연민을 느껴서라기보다 나 또한 별수 없이 그들의 일원이자 외곽으로 밀려 난 낙오자일 수 있다는 의혹과 경계의 마음이 앞섰기 때문이었다.

궁극적으로 여태껏 무엇을 바라고 살았는지 한 마디로 답하기는 어렵지만, 나 역시 원하는 데 이르지 못하고 그 경계가 어딘지 알 수 없는 중심(주류)에서 배제되는 것에 대한 두려움으로부터 오랫동안 자유롭지 못했다. 이 두려움은 뜻밖의 손해를 감수해야 하는 상황이 닥치는 상상을 하게 하거나, 아니면 나도 모르게 초기의 나병처럼 겉으로 드러나지 않는 치명적인 병에 감염되었을 수 있다는 터무니없는 걱정을 하게 만들기도 했다. 어른이 된 이후로 악몽을 꾸는 횟수는 줄었지만 무섬증은 일상의 순간 안에 잠복한 병으로 이어졌다.

어른이 되어도 떨치지 못한 무섬증은 내가 무력하고 내 말이 남에게 미치지 못하며, 언제든 부당한 상황에 처할 수 있음을 지레 단정하는 데서 비롯되었다. 대부분의 사람들처럼 나에게 권력은 가까이 할 수 있는 것이 아니었다. 그렇지만 권력의 중심으로부터 배제되었고 큰 잘못 없이도 나락으로 떨어질 수 있다는 공포감이야말로 저 너머의 권력을 살찌운 동력이 아니었을까? 권력의 모습이 소문으로 그려질 뿐 안개 너머에 있어 그 안을 들여다보기가 불가능했기에, 오히려 이를 향한 두려움은 커지고 또 그 요구가 강제될 수 있었으리라.

국가권력은 종종 구성원들에게 거룩한 의무를 부과하기도 하지만, 권력의 요구는 언제나 복종의 필연성을 앞세운다. 즉 그에 반하는 선택을 불허할 뿐 아니라 이를 비정상적인 것으로 여기게 만든다. 권력의 위협은 그 요구에 충실할 때만 구성원들이 살아남을 수 있음을 천명하는 것이다. 권력은 어떻게든 대열에 따라붙어 밀려나지 않으려는 사람들의 두려움을 먹으며 마침내 강화되고, 양지를 찾아 이리저리 쏠려가는 사람들을 장악하게 되는 것이다.

일이 바람과 다르게 일시에 잘못될 수 있을 뿐 아니라, 어이없는 전락도 언제든 가능하다는 공포의 예감을 떨치지 못하고 가슴을 졸이며 산 것이 여태까지의 인생이라면 분노해야 마땅하다. 그럼에도 불구하고 이제야 이런 분석을 늘어놓는 것은 여전히 정체가 모호한, 그런 만큼 곳곳에 편재하는 권력의 작용에 갇혀 있다는 증거일 것이다. 돌이켜 보면 어린 시절의 악몽 속, 검은 괴물이 전하던 위협적이고 불길한 메시지는 이런 인생살이를 예언한 것이 아니었던가 하는 엉뚱한 추측도 하게 된다.

　　그 악몽 속에서 어린 나는 절망적인 무력감에 짓눌린 나머지 그냥 이 괴물에게 투항을 해 버릴까 하는 유혹을 느끼기도 했다. 그러나 나는 알고 있었다. 괴물에게 투항한다고 해서 내가 무서워하는 편에서 무서운 편으로 옮겨갈 수 있는 것은 아니라는 점을. 이상(李箱)의 시에서처럼 '무서워하는 아해'는 어두운 길을 질주해야 했다. 긴장해 뛰지 않고는 막무가내한 괴물—어린 시절 악몽 속에서 만났던 얼굴 없는 '가오나시(カオナシ)'의 탐욕 앞에 삼켜져 사라질 터였다.

　　그런데 무서워하는 아해로서 허둥지둥 달려 온 삶의 시간은 저항 한 번 제대로 해 보지 못하고 권력에 휘둘린 시간이었다. 두려움에 쫓긴 상태에선 어떤 선택을 하더라도 권력의 덫 속으로 들어가게 되어 있었던 것인가? 그렇다면 '가오나시'는 두려움으로 우리를 몰아가는 권력과 한패였다고 보아야 한다. 아닌 게 아니라 권력이 모습을 드러낸다면 얼굴이 지워진 '가오나시' 같을 듯하다. 길다면 길고 짧다면 짧은 인생의 행로를 거쳐서 다시 악몽의 수수께끼와 마주한 기분은 새삼 뒤숭숭하다.

### 3. 낚시의 추억; 아버지를 기리며

미끈하면서도 꽛꽛한 비늘의 감촉은 물고기가 우리와는 다른 방식으로 살아가는 생물임을 일깨웠다.

# 낚시의 추억;
# 아버지를
# 기리며

누구나 어린 시절, 생생한 자연과 조우해 놀라고 신기해 한 기억이 있을 것이다. 경험의 데이터가 거의 없는 상태여서 대상과 구체적으로 접촉을 할 때마다 매번 새로운 감각의 항목을 추가하게 되는 것이 어린 시절이다. 내 경우에도 어떤 만남은 자연과 세계에 대한 인상을 규정할 만큼 강렬했다.

기억의 첫머리에 나서는 것은 동네 또래들과 연대 뒷산을 넘어가 겪었던 일이다. 저녁 무렵이면 종종 집 뒤편의 능선을 바라보며 저 너머엔 무엇이 있을까 궁금해 했는데, 정작 산을 넘어 보니 전혀 다른 세상이 펼쳐지리라는 기대와 달리 눈앞에 나타난 것은 그저 초가집이었고 비탈진 논배미들이었다. 적이 실망을 했지만 그래도 놀기는 놀아야 했기에 올챙이를 잡는다고 논에 들어갔다가 갑자기 나타난 큰 뱀(아마도 드렁허리)을 밟고 말았던 것이다.

　얼결에 잡겠다고 그렇게 했지만 순간 몸은 얼어붙어, 싯누런 빛깔의 근육질 몽둥이가 천천히 고무신 밑으로 미끄러지며 논바닥 감탕 속으로 사라지는 모습을 지켜보고 있을 수밖에 없었다. 발바닥으로 전해지던 그 오싹한 감촉은 자연이 얼마나 비밀스럽고 또 적대적일 수 있는가를 알리는 경고로 받아들여졌다. 나는 멋모르는 침입자였다. 따라서 자연으로 들어간다는 것은 떨리고 흥분되는 일이었다. 낯선 세계를 흘낏 본 흥분은 나를 집 밖으로 이끄는 계기가 되었던 듯하다. 초등학교 저학년 때부터 거의 매주 아버지를 따라 낚시를 다녔고, 중학생이 된 이후엔 어머니의 표현대로 산과 들을 헤매었던 것은 자연의 세례 때문이었다고 감히 말할 수 있을 것이다.

　민물낚시를 처음으로 한 것은 초등학교 2학년에 올라간 초봄, 부천 인근의 포리 수로에서였다. 이른 새벽 신촌서 기차를 타고 소사역에 내리니 벌써 역사 앞은 군용 천막 색깔의 낚싯대 가방을 메고 대나무로 엮은 바구니를 든 낚시꾼들로 어수선했다. 수로까지 가는 버스는 만원이었다. 그러나 잠시 후 달리는 차창으론 넓은 평야와 긴 방죽이 눈에 들어왔다. 수로 입구에 닿자 낚시꾼들은 경주에 나선 것처럼 장화를 절걱거리며 다투어 어디론가 뛰어가기 시작했다. 아버지와 나는 놀라고도 우스워서 서로 얼굴을 쳐다보았던 기억이 난다. 고기가 잘 나올 만한 '포인트'에 먼저 앉으려 저렇게 뛰는 것이 아니겠느냐는 아버지의 설명에도 그 광경은 낯설고 불쾌하게 느껴졌다.

　수로에 들어서자 마주친 것은 물기로 머리칼이 착 붙은 웬 아저씨가 적동색 목덜미까지 황톳물에 잠긴 채 허위허위 그물을 당기며 나아가는 모습이었다. 새우를 잡는다고 했다. 봄이라고 해도 아침은 손을 모아 입김을 불어야 할 만큼 쌀쌀했지만, 간간이 물 밖으로 드러난 아저씨의 마른 등과 어깨에선 더운 김이 피어오르는 듯했다. 우리도 자리를 잡고 낚싯대를 폈다. 폭이 좁은 수로여서 짧은 대로 수초 옆에 찌를 세우니, 아침의 소동이 언제냐 싶게 조용하고 오붓했다. 내가 방죽의 시멘트 구조물 위에 올라 앉아 추위에 떨며 마미 비스킷 한 통을 다 먹는 동안 아버지는 앉았다 섰다 하면서 연신 낚싯대를 들어 올리고 또 던져 넣곤 했다.

고향에서 바다낚시를 했다지만 아버지도 민물낚시는 그때가 처음이어서 신기한 모양이었다. 찌가 꼬물꼬물 움직이다가 한 두 마디 쑥 올라올 때 낚싯대를 채면 영락없이 은빛 물고기가 물방울을 튀기며 가는 줄에 매달려 나오는 것이었다. 물가에 박아 넣은 대나무 바구니엔 붕어가 벌써 여러 마리여서 푸른빛이 연하게 도는 조그마한 황토색 몸뚱이들이 가지런히 떠 있었다. 나는 가만히 손을 넣어서 붕어 한 마리를 손에 쥐어 보았다. 재빨리 도망치던 물고기는 손아귀에 들어서도 뻗대며 요동쳤다. 미끈하면서도 꽛꽛한 비늘의 감촉은 물고기가 우리와는 다른 방식으로 살아가는 생물임을 일깨웠다.

이윽고 해가 높이 올라 주변이 따듯해지자 나도 낚시를 해 보고 싶은 생각이 들었다. 아버지의 시범을 좇아 두 바늘 채비에 지렁이를 끊어 끼우고 낚싯대를 들어 던져 넣자 바로 찌가 솟구쳤다. 처음으로 붕어를 걸어 끌어내던 순간의 감촉은 생소하고 놀라웠다. 흔히 전차표, 호박씨라고 불리는 두세 치 정도의 붕어였지만, 짧은 칸반 대를 통해선 그야말로 전율(戰慄)이 느껴졌다. 그 작은 생명체는 탁한 물속으로 '뿔뿔이 달아나려' 했다. 낚싯줄은 튕겨지며 물방울이 튀었는데 마치 물속의 누군가가 줄을 갑자기 당기는 듯했다. 곧추 세워진 낚싯줄이 철사처럼 물을 휘젓는 것도 잠깐, 놀란 내가 손목에 힘을 주고 낚싯대를 뒤로 채 올리자 물고기는 수면에서 뽑혀 나와 하늘을 날았고 앉은 자리 뒤편 논두렁에 떨어졌다.

    붕어와의 첫 대면은 서툴렀던 만큼 요란했다. 낚시가 재미있었다면 식량이 될 만한 것을 잡아내는 오랜 사냥 본능이 일깨워진 때문일 수도 있고, 잘 보이지도 않는 줄 끝에 손톱보다 작은 바늘을 매달아 고기의 입을 꿰어 내는 교묘한 행위가 신기했기 때문일 수도 있다. 그러나 지금 생각해 보면 물고기라는 낯선 대상과 나름 격렬하게(?) 조우한다는 사실이야말로 낚시가 갖는 매력의 이유가 아닐까 하는 생각도 든다.

    낚시는 처음이었지만 물고기를 본다는 것이 나에게 특별한 일은 아니었다. 어머니를 따라간 시장에서 생선전 좌판에 누운 물고기들을 여러 번 구경했기 때문이다. 붕어보다 훨씬 크고 모양도 가지가지였지만 그것들은 살아 있지 않았고, 더구나 나와 개별적으로 만날 수 있지 않았다. 화려하게 붉거나 은빛의 물고기가 생선장수의 검은 칼에 비늘이 털리고 목이 잘려 토막 난 고기로 바뀌는 과정은 처참할 뿐이었다. 그것들 역시 그물에 걸려 버둥댔을 것이고 때로는 물밑으로 탈출을 시도하는 투지를 보였을 테지만, 이제 아무도 그것을 기억할 사람은 없었다. 반면 낚시는 매번 그 물고기와 만나는 것이고, 거의 일방적이지만 일단은 대결의 형식을 갖춘 행사였다. 물고기를 걸어 끌어내는 짜릿한 순간은 존재의 충돌이라고 할까, 간단히 형언할 수 없는 생생한 무엇을 몸으로 느끼게 하는 것이었다.

집으로 돌아오는 기차 안에서 피곤에 겨워 눈을 감으니 눈꺼풀 안에선 찌가 끊임없이 쑥쑥 솟고 있었다. 포리 수로에서의 첫 경험 이후 아버지와 나는 주말을 기다려 근교의 낚시터를 찾아다녔다. 그때는 일산 쪽이나 인천 방향 곳곳이 낚시터였거니와, 어디를 가든 아주 허탕을 치지는 않아서 초심자도 그냥 나서면 되는 시절이었다. 아버지를 놓치지 않으려고 꼭두새벽에 일어나는 것은 힘들었지만 대문을 나서면 닥치는 선뜻한 밤공기를 맞는 것이 나쁘지 않았고, 역을 향해 가다가 고개를 들어 보면 캄캄한 하늘에 쏟아부은 듯 가득한 별들도 경이로웠다. 돌부리에 채여 넘어진다고 잡은 아버지의 손은 크고 따듯했다. 신촌역 앞에서 해장국을 먹은 뒤 기차에 올라 달리는 차창 밖으로 점점이 비껴가는 등불을 생각 없이 세고 있는 동안, 어느덧 하늘 가장자리가 군청색으로 바뀌며 산의 윤곽만 검게 드러나는 것이었다.

지금도 그때를 생각하면 헐거운 차창 틈으로 새어 들어오던 새벽 논밭의 푸근한 흙내와, 대야를 인 아주머니들의 앞치마나 새끼로 맨 봇짐에서 나던 절은 냄새가 코를 스쳐간다. 어린아이로선 신기했던 새벽 국밥집의 어수선한 소음도 들리는 듯하다. 해장국밥 속에 들어 있는 선지 덩어리가 신기해서 이게 뭐냐고 물었더니 아버지는 그게 허파라고 답해 주었다. 나는 오랫동안 선지를 허파로 알고 지냈다. 중년을 넘기며 가끔씩 생각이 나 그 음식을 우정 찾아 사 먹곤 했는데 새벽 역전에서 먹었던 국밥의 기억 때문인가 싶다.

근교 낚시터를 섭렵하며 기량을 연마한 아버지는 좀 더 먼 곳으로의 출조(出釣)를 원했고 그래서 낚시회를 종종 이용하게 되었다. 신촌 로터리에서 이대 쪽으로 올라가는 큰 길 옆에 있던 낚시용품 가게 앞에 시간 맞춰 가면 대절 버스가 기다리고 있었다. 유리창에 나붙은 그날의 행선지를 알리는 먹글씨는 이미 비릿한 해감내를 풍기는 듯했다. 불을 밝힌 가게는 떡밥이나 지렁이를 사느라 들고 나는 사람들로 왁자지껄했지만, 이내 누군가의 재촉하는 목소리가 거듭 들린 끝에 버스는 낚시터를 향해 출발하는 것이었다.

버스에서 선잠이 들었다 문득 깨었을 때 본 희끄무레한 새벽안개 속 수원성의 모습이 인상적으로 떠오른다. 낚시터가 가까워져 오면 긴챙 모자에 낚싯바늘 채비를 몇 개씩 꽂은 총무가 좌석 어깨를 잡고 선 채 흔들거리며 지난주 이 저수지 어디 어디쯤에서 새우 미끼에 월척이 쏟아졌다는 식의 소식을 장황하게 브리핑하곤 했다. 뒷좌석에서 기대감으로 가득 찬 환성이 터져 나오고 질문이 이어지는 통에 잠시 소란하다가 사람들의 눈이 차창 밖으로 향하면서 버스 안은 엷은 긴장감으로 가득 차는 것이었다.

낚시회 버스는 우리를 지금은 근교가 된 신갈이나 송전 저수지, 조금 멀리는 안성의 고삼 저수지라든가 강화도 등으로 데려다 주었다. 심지어 전라북도의 옥구까지 간 적도 있었다. 도로 사정이 지금과 같지 않던 때라 버스는 아슬아슬하게 농로를 지나야 했고 또 진창에 미끄러져서 하차해 걷거나 한 적도 여러 번이었다.

대부분의 사람들에겐 그날의 목적지가 처음 가보는 곳이었기 때문인지 낚시회 버스의 출조는 시종 원정(遠征)에 나선 것 같은 들뜬 분위기로 휩싸여 있었다. 과연 번쩍이는 장화를 신고 목에 수건을 동여맨 꾼들 수십 명이 떼로 움직이는 것이 예사로운 일은 아니었다. 게다가 낚시터에 닿자마자 마치 처녀지 탐험에 나선 선발대같이 우쭐거리며 나대는 사람도 없지 않았다. 이른 아침부터 닥친 방문객들에 놀라 웬 영문인가 하는 표정으로 늘어선 초라한 행색의 원주민들은 외면의 대상에 불과했다. 안하무인격으로 낚시꾼들이 길가에 소변을 보고 함부로 논두렁을 밟아 뭉개는 장면은 어린 나에게도 마땅치 않게 보였다.

웬만한 저수지에는 낚시꾼들을 상대하는 밥집이 있어서 밥집 남자나 그 아들은 낚시꾼들의 수발을 드는 역할을 했다. 총무는 버스에서 내리자마자 이 원주민 조력자를 소개하고 상밥 주문을 받고 필요한 물품을 준비시켰다. 그러나 물 가운데 나무로 좌대(座臺)를 만들어 놓은 저수지에서는 목이 좋아 보이는 좌대를 먼저 타려는 꾼들이 배를 부르며 순서를 다투느라 애매한 원주민 조력자를 다그치는 경우가 여러 번이었다. 낚시터에서 으레 보게 되는 이런 소란은 나에게 어른들이라고 해서 다 어른은 아니라는 사실을 깨닫게 했다. 낚시회를 이용한 출조는 편리한 만큼 감수해야 할 것이 많았다.

초등학교 5학년을 넘기면서 중학교 입시 공부 때문에 낚시를 따라갈 수 없었지만 중, 고등학교와 대학을 다닐 때나 그 이후로도 간간히 아버지와 함께 하는 조행(釣行)은 이어졌다. 그 순간들을 돌이키자면 망각의 어둠을 뚫고 채 사라지지 않은 기억의 조각들이 쏟아져 나오곤 한다. 좌대에 앉아 쫄딱 비를 맞거나 무거운 장구를 지고 한참을 걸어야 했던 적은 한두 번이 아니었다. 잠을 자겠다고 들어간 폐가 마루에선 밤새 모기에 뜯기기도 했지만, 뜨듯하게 불을 지핀 황토방에 앉아 석유램프에 마른오징어를 구우며 늦도록 재미난 이야기를 나누었던 기억도 있다. 이 저수지서 저 저수지로 포인트를 좇아 옮겨 다니다가 녹초가 되어 찾아든 시골 주막에서 먹었던 돼지 숯불고기와 우거지 토장국의 맛은 아직도 내 입 속에 남아 있다.

　낚시란 것이 자리를 비울 수 없는 일이라서 대학생이 되자 아버지는 옆에 앉은 나에게 종종 담배를 권하곤 했다. 공연히 나돌지 말고 피우고 싶으면 그냥 그 자리에서 피우라는 뜻이었다. 언젠가는 맞담배를 피며 아버지의 연애담을 들은 적도 있었다. 그래서 키스는 해 보았느냐고 물었더니 "야 임마 키스를 했으면 더한 것도 했게"라면서 말을 끊어 더 이상의 이야기를 듣지는 못했다.

　무슨 일이든 자주 하다 보면 대개는 그와 관련해 남다른 안목을 갖게 마련이다. 구체적인 경험을 통해 책에서는 배우기 어려운 지식이나 기술을 길러 쌓게 되기 때문이다. 낚시가 익숙해지면서 알게 된 것은 물고기마다 성격이 각각이고 저수지나 강에 따라 미묘하게 물고기들의 행태가 다르다는 사실이었다. 예를 들어 붕어와 끄리(강준치)는 성격이 가장 대조적이었다. 붕어의 경우 미끼를 조심스럽게 건드리다가 마침내 먹이를 흡입하여 찌가 천천히 솟구쳐 오르는 데 비해, 끄리는 이름 그대로 난폭하게 바늘을 삼킨 채 줄을 끌어가곤 했다.

　대를 당겨 챔질을 하면 붕어는 물밑으로 머리를 박고 들어가면서 씨름꾼처럼 용을 쓰는 반면, 끄리는 수면으로 치올라 껄떡대면서 춤을 추는 것이다. 큰 붕어는 수초를 감고 버텨서 꺼내는 데 애를 먹는 경우도 더러 있었다. 끄리 역시 제법 팔뚝만 하면 역시 힘이 대단해서 끌려 오는 은빛 몸뚱이가 요동치는 것이 마치 칼춤을 추는 듯 번득였다. 그러나 성격이 급한 탓인지 물 밖에 나오자마자 죽고 만다. 살림그물 안을 들여다보면 붕어들이 패배를 인정한 포로들처럼 머리를 나란히 숙이고 있는 것과 달리 끄리는 마치 항의라도 하듯 배를 위로 하고 뻣뻣이 죽어 자못 무심하게 둥둥 떠다니고 있었다.

미끼를 바로 삼키기는 마찬가지지만 메기는 훨씬 위협적이었다. 불문곡직하고 줄을 당기므로 찌가 수면 밑으로 빨려 들어가는데 챔질을 하면 둔중하게 꿈틀거리는 것이 전혀 산뜻하지 않았고, 더구나 한밤일 경우 발밑에 끌려 와 '간데라' 불빛에 크고 넙데데한 머리를 드러낼 때면 여름에도 잠깐 소름이 돋았다. 한번은 보니 살림그물 안에 잡아 놓은 메기가 그 안에 있던 작은 붕어를 물고 있었다. 어이가 없었지만 남에게 잡힌 와중에도 습성대로 행동하다니 참 대단하다는 생각을 했다.

물고기가 성격이 있다고 한다면 무슨 말을 하느냐고 반문할 사람도 있을지 모르겠다. 제가끔 생긴 것이 다르고 그런 만큼 먹이 활동의 양상도 차이가 나는 것일 뿐이라고 할 수도 있겠으나, 바로 그런 점이야말로 성격이라고 부를 만한 면모를 이루는 중요한 여건일 것이다. 성격이란 결국 어떤 식으로 먹고 행동하며 살도록 만들어지거나 형성된 것일 터이기 때문이다. 이같이 생태적 습성과 성격의 인과적 관련성을 인정한다면 성격을 내면적 특징으로만 제한하기는 어렵다. 예를 들어 끄리의 길게 빠진 꼬리와 날렵한 몸매, 그리고 뾰죽한 주둥이는 매번 공격적이지만 참을성 없고 조급한 성미임을 '표현'해 주는 것이다. 메기의 큰 입과 작은 눈 역시 '무데뽀'로 먹이에 덤벼들어 삼키고 보는 성격의 인상학적 전형이라고 할 만하다. 내면의 특질이 외면으로 나타나 보인다는 인상학적 전제는 사이비 과학(의학)으로 비판받기도 했지만, 삶의 행태는 결국 외면(특히 얼굴)에 새겨지게 마련이라는 지적을 굳이 부정할 필요는 없을 듯하다.

　자연을 함부로 의인화 하는 것은 사람의 버릇이다. 그러나 인간의 세계가 특별나거나 동떨어진 것이 아닌 한 자연의 일부분인 인간에게서 일종의 생물학적 특징들을 발견하는 것이 놀라운 일일 수는 없다. 나 역시 살아오며 끄리 같은 사람도 보았고 메기형(型) 인간도 여러 차례 겪었다. 메기형 인간이라고 해서 다 입이 크고 눈이 작았던 것은 아니지만, 도저히 그러기 힘든 상황에서도 눈앞의 먹이는 일단 삼키고 시치미를 떼는 점에서는 과연 메기 같았다. 붕어와 끄리, 그리고 메기의 외양과 먹이 활동의 특징이 생태계에서의 위치와 역할에 따른 일종의 운명적인 조건이듯이, 끄리형 인간이나 메기형 인간에서도 성격적 상모는 운명으로서의 제한성을 갖는 것이지 않나 하는 어설픈 추론도 해보게 된다.

　즉 끄리형 인간이 막판 뒤집기를 할 가능성은 적다. 그러나 조심스러운 붕어형이라고 해서 매번 바늘을 피해 먹이만 따 먹는 데 성공하기는 힘들다. 오히려 무엇이든 일단 먹어 치우는 메기형이 인간세상에서는 승자처럼 보이기도 한다. 끄리형은 당장엔 눈살을 찌푸리게 하지만 결국 별반 얻는 것도 없이 지레 지쳐 연민을 자아내기까지 한다. 그러면 나는 어떤 형일까 스스로 묻다가 이런저런 기억에 공연히 실소도 하게 되고 무안해지기도 했다. 끄리이기도 했고 메기이기도 했다는 뜻이다.

　중년에 이르러 나는 아이들과 더불어 처음으로 수족관이라는 놀라운 시설을 구경했는데, 온갖 물고기가 뒤섞여 있는 장관이 인간 세상과 겹쳐 보여 그저 즐길 수만은 없었다. 무시무시한 상어가 짐짓 한가하게 오가는가 하면 작은 물고기들은 떼를 지어 움직이면서도 불안하여 연신 눈알을 뒤룩뒤룩 굴리고 있었다. 커다란 거북이 같이 오불관언의 태도로 자기 일에 집중하는 경우도 볼 수 있었으나, 그만그만한 물고기들 대부분이 안식을 갖지 못하는 수중세계는 인간세상과 딱히 다를 바 없었다.

안 그래도 살기 고단한 물고기들을 작은 미끼로 꾀어 잡아내는 것은 너무한 짓일 수 있다. 물고기에 대한 인간의 우위를 이용하고 확인하는 낚시는 인간세상의 무정한 잔혹함을 물속으로까지 확대하는 행위라고도 할 만하다. 사람들이 낚시를 하면서 정작 자신이 살고 있는 인간세상의 끔찍한 실상을 외면하게 된다는 점은 아이러니한 일이다.

낚시에 서정(抒情)의 옷을 입히려 드는 것은 상당히 일반적인 경향인 듯하다. 버드나무가 길게 늘어진 강가에서 일엽편주에 몸을 싣고 강심에 낚싯줄을 드리우고 있는 장면은 오래된 클리셰여서 어린 시절 내가 가던 이발소의 흰 타일에도 멋지게 그려져 있었다. 낚시를 두고는 도(道)를 운운하기도 하지만, 강태공이 아닌 다음에야 고기를 잡는 데 무심한 낚시꾼은 없다. 남과의 승부를 다투지 않는다고 해서 스포츠 이상의 스포츠라는 알쏭달쏭한 찬사가 있기도 하나, 더 많이 더 큰 것을 잡으려는 것이 낚시꾼들 대부분의 성향이기도 하다.

누가 나에게 왜 낚시를 하느냐(했느냐)고 묻는다면, 산이 거기에 있기 때문에 산에 간다는 등산가 말로리(G. Mallory)처럼 거기에 저수지와 붕어가 있기 때문이라고 말할 수밖에 없을 듯하다. 그런데 산에 자주 간다고 매번 산을 만날 수 있는 것은 아니듯이 숱한 물고기를 낚은 가운데서도 특별한 대면의 순간들은 손가락을 꼽을 수 있는 정도다. 초등학교 시절의 어느 찹찹한 오후, 또래 친구들과 어울려 나섰던 홍제천 하구에서 어렵게 낚은 기다란 강붕어는 깨끗한 은빛이 너무도 선명해서 나는 왠지 보물을 건져 낸 것 같은 기분이었다. 뺨에 모래알이 부딪혀 따갑게 박힐 정도로 바람이 세차게 불어 낚시는 작파를 해야 했지만 전혀 아쉽지 않았다. 궁금해 살림그물을 들어 올리자 이 살아 있는 조각상은 자신에게 닥친 불행을 무심히 외면하는 듯 퍼덕임도 없이 옆으로 가만히 드러누워 전신을 드러냈다. 놀랍도록 아름다운 색(色)의 강렬한 매혹이 빛났다. 흔하게 보는 물고기가 왜 그 순간 최고의 공예품이기나 한 것처럼 보였는지는 알 수 없는 일이다.

비슷한 경험을 새에 이끌려 한 적도 있다. 동네 골목에서 놀다가 울타리에 앉은 새가 멀리 날아가지 않아 당장 잡을 수 있을 듯해서 한 동안 이 나무에서 저 풀숲으로 정신없이 좇았던 것인데, 내 눈앞에서 꼬리를 까닥이며 딴전을 피우는 모습은 정말 손안에 넣고 싶게 깜찍하고 완벽했다. 붕어나 새는 자연물이지만 때로 잘 만들어진 아티팩트(artifact)같이 미(美)의 결정체로 부각될 수 있는 맥락과 순간이 있다고 말할 수밖에 없을 것 같다. 그러나 젊은 시절, 격렬한 연애감정 속에서 대상이 완벽한 조형물로 보이는 착시를 경험한 것을 빼놓는다면 그런 순간은 다시 나를 찾아오지 않았다.

낚시는 물고기와 조우하지만 결국 그 생명을 꺼뜨리는 일이었다. 이 점에서 낚시는 사냥과 다를 바 없다. 한창 모래내며 한강으로 돌아다닐 무렵 당인리 발전소 앞에 가면 자새나 소주병에 두툼하게 감은 줄 끝에 주먹만큼 한 떡밥 덩이를 달아 강에 던져 넣고 고기가 물기를 기다리는 방울낚시꾼들이 있었다. 옆에 서서 구경을 하다가 방울이 요란하게 울려 보노라면 간혹 지게로 져야 할 만큼 어마어마하게 큰 잉어가 힘겹게 끌려 나오곤 했다. 둔중하게 꼬리를 휘저어 강심으로 돌아가려 애쓰지만 곧 푸른 기가 도는 잉어의 누런 등이 얕은 감탕물 밖으로 드러나게 마련이었다. 마침내 기슭에 드러누운 잉어는 둘러싼 구경꾼들을 놀라 홉뜬 눈으로 바라보며 갑작스러운 패배가 믿기지 않는다는 듯 아가미를 연신 가쁘게 들먹거릴 뿐이었다.

줄에 코가 꿰어 질질 끌려가는 잉어의 모습은 처연했다. 황금비늘 갑옷을 입은 장수 같았지만 사람에게 잡힌 한 다시 강으로 돌아갈 수 있는 길은 없었다. 이 물속의 영물(靈物)은 장막 너머로 사라져 모두가 보지 못하는 가운데 죽임을 당할 것이었다. 낚시꾼이라면 누구나 대물을 낚는 꿈을 꾼다. 그러나 결국 그것을 죽게 만든다는 사실은 큰 부담이었다.

아버지는 아흔둘에 돌아가시기 몇 해 전까지 낚시를 하셨다. 60여 년 낚시를 하면서 여러 기록을 세워 신문에 크게 난 적도 있었지만 아버지가 고수한 몇 가지 원칙이 있었다. 아버지는 장화를 신어 본 적이 없고 고무보트는 물론 생각도 하지 않았다.

낚시꾼들 가운데는 남다른 전문가임을 자처하는 이들이 흔하다. 찌 마디의 반 칸만 움직여도 고기를 건다는 기술자들도 여럿 보았다. 대체로 그들은 부챗살처럼 낚싯대를 폈고 새로운 장비를 구입한다든가 신기술을 시험하는 데 앞장섰다. 반면 아버지의 경우 낚싯대는 많아야 세 대를 펼치는 것이 고작이었다. 낚시꾼이었지만 아마추어로서의 태도를 견지했다고 할까? 게다가 주변이 더러우면 먼저 꼼꼼히 쓰레기를 모아 정리한 다음에야 낚시를 시작했다. 그는 이미 구십 년대 어느 때부턴가 내수면이 너무 오염되었다고 여러 번 탄식한 끝에 민물낚시 대신 갯바위 낚시에 재미를 붙였다. 이렇게 보면 아버지와 나는 다행히도 '목가적'인 시절에 낚시의 추억을 쌓은 셈이다.

　뇌졸중 때문에 말씀을 옳게 못 하게 되고 고관절까지 부러져 몇 달째 병상에 누운 상태에서도, 어서 회복해서 한 번 '땡기러'(낚시를 한다는 뜻) 가셔야 하지 않겠느냐는 사촌 형의 말에 해맑게 방긋 웃던 아버지였다. 그러나 무수한 물고기를 잡아내었던 팔뚝은 막대기에 헌 잠옷을 씌운 것 같이 가죽이 늘어져 보아내기가 어려웠다.

　아버지는 병상에서 내 팔뚝을 쓰다듬으며 자기 것도 내 것 같았던 때가 있었다고 회상하듯 말한 적이 있다. 물론이었다. 이틀 밤을 새우며 낚시를 하고 와서도 일터에 나가곤 하던 아버지였다. 나는 아직도 건강한 팔뚝을 뽐내고 있지만 역시 아버지같이 될 것이다. 아버지가 한숨 쉬듯이 간혹 뇌던 말이 생각난다. 생자필멸(生者必滅)이고 회자정리(會者定離)라. 모든 것은 그렇게 사라져 갈 것이다.

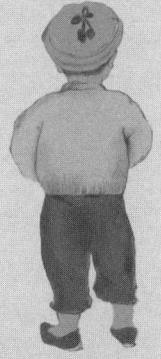

### 4. 삼인행, 필유아사

오늘날까지 이만큼 온전히 살아 있을 수 있는 것도 오다가다 만나고 스쳤던 여러 사람들의 가르침 덕분이라고 해도 결코 과언은 아닐 것이다. 돌이켜 보면 무수한 교사들과 또 그만큼의 반면교사들이 떠오른다.

# 삼인행,
# 필유아사

 "삼인행 필유아사(三人行 必有我師)"라는 <논어論語>의 구절이 있다. 세 사람이 함께하면 그 가운데 필시 나의 선생이 있다는 말이다. 주위의 누구한테서라도 배워야 하고 누구나 본받을 만한 점을 갖는다는 뜻이리라. 나는 이 말을 입 밖에 낸 적이 여러 번인데, 정말 그렇다고 머리를 끄덕인 적이 그만큼 많았기 때문에 그러했다. 오늘날까지 이만큼 온전히 살아 있을 수 있는 것도 오다가다 만나고 스쳤던 여러 사람들의 가르침 덕분이라고 해도 결코 과언은 아닐 것이다. 돌이켜 보면 무수한 교사들과 또 그만큼의 반면교사들이 떠오른다.

 어린 시절이 예외일 수는 없다. 기억 저편의, 지금은 이름도 얼굴도 흐릿해졌고 어디에서 살고 있는지 모르는 여러 또래들은 뒤늦게라도 내가 삶의 헌사(獻辭)를 써야 할 대상들이다. 그들과 어울려 딱지놀이나 구슬치기, 자치기 등을 하면서 재미에 흠뻑 빠지는 경험을 했고 또 목표를 이루기 위해 애쓰는 자세를 배웠기 때문이다. 그들 가운데는 위험한 상황을 초래하는 행동이 어떤 것인지 몸소 실연해 보여 준 경우도 있었지만, 어린 나이에 비해 감탄할 정도로 분별력이 있었던 경우도 없지 않았다. 특히 동네 아이들을 이끌던 몇몇 형들은 행동하는 데 과감하고 멈춰야 할 때를 알았을 뿐 아니라 자상한 배려도 하는, 명실공히 지도자의 형상으로 남아 있다.

나는 한국이 얼마 되지 않은 시간에 이 정도의 경제적 발전이라는 것을 이룰 수 있었던 이유의 하나로 방방곡곡에서 숱한 지도자들이 커 나갔다는 점을 꼽아야 한다고 주장하고 싶다. 요즘도 그런 심성과 능력을 갖는 어린이가 있을 수 있을까? 이미 어린이를 안다고 말할 수 없는 어른이 되었기 때문에 함부로 재단할 수는 없지만, 아무래도 처지가 다른 만큼 예전과 같이 스스로 알아서 커 나가는 아이들이 많지는 않을 것이다.

유치원과 초등학교 저학년 무렵의 기억 속에서 가장 낭만적으로 남아 있는 것 가운데 하나는 여름내 모래내에서 헤엄치고 놀던 장면들이다. 지금은 자동차로 금세 닿는 거리지만 당시 우리 동네에서 모래내는 일껏 걸어서 가야 하는 상당히 먼 곳이어서 혼자 내킨다고 바로 나설 수는 없었다. 동네에서 딱지놀이나 구슬치기를 하다가 우연히 말이 나와, '너도 갈래?' 하는 식으로 단체 여행객을 모집하듯 인원을 채워 떠나는 경우도 있었으나, 대개는 그 전날쯤 서로 의사를 타진해 아침을 먹은 아이들이 슬슬 공터에 모이면 출발을 했다.

이 도전적 여행의 전체 과정은 대부분 동네 형(들)의 통제 아래 이루어졌다. 우선 자기도 붙여달라고 보채는 꼬마들을 솎아 내어 팀을 꾸리고, 행렬 끝에서 인원을 점검할 아이를 지정하는 등 각자의 역할을 부여하는 것도 지도자의 권한이었다. 물고기를 잡을 요량으로 대나무 낚싯대나 잠자리채를 들고 여럿이 함께 동네를 떠날 때면 신이 나고 기대에 차서 하늘로 오르는 기분이었다.

모래내를 가기 위해서는 세브란스 병원 앞의 잡풀 무성한 진창을 지나 경의선 철길을 따라 가야 했다. 난관은 연대 앞의 높은 철교를 건너는 일이었다. 지도자의 시범대로 일정하게 놓인 다리의 침목만을 보며 발을 옮기다가 뻥 뚫린 밑을 보면, 열 길 높이나 될 것 같은 그 아래 길바닥으로 훌렁 빠지고 말 것 같은 두려움에 진땀이 나고 다리가 얼어붙곤 했다. 게다가 다리 위에 있는데 기차가 달려올 수도 있어 지레 초조했다. 물론 에두르는 길이 없지는 않았지만 모래내를 가려면 그 정도의 장애물은 넘어야 한다는 무언의 합의 같은 것이 있었기 때문에 누구도 돌아가자는 말을 하지는 않았다.

철길을 버리고 논이며 배추밭이 번갈아 이어지는 황톳길을 한참 따라가다가 이윽고 둑방 위에 오르면 눈앞에 모래내의 전경이 펼쳐져 보였다. 파란 물속 바위며 돌들을 투명하게 드러내고 있는 웅덩이가 이어지고, 짧은 모래밭 너머로 멀찍이 자리한 초가집 두어 채에 버드나무가 조용히 늘어진 장면은 더없이 아름답고 고즈넉해서 탄성을 자아낼 만한 것이었다. 아마도 뒷날 보게 된 컨스터블(John Constable)의 풍경화 같은 것들이 그 장면에 들씌워졌는지 모르지만, 어쨌든 나에게 기억 속의 모래내는 강변 경치의 전범(典範)으로 재생되곤 한다.

우리는 달려가 다투어 옷을 벗어 자갈로 눌러 놓고 물속으로 뛰어들었다. 그러나 아직 헤엄을 칠 줄 몰랐던 나는 목욕탕에서 하듯 얕은 물가에서 엎드려 머리를 물 밖에 내고 물장구나 치면서 돌아다니는 것이 고작이었다. 그 무렵에도 더위가 한창일 때는 모래내에서 누가 물에 빠져 죽었다는 사고 소식이 전해져 어머니발 금족령이 내려지곤 하던 터라 안전하게 논다고 변명하기 위해서도 시퍼렇게 깊은 곳은 피했다. 대신 잠자리채 따위로 송사리를 잡아 물가 모래를 파 만든 가두리에 넣곤 했다.

　차가워진 몸을 데우느라 자갈밭에 배를 깔고 엎드리면 귀와 코에 들었던 물이 흘러나와 젖은 조약돌들에서는 알 수 없는 아련한 냄새가 났다. 보통 흙내라고도 하는 해감내 비슷한 그 냄새는 막연한 향수를 불러일으키는 실마리이기라도 한 듯 잠시 몽롱한 기분에 빠지게 했다. 엎드린 채 머리를 모로 하고 천천히 실눈을 떠 보면 적동색의 발가벗은 몸으로 들까불고 있는 아이들과 튀어 오르는 물보라에 햇빛이 반짝이는 모습이 슬로비디오처럼 흘러가고 있었다.

　아마도 내가 수영을 익힌 것은 모래내에서가 아닌가 싶다. 우리 가운데 유일하게 낡은 면 팬티를 입은 지도자는 헤엄 못치는 아이들이 빠질까 살피면서, 틈틈이 물장구를 치고 팔을 내젓는 수영의 기본기를 전수하기도 했다. 한참을 텀벙거리다가 모래밭에 나와 두꺼비집을 파거나 제법 찜질하는 흉내를 내고, 그도 귀찮으면 앉아 먼 산을 바라보았던 듯하다. 시계가 있을 리 없었지만 배가 고파 도저히 물에 들어가지 못할 때쯤이면 집 생각이 났다.

　돌아가는 길은 힘들었다. 특히 연대 앞 철교를 건너노라면 저 아래

감자나 떡볶이 같은 것을 파는 수레에서 올라오는 달콤한 음식 향내가 안 그래도 배고픈 콧속으로 파고들었다. 언젠가 그 이야기를 누구에겐가 했더니 도대체 수십 미터나 떨어진 곳에서 나는 냄새를 어떻게 맡을 수 있냐면서 믿지 않는 눈치였다. 그 사람의 의심도 이해는 가나 인간의 코가 냄새에 엄청나게 민감해지는 순간이 있을 수 있다는 경험을 나는 그 이후로도 여러 번 했다.

　모래내의 정경과 겹쳐 희미하게 윤곽이 떠오르는 얼굴은 지도자 가운데 하나였던 이름이 경일이라는 항상 웃는 얼굴의, 나보다 서너 살은 많았을 형이다. 경일이 형과 있으면 동네 흙길이나 주변의 야산 등성이도 훌륭한 놀이터가 되었다. 그는 이미 오래 전부터 알고 있었던 듯 능숙하게 풀피리를 만들어 부는 시범을 보였고, 땅강아지 굴을 찾아내 싸움을 붙이는 방법을 가르쳐 주기도 했다. 그가 가리키는 대로 덤불 속을 헤치고 나뭇가지 사이를 올려다보면 신기하게도 새집이 감추어져 있었다.

　유치원 다닐 때였을 텐데 처음으로 그 형네 집에 놀러 갔던 장면은 부분적으로 생생하다. 집이라고 했지만 우리 집에서 길 건너 이대 산언덕 중간에 있던 기다란 굴이 형네 집이었다. 한국전쟁 때 방공호로 팠을 굴의 입구에 들어서자마자 축축한 냉기가 느껴졌던 것, 바닥엔 가마니인지 돗자리인지가 깔렸고 바윗돌이 각지게 깎인 천장에서 연신 물방울이 떨어지고 있던 것이 기억난다. 대낮인데도 굴 안은 컴컴할 수밖에 없어, 가는 전선에 매달린 백열등 하나가 힘겹게 빛을 뿌리고 있었다. 백열등 아랜 검은 바탕에 회색 무늬가 요란한 자개 삼층장 같은 것이 하나 놓여 있었고, 넉넉한 얼굴의 할머니가 앉아 있었다.

형의 어머니였다. 할머니가 건네주는 노랗고 쫀득거리는 떡을 먹었는데 아주 달고 맛있었다. 뒷날 나는 그것이 원조 식품이었던 옥수수 가루 반죽에 사카린을 넣어 찐 옥수수떡임을 알게 되었지만, 당시엔 무엇인지 몰라 어머니께 설명을 하면서 그런 떡을 해 달라고 조르기도 했다.

굴집의 기억이 아직도 생생한 것은 벽도 지붕도 없이 물이 떨어지는 곳에서 사람들이 먹고 잔다는 사실이 놀라웠기 때문이었을 것이다. 그런데 더 인상적이었던 부분은, 나의 기억이 잘못되었나 생각해 볼 정도로 할머니며 그 안에 같이 있던 두 어른 형들(경일이 형의 형들) 역시 마치 굴 안으로 잠시 놀이를 온 듯 더없이 느긋하고 여유가 있어 보였다는 점이다. 내가 허리에 차고 갔던 장난감 플라스틱 칼을 깔고 앉아 칼집 채 부러뜨리자 형들은 촛불로 단면을 녹여 다시 붙여주기도 했다. 모양이 흉해졌지만 어쨌든 붙은 칼을 다시 허리춤에 차고 눈물을 훔치며 나올 때 굴 입구 언저리의 풀들이 허옇게 시들어 있었던 것으로 보아 제법 추웠던 때인데, 굴속에서의 생활이 평안했을 리 없건만 어떻게 그런 여유를 잃지 않고 있었는지 지금도 경이롭게 생각된다.

1960년대 초반은 너나 할 것 없이 가난했던 시절이다. 몇 학년 때인지 학교 선생님이 우리나라가 세계에서 가장 가난한 나라라고 말씀하셔서 크게 낙담을 했던 것이 기억난다. 가난한 이유는 국토의 70 퍼센트가 산이기 때문이라는 설명에 한동안 어떻게 하면 산을 없앨 수 있나 궁리를 한 적도 있었다. 어린 나이였고 밥을 굶는 처지도 아니었지만 나 역시 가난의 여러 모습을 일상적으로 목도할 수 있었다. 예를 들어 축 늘어진 넝마를 걸치고 깡통을 찬 거지들을 보는 것은 동네에서조차 심상한 일이었다.

어느 여름날은 어머니가 준 돈으로 차부 근처의 중국집에서 짜장면을 시켜 먹는데, 열린 창문 밖에서 웬 지게꾼 아저씨가 젓가락질하는 내 모습을 줄곧 보고 있어 무안하고 미안했던 적이 있다. 어린 내 눈에도 아저씨는 배고픈 것이 분명했다. 절대적인 빈곤 상황에서 사람들의 경제적인 지위는 밥을 굶는 축과 그렇지 않은 부류로 대별되었던 것 같다.

주거 환경도 '하꼬방'과 주택으로 간단히 양분되었다. 우리 동네도 그러했다. 우리집이 있던 주택 단지 뒤편, 북아현동으로 넘어가는 금화산 산등성이는 온통 살풍경한 '하꼬방'으로 뒤덮여 있었다. 안산으로 이어진 능선 꼭대기엔 약수터가 있어서 (냉수마찰을 하게 만든 독 같은 것과 함께) 아침 등산을 하거나 주전자를 들고 물을 뜨러 가기도 했는데, 그러려면 이 산비탈 판자촌을 지나야 했다. 산동네로 들어서자마자 으레 마주치는 것은 골목길 이곳저곳에 버티고 있는 똥 무더기들이었다. 거의가 화장실이 없는 집들이어서 공중변소가 있다 해도 아이들이 아무데서나 변을 보는 것이 특별히 흉 되는 일은 아니었던 듯하다. 이리저리 꺾이는 좁다란 언덕길을 오르다 보면 한쪽에선 누군가 쌀뜨물을 흘리고 또 한쪽에선 요강을 부시곤 했다.

집들은 비슷했지만 각각 재료와 공법이 달라 개성적이라면 개성적이었다. 종이 박스에 각목을 대고 비닐을 입힌 벽에 검은색 루핑을 인 집 한편으로, 밑은 약식 온돌이고 위는 군용 텐트여서 텐트 가장자리를 진흙으로 찰지게 붙여 낸 집도 있었다. 굴뚝은 코카콜라 깡통을 펴서 이어 붙인 연통이 대신했다. 지나다 보면 잿빛 얼굴을 한 어른들이 허리를 굽혀 거적문을 들고 나거나 손바닥만 한 집 앞 마당에 쪼그려 앉아 화로에 부채질을 하고 있었다.

뒷날 읽었던 소설들에서 판자촌의 묘사가 나오면 자연스레 나는 내가 보았던 산동네의 정경을 떠올리곤 했다. 예를 들어 현덕(玄德)이 <남생이>에서 그려 낸 인천 부두 앞 산언덕의 움막촌은 기억 속의 산동네와 흡사했다. 그러나 산동네의 인구 구성에서 단연 다수를 차지했을 아이들은 <남생이>의 귀엽고 애처로운 '노마'같지는 않았다.

물론 산동네 하면 영양이 부족해 머리칼이 노랗거나 남루한 옷가지에 허옇게 말라붙은 콧물 선을 달고 있는 아이들의 모습이 떠오르기도 한다. 그러나 내가 어울렸던 남자아이들 몇몇은 하나같이 놀이의 달인이어서 무엇이 되었든 배우는 것이 많았다. 나는 산동네 아이들로부터 구슬치기의 여러 기술은 물론 자치기 말을 멀리 쳐 내는 비법 등을 전수받았다. 연을 제대로 날려 본 것도 그 아이들을 따라서였다.

여러 놀이 중에서도 연대 산과 이대 산을 헤매며 편을 먹고 하는 전쟁놀이는 그 무엇보다 흥미진진했다. 산에서 직접 따 입에 넣었던 산딸기나 까마중 역시 말할 수 없이 상큼한 맛으로 남아 있다. 멀리서만 보던 안산의 해골바위를 탐사했던 것도, 해 진 뒤 차부의 불빛 속에서 땀을 뻘뻘 흘리며 다방구를 재미있게 했던 것도 그들과 함께였다.

게다가 나이가 좀 된 굵직한 형들 가운데는 고무줄 새총의 전문가도 있었고, 파이프 총을 주문 받아 만들어 주는 장인(匠人)도 있었다. 놀라운 기술과 창의력으로 특별한 아이템을 만들어냈던 능력은 지금 생각해도 인상적인 것이었다. 예를 들어 나무로 총 모양을 깎은 위에 쇠 우산대 총열을 구리철사로 단단히 감아 붙이고, 카빈 소총 탄피로 약실을 만든 파이프 총은 그 위력이 대단해서 화약을 가득 쟁여 넣고 못을 넣어 쏘면 꿩 사냥도 할 수 있는 정도였다. 눈이 가득 온 겨울에 봉원사로 올라가는 긴 언덕길은 그대로 썰매장이 되는데, 드러누운 채 발로 방향을 조종할 수 있는, 다인승에 브레이크까지 달린 갖가지 모델의 고품격 썰매를 선보였던 것도 산동네 형들이었다. 나 역시 덩달아 고무줄 새총을 만드느라 아버지의 멀쩡한 구두를 오려내기도 하면서 새총의 달인을 자처한 적도 있지만, 산동네의 전문가들에 비하면 나의 수준은 아무래도 족탈불급이었음을 고백해야 할 것이다.

나는 산동네 전문가들의 그 거침없던 얼굴들이야말로 1970년대 이래 한국 노동자들이 건설과 자동차 또 가전 분야 등에서 열악한 여건에도 불구하고 놀라운 발전을 이룬 이유를 설명해 주는 근거라고 주장하고 싶다. 별스럽지 않은 재료들을 갖고 사냥도 가능한 파이프 총이나 고품격 썰매를 만들어내는 능력이 어디를 가겠는가. 물론 산동네 소년들에 대한 나의 기억이 이렇게 고정된 데는 결핍을 도약의 조건으로 보는 소망적 기대가 작용했을 수 있다.

미상불 모든 산동네 아이들이 다 적극적인 유능력자였을 리는 없다. 결핍이란 언제나 극복 가능한 조건이 아니다. 더구나 먹는 문제부터 힘든 상황에서랴. 이름은 벌써 잊었지만 월사금을 못 내서 그랬는지 학교에도 가지 않고 언제나 멍한 표정으로 골목 귀퉁이에 서서 학교에 간 누이동생이 나타나기만을 기다리던 아이도 있었다. 누이동생이 입대지 않고 가져온 학교 급식 빵은 그들의 점심이었다. 두 오누이가 후미진 돌계단에 나란히 앉아 말없이 빵을 나누어 먹던 뒷모습이 아직도 눈에 선하다.

그러나 산동네 아이들 대부분은 드세고 적극적이었다. 물자가 부족하고 절박할수록 참신한 아이디어의 계발은 필요한 법이다. 문제를 해결하려 이런저런 궁리를 해 보고 애쓰지 않으면 길을 찾을 가능성은 요원하다. 나는 산동네 전문가들의 갖가지 발명품들이 여러 난관을 돌파한 전문적인 고안의 산물이었다고 생각한다. 그저 놀이 삼아 만들어 본 것이 아니라 삶을 향해 매진한 성과였다는 뜻이다. 잘 만들어진 파이프 총이나 다인승 썰매는 그 세부나 부속품이 기능적으로는 물론, 디자인이라는 면에서도 완성도가 높아 아름답기까지 했다. 각 부분들을 살리고 통제하는 유기적 종합의 과정을 통해 또 다른 것을 만들어 내는 구상력(構想力)이 모든 창조의 원리이자 동력이라 한다면, 산동네 아이들이 만들었던 파이프 총이나 썰매는 기술입국을 예고하는 역사적인 시제품이었던 셈이다.

그러나 학년이 올라가면서 내가 산동네 아이들과 노는 횟수는 뜸해졌다. 아무래도 학교 친구들과 보내는 시간이 더 많아졌기 때문이었다. 여름이면 그렇게 다니던 모래내도 더 이상 갈 수 없었다. 어느 날 물놀이를 하는데 회색빛 거품이 떼 지어 떠내려왔고 이상한 냄새까지 나기 시작했던 것이다. 오염이라는 말도 모를 때였지만, 불길한 거품과 악취는 명백하게 더 이상 가까이 해서는 안 된다는 신호였다.

나의 모래내 시대가 저물면서 대신 학교운동장에서 축구나 야구를 하는 것이 나의 일상이 되었다. 어느덧 산동네 친구들은 까맣게 잊고 말았던 것 같다. 겨울에도 썰매가 아니라 스케이트였다. 4학년이 되는 겨울엔 아버지를 졸라 전승현 스케이트를 한 벌 얻어 냈고 연희동과 한강으로 스케이트를 타러 다녔는데, 스케이트를 갖거나 스케이트장 입장료를 낼 수 있는 산동네 아이들은 없었다.

돌이켜 보면 경일이 형네 집을 빼고는 산동네 아이들의 집에 가 본 일도 없고 그 아이들을 우리 집에 데려오지도 않았다. 학교 친구들과 서로의 집을 오가며 놀았던 것과는 대조적이다. 아마도 계층적 괴리감 같은 것을 느꼈기 때문에 나부터 차별적 입장을 취했던 것이 아닌가 생각한다.

그러나 산동네 아이들과의 결별은 불시에 산동네가 철거되면서 불가피한 일이 되었다. 누군가에게 소식을 듣고 놀라고 흥분된 마음으로 뛰어 올라가니 벌써 산동네는 폐허였다. 철거반원 몇이 판자벽을 밀자 지붕이 반쯤 무너져 앉으며 안에 남아 버티던 아주머니의 처절한 비명이 들렸고 그릇 깨지는 소리가 낭자했다. 부슬비가 출출 내리는 오후 집을 앗긴 한 가족이 우리 집 담 아래 이불 채를 쌓아 기대 놓고 풍로에 냄비 밥을 하고 있더니, 다음 날 아침엔 어디론가 사라지고 없었다. 그렇게 친구들의 모습도 다시는 볼 수 없게 되었다.

경일이 형네가 언제까지 그 굴집에 살았는지는 기억에 없다. 중학교에 입학한 후 예전 살던 동네친구 집을 찾았다가 우연히 길에서 경일이 형을 만나 따라갔던 집은 봉원사 아래 한 주택의 문간방이었다. 형은 매 한 마리를 기르고 있었고 부엌 한구석의 독을 열어 보이는데, 그 안에 매 먹이가 될 개구리들이 가득 차 있던 것이 기억난다. 경일이 형네가 봉원동에 자리를 잡은 것은 언제부터인가 형의 아버지가 차부 공터에 만화가게를 열었기 때문일 것이다.

만화가게는 두어 평 남짓한 판잣집으로, 비닐이 씌워진 문을 열고 들어가면 언제나 경일이 형 아버지가 서 있었다. 큰 코에 검은 안경을 쓴 아저씨는 존 웨인과 찰톤 헤스톤을 섞은 것 같은 멋진 얼굴에 넓은 어깨가 구부정했는데, 낸 돈 만큼 만화를 보고도 일어서지 않고 있는 나를 향해 괜찮으니 더 보라는 눈짓을 보내주곤 했다. '라이파이'니 '동물전쟁'이니 하는 시리즈에 빠져 시간 가는 줄 모르고 앉아 있노라면 저녁 밥때를 놓쳐 여동생이 찾으러 오기도 여러 번이었다. 냉방시설은커녕 선풍기도 드물던 시절이라 한여름 만화가게 안은 좁은 찜통이 되어 잠시 만에 엉덩이가 축축해졌고, 또 의자를 싼 군용담요는 벼룩 천지여서 울긋불긋해진 허벅다리 때문에 부모님의 걱정을 듣곤 했지만, 만화만 계속 볼 수 있다면 그런 것은 문제가 아니었다.

경일이 형네가 전쟁 때 월남한 기독교 교인 가족이고 그 아버지는 상당한 인테리라는 이야기를 뒤에 어머니에게 들었다. 그러나 나에게 그의 형상은 고무줄 뒤에 줄줄이 세워진 만화책을 순서대로 정리하거나 천장에 매달린 광석라디오에 귀를 대고 서서 물끄러미 만화책에 코를 박은 아이들의 뒤꼭지를 내려다보는 모습으로 남아 있을 뿐이다.

초등학교를 졸업하고 이사를 간 수유리에 살면서 모래내를 특별히 떠올리지는 않았던 것 같다. 수년이 지나 대학에 입학하자 불현듯 모래내가 생각나 우정 찾았던 적이 있다. 모래내를 간다고 적힌 버스를 타고 모래내라는 정거장에 내리긴 했는데, 알룩달룩한 집들이 즐비한 전형적인 변두리 동네여서 당황스럽고 서글픈 마음이었다. 도대체 지형 자체가 가늠이 안 되어 망연자실해 있다가 눈앞을 막고 있는 긴 둑에 올라서니 하수가 말라붙은 시커먼 도랑이 이어지고 있었다. 모래내였다. 하얀 돌들 사이에 아담하던 모래사장이며 바닥을 환하게 비쳐내던 푸른 여울은 온데간데없었다. 나는 참담한 기분으로 발길을 돌려야 했다.

직장에서 사귄 어떤 친구가 서울서 자란 사람은 고향을 쉽게 찾을 수 있어 좋겠다고 내게 말한 적이 있다. 점심때면 내가 자치기를 하던 봉원동 골목을 오가곤 했던 나로선 수긍해야 하는 이야기였다. 그러나 흔적조차 남기지 않아 기억을 부정하는 장소에 서게 되어 쓸쓸한 감회를 들이키거나, 자못 무관심한 척 그곳을 지나친 경험은 나만의 것이 아니리라. 산동네 자리가 헐려서 금화터널이 뚫리고 굴 입구를 향해 양쪽으로 거대한 시멘트 옹벽이 세워졌듯, 어떤 곳은 마술처럼 송두리째 바뀌어 아예 과거의 모습을 생각조차 할 수 없게 한다. 과연 누가 금화터널의 검은 구멍을 바라보면서 그곳에서 먹고 자며 뛰어놀던 아이들의 모습을 떠올리겠는가.

장소에 서린 사연들이 시간을 이기지 못하는 것은 어쩌지 못할 일이나 이른바 산업화에 따라 폭발적으로 팽창한 서울과 같은 도시는 무참하다 할 정도로 파괴의 과정을 거쳐 왔다. 급조된 것들을 부수고 또 급조하는 과정이 되풀이된 도시에서의 삶은 필연적으로 공허하고 정처를 갖지 못한 것일 수밖에 없다. 뿌리가 뽑혀 어디서 왔고 어디로 가야 할지 향방을 이미 잃은 가운데선, 그저 눈앞의 일에 매인 채 발을 재게 디뎌 행렬을 좇게 될 뿐이다.

죽기 전 처음으로 번화한 1930년대의 동경 거리를 구경한 이상(李箱)은 이 도시가 '꼭 영화 셋트같다'는 소감을 남겼다. 반면 그에게 서울은 낙후한 '전원(田園)'이어서 오히려 정감이 있는 곳이었다. 이상이 살아와 오늘의 서울을 보면 무슨 말을 할까? 나의 짧은 생애란 그대로 주변부 도시의 운명에 맞물려 흘러온 것이었다는 생각에 새삼 울울(鬱鬱)한 기분에 빠지고 만다.

## 5. 외가와 외숙의 기억

삶을 긍정하는 자세란 논리적으로 얻어진다기보다 매일매일 자연스럽게 닦고 가꾸는 마음가짐에서 비롯되는 것이다. 나에게 외숙은 그런 마음가짐과 품격 높은 윤리적인 격식이 무엇인가를 일깨우는 경종의 형상으로 남아 있다.

# 외가와
# 외숙의 기억

아버지의 육아 일기를 보면 꽤 어릴 때부터 나는 외가에 보내져 며칠씩 지내다 오곤 했다. 외가에 갔던 아이가 감기에 걸려 와 며칠을 앓았다며 다시는 '남의 집'에 보내서는 안 되겠다고 다짐하는 부분이 있기도 하다. 정전(停戰) 후 솔가하여 상경한 외가는 처음엔 용산에 살았다는데 내 기억 속엔 없다.

외갓집 하면 떠오르는 최초의 스틸 컷은 가파르고 길게 이어진 짙은 밤색의 나무계단 앞에 서서, 계단을 올라가 보려 하지만 엄두가 나지 않아 그 아득한 끝머리를 쳐다만 보고 있는 자신의 모습이다. 뒤에 누상동 집이라고 들은 그곳은 해방 후 일본인들이 남기고 간 이른바 적산(敵産)가옥이었던 성싶다. 아침 식전에 외할아버지를 따라 인왕산 산책을 한 기억도 나는데, 그 역시 누상동에서일 것이다.

이후 외가는 안암동으로 이사를 했다. 유치원도 가기 전부터 외가를 오갔을 테지만 기억이 구체적인 것은 안암동 집부터다. 우리집에 오신 외할머니를 따라 외가에 가는 것이 나로선 놓칠 수 없는 나들이여서 남의 집에 보내지 않겠다는 아버지의 다짐은 헛말이 되고 말았다.

누구나 대개 그렇겠지만 어린 시절의 나에게 외가는 흥미로운 곳이었다. 집을 떠나 색다른 환경을 경험하는 것부터 좋았거니와, 특히 대식구가 북적이는 모습이 왠지 신나고 재미있어 보였다. 외할아버지와 할머니에 외숙과 숙모, 형님들 다섯과 누나, 그리고 항상 어디선가 나타나는 군식구들까지 그득해서 핵가족에선 느껴보지 못한 사람 사는 맛이 넘쳐났다고 할까. 그러나 당시 서울의 서민주택이 그러했듯 안암동 외가는 기껏해야 전체가 삼사십 평이 넘지 않았을 집장사 한옥이었다.

당시 안암천변은 맨 그런 개량한옥들이 줄을 이은 동네였다. 방향과 각도가 똑같은 처마가 복제된 듯 반복해 이어지고 빗물받이 홈통의 색깔조차 다르지 않은 한옥들이 늘어선 모양은 정말 집집마다 사람들이 사는가 하는 의심이 들 정도로 비현실적인 느낌이었다. 건축사와 도시공학을 공부한 친구에 의하면 이 동네 전체가 한국전쟁 이후 집장사들이 지은 대규모 신축 주택단지로 채워졌다는 것이다. 외할머니를 따라나서 버스를 한 번 '노리까에' 한 끝에 안암교에 내리면 먼저 뛰어가 '요비링'을 누르는 것이 나의 일이었는데, 웬만해서는 분간이 되지 않는 똑같은 나무 대문들과 약식 행랑채의 작은 들창이 끊임없이 이어질 것 같은 긴 차벽(遮壁)에서 외갓집을 옳게 찾는 것은 문제풀이나 수수께끼 같았다. 그래도 외가는 바로 안암천에 임해 있어서 천변의 버드나무 숫자를 세거나 축대에 뚫린 하수도 구멍을 보고 위치를 가늠했던 기억이 난다.

외가에 들어설 때마다 느꼈던 것은 좁은 집 안에 무엇이 꽉 차 있다는 인상이었다. 휑하니 비어 있던 골목길에서 대문을 열자마자 오목조목한 생활의 정경이 펼쳐져 요즘 식으로 말하면 깜짝 쇼와 맞닥뜨린 것 같았다. 마당을 가로질러야 현관이 나오는 우리집과는 달리 갑자기 집 내부의 전모가 한눈에 들어왔기 때문이었던 듯하다. 시멘트를 바른 좁다란 마당을 빙 둘러 방들과 마루, 부엌이 디귿 자로 배치되고, 남은 한 편은 장독대를 인 작은 광이 놓인 구조여서 제가끔 방문을 밀어젖히면 이쪽저쪽의 모두가 서로의 얼굴을 보고 대화를 나눌 만했다.

당장 눈에 띄는 것은 나무 기둥마다 빠짐없이 붙어있는 푸른색으로 흘려 쓴 한자 주련(柱聯)이었다. 부엌 편 빈틈엔 또 알뜰하게 소쿠리와 체가 못에 걸려 있었다. 무엇보다 특이해 눈이 다시 가곤 했던 것은 부엌 벽을 가른 살강에 잇대어 놓인 작은 상(床)들이었다. 어른들이 독상을 받는 식문화 때문에 상이 여러 개 필요했던 것인데, 나에겐 좁은 부엌 공간을 메우고 있는 상들의 모습 자체가 낯설고 그로테스크해 보였다.

나의 거처는 으레 담뱃진 냄새가 매캐한 외조부모님 방이었다. 검은 옷궤 위였는지 사방탁자나 문갑 위였는지 확실치 않으나 항상 붓과 벼루가 있어서 누군가라도 학교를 파해 집에 오기 전까지는 신문지를 펴 놓고 산언덕에 달이 뜬 산수화를 그리거나 제법 난초 치는 흉내를 내는 것이 나의 소일놀이 가운데 하나였다. 그도 재미가 없으면 형님들 방의 책상을 탐험했다. 책꽂이의 책은 눈에 들어오지 않았지만 잉크병이며 펜대와 만년필, 그리고 자잘한 문방구들을 만지작거리면서는 미지의 매혹적인 세계를 먼저 들여다보는 흥분까지를 느꼈던 것 같다. 특히 펜대로 잉크를 찍어 물컵에 떨어뜨릴 때 그려지는 기묘한 나선형의 궤적에, 그 순간 풍겨나는 향내는 마치 문자행위의 신비한 가능성을 예고하는 것인 양 짜릿한 법열(法悅)에 빠지게 했다.

그 일에 지치면 집안 구석구석을 살피는 것까지 놀이가 되었다. 부엌 위에 있는 다락에 올라가 새끼줄을 감은 큰 유리 술병이나 함지 같은 것에 거미줄이 걸린 모양이며 나무로 만든 제기와 떡살들을 관찰했고, 대문 옆에 놓인 돌절구가 신기해서 몰래 오줌을 한 번 누어 본 적도 있었다.

어머니가 여섯 남매의 막내여서 외가의 큰 형님은 어머니와 서너 살밖에 차이가 나지 않는 나에겐 이미 어른이었다. 다른 형님들과 누나도 내 상대는 아니었다. 나와 놀아 줄 만한 사람은 막내 형뿐이었는데 역시 다섯 살이 많았다. 막내 형과는 만화가게에 가기도 하고, 둥글둥글한 큰 바위들 사이로 풀만 무성하던 산인지 언덕인지에서 연을 날리거나, 철사로 줄을 멘 깡통에 불을 지펴 돌리는 쥐불놀이를 한 기억이 있다. 번데기를 처음 먹어 본 것도 형의 강권에 의해서였다. 그러나 꼭 그렇게 놀지 않더라도 외갓집 생활은 재미가 있었다. 예를 들어 매일의 일상이었지만 식사 때의 대단한 열기라든가 낯설고 신기하기까지 했던 부산한 아침 풍경은 그 자체가 구경거리였다.

아침에 잠이 덜 깨 눈을 비며 대청 한쪽에 걸터앉으면 시야 가득히 왁자지껄한 대소동이 벌어지고 있었다. 수돗가는 번갈아 엎드려 세수를 하는 인파로 북적였다. 놋쇠 대야와 수챗구멍에선 더운 김이 솟고 비누 냄새가 제법 상큼하게 풍겨오는 와중에 누군가는 칫솔을 물고 목에 수건을 걸친 채 서둘러 등장하는 중이었다. 마루 끝에 서서 아직 일어나지도 않은 또 누군가를 향해 호통을 치는 외숙의 목소리가 쩌렁쩌렁한데, 그러나마나 마당 한 구석으론 아령을 들고 곤봉을 휘두르는 운동 판이 한창이기도 했다. 이윽고 화장실 문 앞에서의 순서를 다투는 작은 승강이가 잦아들 때면 부엌으로부터는 외숙모와 식모 누나가 외할아버지와 할머니 밥상을 들고나오는 것이었다.

나는 담뱃진 냄새가 매운 방에서 할아버지 할머니와 겸상을 하는 것보다 마루에 나가 형님들 사이에 끼여 먹는 밥이 더 맛있었다. 반찬은 별로 없었지만 굵은 멸치가 가라앉아 있는 된장찌개가 별미였고 보리가 가득 씹히는 밥도 구수했다. 게다가 순식간에 대여섯 공기를 때려누이는 형님들 옆에선 밥이 입으로 들어가는지 코로 들어가는지 모르게 덩달아 숟가락을 놀리지 않을 수 없었다.

어느 날인가는 누나가 내 밥 위에 고기라며 누런 조각을 얹어주기에 날름 떠 삼켰더니 된장을 주물러 만든 것이었다. "니네 집에선 소고기 먹지. 이게 우리 집 고기란다." 누나의 말은 장난기 어린 것이었지만 간접적인 반찬투정이기도 했다. 외숙은 무슨 회사를 다니셨는데 수입이 넉넉하지는 않았던 듯하고 식구는 많다 보니 고기반찬을 해 댈 수는 없었을 것이다. 그러나 당시는 양껏 밥을 먹는 것만도 고마운 때였다. 국이 아무리 '황우도강탕'(소가 지나간 강물로 끓인 국이라는 뜻)이라도 누구 하나 불평을 하지는 않았다. 왕성한 식욕 앞에선 고기가 들었느냐 안 들었느냐 정도는 사소한 문제였을 수 있다.

돌이켜 보면 외가의 밥상은 그 열기만큼 희망차고 꿋꿋한 기백으로 넘쳐났던 것 같다. 형님들은 다들 듬직하니 별말이 없었지만 밝고 재미있었다. 예외 없이 세칭 일류 고등학교와 대학교에 다녔던 것을 보면 멸치 된장국이 총명함을 해치는 음식이 아니었던 것도 분명하다.

    외가의 이런 분위기는 당연한 말이지만 외숙의 생활신조 내지는 가르침에 의해 주도되었다. 외숙을 생각할 때마다 먼저 떠오르는 것은 체조와 냉수마찰이다. 외숙은 당신의 자식들은 물론 나에게도 틈만 나면 체조와 냉수마찰의 생활화를 강조하셨다. 언제라도 필요하다 싶으면 몸소 시범을 보였거니와, 내가 성인이 된 이후로도 새벽에 전화를 걸어 혹시 담배를 피우는지 신칙하며 아무리 바빠도 꼭 체조를 하라고 당부하셨다. 체조와 냉수마찰은 건강의 비결일 뿐 아니라 자신을 바르게 다잡는 일종의 의식(儀式)이어서, 삶을 긍정하며 살아갈 수 있도록 한다는 생각이셨다.

    술을 좋아하셨지만 외숙이 취하거나 흐트러진 모습을 보인 적은 한 번도 없다. 언제나 소식(素食)에 만족해하셔서 어쩌다가 특별한 음식을 드시게 되어도 그저 심상했다. 당연히 돈을 많이 벌거나 높은 자리에 오르는 것이 외숙이 바란 바는 아니었으리라. 외숙의 가르침은 사는 데 성실해야 하는 만큼 조금이라도 남에게 해되는 일을 해서는 안 된다는 것이었다고 나는 생각한다. 외숙은 자신에게 양명(陽明)해야 남에게도 그럴 수 있다는 말씀을 자주 하셨다. 나에게 외숙은 삶의 본보기 형상으로 남아 있다.

    그간 짧다면 짧고 길다면 긴 시간을 살아오면서 세상에는 두 부류의 사람들, 즉 뭐가 되는 쪽으로 애쓰려는 사람들과 그 반대쪽으로 머리를 박고 보는 축이 있음을 여러 차례 목도했다. 주어진 상황이나 제안을 제대로 검토하기도 전에 먼저 '그거 안 돼' 소리를 내지르며 부정적 결과를 예단하여 초를 치는 사람들을 사려 깊다고 말할 수는 없다. 물론 좋은 쪽으로 노력하는 자세를 긍정하자고 해서 무엇에든 '오케이'를 남발하며 경박한 의욕을 앞세우는 허황한 태도까지를 수용하자는 것은 아니다. 무작정한 낙관은 황당한 결말을 불러오기 십상이지만 비관 또한 현실적인 태도는 아니다. 아무리 모든 여건이 받쳐주지 않아 사방이 꼭 막힌 것처럼 답답한 상황이라도 일말의 가능성을 찾으려 애쓰는 것이 살려는 입장이고 합리적인 태도가 아닌가 생각한다.

인문학적으로 보면 뭐든 되게 하는 살림의 자세란 먼저 윤리적인 격식(attitude)에 충실한 데서 비롯된다. 자신과 주변에 대한 진지한 책임감을 가질 때 살려 하지 않을 수 없기 때문이다. 프로이트가 강조한 삶에의 의지(biophilia) 역시 삶과 인생, 그리고 자연을 근본적으로 사랑하며 받아들이는 마음에 바탕을 둔다. 살아 있는 것들을 보듬어 지켜주려 하고, 아름다운 자연 속에서 안도할 뿐 아니라 그 질서에 순응하려는 지향은 세상을 보존해 온 원리(principle)에 속한다고 할 만하다. 나는 누군가를 만나면서 그 사람에게서 살려는 기운을 느끼게 되면 반갑고 미더워서 나 또한 긍정적인 보탬을 주려 했다. 내가 항상 살려는 사람이 아니었기에 더 그랬던 것 같다.

자기 안에서 어둡고 부정적인 면모를 새삼스레 발견하게 되면 이를 경계하는 것이 보통 사람의 윤리다. 그렇지만 인간의 역사를 잠시 돌이키기만 해도 주변과 세상을 파괴하려는 충동이 드물지 않게 작동해 왔음을 목도하게 된다. 프롬(E. Fromm)은 히틀러와 스탈린의 심리 분석(<인간 파괴성의 분석 The Anatomy of Human Destructiveness>)을 통해 이 두 특별한 개인의 내면에서 작동한 파괴의 열정이 인종 청소나 대대적 숙청을 초래한 메커니즘을 밝혔다. 타자를 없애려는 죽음에의 의지, 네크로필리아(necrophilia)는 나르시시즘이라는 병리적 증상을 동력으로 하는 것이었다. 즉 게르만 민족의 우월성을 강조함으로써 유태인과 같은 '열등한' 타 인종의 절멸을 시도한 히틀러와, 계급의 적을 제거해야 공산주의가 달성된다면서 모든 이를 적대시한 스탈린은 극단적인 자기애에 빠진 광기가 어떤 참혹한 결과에 이르렀는지를 보여준 경우였다.

홀로코스트를 목도한 아도르노(T. Adorno) 등은 이른바 문명사회라고 했던 서구에서 대중이 야만적 파괴의 충동을 용인하고 그에 가담함으로써 초래된 사태에 깊은 절망감을 표했다. 나는 이 절망감이 한국인에게도 남의 것일 수 없었다고 생각한다. 보통의 한국인들 역시 식민지 시대와 한국전쟁을 겪으며 배타적인 나르시시즘이 얼마나 잔인하고 흉포할 수 있는가를 고통스럽게 경험해야 했기 때문이다. 보통 1960년대는 '국가 재건'을 호소하는 박정희의 정책적 드라이브로 시작된다고 말하는데, 사람들이 대체로 그에 호응했던 배경에는 역사가 입힌 깊은 상처와 절망감을 떨쳐내고 좀 더 실제적으로 삶의 개선을 바라는 소박한 의지가 작동했던 것이 아닐까 추측해 본다. 어린 시절 외가의 아침 풍경에서 넘쳐났던 낙천적인 기백 역시 한 가정에 국한되기보다 새로운 시간을 열고 살아내려는 당시의 사회적 분위기와 무관치 않은 것이었으리라는 생각이다.

1960년대 후반에 만들어진 <팔도강산>이라는 영화가 있다. 한 노부부가 모두 제가끔 삶을 열심히 살아내고 있는 착한 아들딸들을 찾아다니는 이 영화를 나는 1960년대 소시민들이 유족한 미래를 기대한 가족 판타지로 읽었다. 무슨 글을 쓸 기회가 있어 이 영화를 다시 보게 되면서 극중의 자식 캐릭터들이 보여주는, 조금도 불온한 기미라곤 없는 과장된 '건강함'을 시대적인 요청의 은유적 표현이라고 긍정하였던 데는 나의 기억에 각인되어 남아 있는 외가의 아침 풍경에 대한 소감이 작용했다고 고백해야 할 것이다.

외가의 안암동 시절은 오래가지 않았다. 내가 초등학교 2학년이 되었을 때 외가는 우이동 산골로 이사를 했다. 시내에서 갈아탄 버스가 하염없이 달려 도착한 종점에서도 한참을 걸어 들어가야 하는 곳이었다. 논밭이 이어지는 시골길 한편으로 큰 정자나무가 우뚝 섰고 그 사잇길로 들어서면 제법 넓은 과수원이 나왔는데, 과수원 울타리를 따라 들어가 나오는 낡은 한옥이었다.

뒤에 안 사실이지만 안암동 외가는 외숙의 지인이 자신의 아들을 위해 구한 집이었고, 그 집에 외가 식구가 세를 산 것이었다. 지인은 자식들을 모두 일류 학교에 넣은 외숙의 교육방식과 외가의 근검한 가풍을 높이 사서 자신의 아들이 대학에 입학할 때까지 그 집을 외숙께 제공하며 아들을 맡겼으니, 내가 하숙생인가 했던 군식구는 실상 그 집 주인의 아들이었다. 그 아들을 형님들과 함께 생활하게 하는 것이 집세였던 셈이다. 그러나 가족 전체의 더부살이는 집주인의 아들이 대학에 들어가면서 끝났다. 이제 집을 비워줘야 했으므로 솔가하여 교외의 낡은 집으로 옮겨 온 거였다.

어머니 손을 잡고 우이동 외가를 처음으로 찾아갔을 때 어머니는 한숨을 쉬었지만 나는 신기하고 재미있었다. 거의 허물어져 가는 한옥

구석구석에서는 쿰쿰한 곰팡내가 났고 나무기둥도 뼈대가 솟고 쩍쩍 갈라진데다가 벽까지 군데군데 구멍이 나 짜장 폐가 같았지만, 그래도 뭔가 정겹고 아담한 맛이 있었다. 여름이어서 사 간 수박을 먹는데 마루 위 서까래에서 흙이 떨어져 난장판이 되었던 기억이 있다. 밤이 이슥해지자 멀리서 이상한 소리가 들려서 물으니 여우 우는 소리라고 했다. 대문 옆으로 올라가는 작은 언덕엔 커다란 무덤이 수십 기가 넘었다. 뒷날 비석을 읽어 본 바로 그 무덤들은 판서니 참판이니 하는 유력한 사대부들의 격식 갖춘 분묘였다. 외가가 이사한 구옥은 묘소 관리를 위한 것이 아니었나 하는 생각도 해 본다.

집 뒤편은 층층이 논이었고 논 사이로는 오솔길이 구불구불 이어져 있었다. 언젠가 형님들과 소풍을 간다고 오솔길을 따라 한참을 올랐더니 산속에서 갑자기 붉은 벽돌로 지은 큰 건물이 나타나 깜짝 놀랐던 기억이 있다. 봉황각(鳳凰閣)이었다. 봉황각이 손병희가 세운 천도교 관련 건물이며 해방 직후 '문학자의 자기비판'이라는 제목 아래 임화, 김남천, 이태준 등이 모였던 이른바 '봉황각 좌담회'가 열렸던 곳임은 뒷날 알았지만, 웬일인지 내 기억 속의 붉은 벽돌 건물이 바로 그 봉황각이었다고 여겨지지는 않는다. 아마도 잎이 무성한 나무들이 마당 안에 빽빽한데 인적이라곤 없어 유리창 너머의 실내도 휑하니 비어 보이던 그 건물이 나로 하여금 어떤 동화적 상상을 하게 만들었기 때문이 아닌가 싶다.

우이동 외가를 떠올리면 무엇보다 여름에 집 앞길 건너 우이천에 나가 멱을 감고 물고기를 잡던 장면들이 생생하게 살아 나온다. 주로 막내 형과 놀았지만 나 혼자 가서 다른 애들과 어울렸던 적도 여러 번이었다. 개울은 제법 넓었고 북한산과 오봉 쪽에서 흘러내리는 물이 합해져서 수량도 풍부해 물이 목 밑까지 차는 소가 군데군데였다. 어른들이 말하는 최남선 별장의 낮은 담장 말고는 특별히 인공적인 시설도 없었다. 다만 토사 유실을 막느라 시멘트를 부은 제방 밑으론 큰 웅덩이가 파여 있어서 오히려 어항을 놓기에 좋았다. 웬만한 유리병 안에 된장과 밥을 으깨 붙이고 비닐을 씌운 뒤 그 가운데 조그맣게 구멍을 내어 물속에 넣고 한참을 기다리면 피라미며 송사리가 가득했다.

　날이 흐려 비도 잠깐 뿌렸던 어느 날은 큰형님과 둘이 보쌈을 하러 갔던 적도 있다. 큰형님과의 동행은 기대하지 않은 일이어서인지 몇 장면은 생생하다. 우리는 제방 밑 웅덩이에 어항을 넣고 시멘트 바닥에 누워 기다렸다. 성긴 빗방울이 듣기도 했지만 깜박 잠이 들었다가 큰형님이 먼 곳을 보며 한숨을 쉬는 것을 보았다. 언제나 자신만만해 보였던 형님의 모습과 달라서 약간 의아하기도 하면서 어른들의 삶이란 저런 것인가 보다 하는 생각도 했던 듯하다. 큰형님은 몇 년 동안 이른바 '고등고시'를 준비했는데 줄곧 1차만 붙었다는 이야기는 뒤에 들었다. 아마도 그때가 그런 고민이 있을 때이지 않았나 하는 추측도 해 본다.

　잡은 물고기는 그 자리에서 준비해 간 소금을 뿌려 가며 구워 먹은 적도 있지만 대체로 무슨 전리품이라도 되는 양 집에 가져 왔다. 의기양양하게 세숫대야에 어항을 뒤집어 쏟아 내면 외숙모가 익혀 개를 주곤했다. 지금도 그렇지만 물건들을 잘 챙기는 편은 아니라서 병을 찾지 못할 때는 주전자와 양동이까지 들고 나갔던 터라 외숙모께서 "이 되잖은 놈이 남의 살림살이를 다 갖다 버린다"고 소리칠 만했다. 그러나 내가 잡아 오는 물고기 덕분에 개가 영 살이 올랐다고 대견해하시기도 했다.

한번은 형님들 여럿과 함께 반도를 메고 창동(倉洞)으로 고기를 잡으러 가기도 했다. 먼지만 풀썩이는 황톳길을 다리가 아플 정도로 한참을 가니 까마득히 펼쳐진 논 사이로 수로와 웅덩이가 이어져 있었다. 고즈넉한 땡볕 아래 낚시꾼 몇이 그린 듯 앉아 있는 것 외에는 어떤 움직임도 없는 한낮이었다. 다만 논둑 사이의 좁은 수로를 흘러가는 물속으로 바닥의 풀들이 일렁이고 있었다.
　이윽고 큰형님이 멈춰 섰고 고무신을 신은 채 수로에 들어갔다. 반도를 밀어 가면서 수초 더미를 콱콱 밟다가 반도를 들어 올리자 허연 은덩어리 같은 붕어가 그물 안에서 퍼덕였다. 오래지 않아 양동이가 찼고 다시 형님들을 따라 간 길을 돌아오는데 멀리 푸른 하늘로 백운대와 인수봉, 그리고 오른쪽으로는 선인봉이 아름답고 웅장하게 솟아 있었다. 이 바위 봉우리들은 일상적인 풍경 속의 것이었으므로 자주 보아 왔다고 해야 하겠지만, 나는 그때 비로소 이 존재들을 처음으로 대면한 듯했다. 뭐라고 형언할 길 없는 잔잔한 흥분과 경모의 감정을 느꼈다고 할까?
　큰형님이 주막에 들러 막걸리 한 사발을 미역무침 안주로 마시는 동안에도 나는 길에 나와 푸르스름한 기운이 옅게 서린 인수봉을 쳐다보았다. 산을 오래 눈에 담고 있으면 뭔가 산의 말이 들리는 것 같은 기분에 사로잡히게 되는데, 이때가 처음으로 산과 대화를 나눈 순간이 아니었나 싶다. 그날 저녁은 잡은 붕어로 끓인 국에 방아잎과 제피를 듬뿍 넣어 맛있게 먹었다.

　집이 너무 낡았기 때문인지 이사 간 이듬해인가 외숙은 구옥의 아래채만 남기고 집을 헌 뒤 새집을 지었다. 어머니를 따라 외갓집에 간 어느 날 외숙은 벽돌을 쌓아 기초를 세우는 공사를 손수 하고 계셨다. 호기심을 갖는 나에게 외숙은 구덩이 속에서 흙손을 든 채 "너도 한번 해 볼래?"라면서 웃음을 지었다.

아침마다 양복을 입고 출근을 하셨지만 외숙은 육체노동을 두려워하지 않았다. 은퇴 후에는 경기도 이천으로 내려가 젖소 농장을 하실 정도로 흙과 자연에 대한 동경이 있었다. 외가 옆에는 과수원과의 사이에 공터가 있어 채소를 일구었는데 어느 날은 아침 일찍 일어나 어른들이 하는 것을 흉내 내 한동안 삽으로 땅을 뒤엎고 나서 아침 밥상에 앉았더니, 외숙이 노동으로 밥값을 하려 한다고 기특해하셨다.

외숙과는 종종 뒷산을 오르곤 했다. 그럴 때마다 땀을 흘려 무언가 유익하고 의미 있는 것을 만들어 내는 삶이 가장 보람 있다는 말씀을 여러 번 하셔서 아직도 내 귀에 쟁쟁하다. 대구의 사범학교에서 공부하던 외숙이 독서회 사건으로 피체되어 퇴학을 당했다는 이야기는 뒷날 들었다. 당시의 교사였던 현준혁(玄俊爀) 선생이 이끌던 일명 '사회과학연구 그룹'이라는 비밀결사에 참여했다는 것이었다. 대학 때 외숙의 서가에서 이와나미(岩波) 문고의 <자본론>과 이런 저런 책들을 가져다 정년퇴직할 때까지 내 책장에 올려 두었는데, 그의 노동예찬은 농촌출신이 갖는 자연스러운 입장일 터이나, 젊은 시절에 받은 지적 세례와도 무관치 않으리라 짐작해 본다.

당시로선 안정된 직업인 보통학교 교사 자리를 기대했을 본인이나 부모에게 사범학교 퇴학은 큰 충격이었을 것이다. 고향집으로 돌아가 있어야 했던 외숙은 '통신록' 강의를 받아 보기도 하면서 독학을 해 보통문관시험에 들었다고 한다. 고등문관시험과 보통문관시험은 요즘으로 하면 공무원 임용 시험인데 사상범으로 피체된 바 있는 식민지 젊은 이를 특별히 솎아내는 절차는 없었던 모양이다. 이후 외숙은 통영군청의 내무과장을 시작으로 해방이 될 때까지 식민지 관리를 하셨다.

외숙은 식민지 관리로 일하며 생활을 영위했다는 사실을 부끄럽게 여긴다고 밝힌 적이 있다. 나는 친일이나 반일이라는 말이 언급될 때 간혹 외숙의 경우를 떠올려 보았다. 식민지의 시간을 살아야 했던 피식민지인의 삶을 저항이냐 타협(혹은 굴종)이냐 라는 이분법으로 나누고 평가하려 들면 외숙은 영락없이 변절자가 되고 말 것이다. 그러나 내가 식민지 시대에서 외숙과 같은 처지에 놓였을 때 분연히 저항의 길을 선택할 수 있었을까 자문해 보면 답하기가 쉽지 않다. 우선 저항과 타협을 대별하는 이분법은 너무 관념적이어서 실제 삶의 복합성을 도외시한 폭력적인 것이 되기 십상이다. 한 시대를 살아내는 과정에서는 나름의 불가피한 선택이 있을 수 있다고 생각한다. 모두가 투사가 되기를 요구하는 것이 무리이듯 비타협적인 길에서 벗어난 사람들 모두를 백안시하는 것도 지나친 처사가 아닐까? 하급관리라 하더라도 식민권력을 좇아야 하는 데서 갈등이 없었을 리 없다. 그러나 나는 외숙이 식민지의 관리로서도 상식과 양심을 지키려 애썼으리라 생각한다.

현실은 단번에 뒤엎거나 일도양단하기 어려운 것이다. 그렇다면 그 안에서 가능한 길을 찾고 일이 되도록 하는 자세를 흩트리지 않는 것이 중요하다. 오랜 시간을 통해서 외숙이 내게 보여주신 바는 나름의 신조에 충실하면서 온전한 평정심을 유지하려는 삶의 태도였다. 외숙의 가르침을 따르면 무엇보다 일상에 충실히 임하는 것이야말로 가장 경건한 의무가 된다. 아무리 어려운 상황이 닥치더라도 처지를 비관하거나 냉소를 일삼는 행동은 외숙을 떠올리면 삼가야 할 일이었다. 식민지 관료가 되었던 젊은 외숙의 선택 역시 자신으로선 절박한 문제를 해결하는 방법을 찾은 것이었으리라고 나는 생각한다. 내면의 갈등이 왜 없었겠냐만 먼저 삶을 살아내야 했기 때문이다.

시대별로 성격적 지향이란 다를 수 있고 따라서 세상을 대하는 태도에도 차이가 나는 법이다. 대학 시절에 나는 외숙이나 아버지 같은 앞세대 사람들의, 좋게 이야기하면 낭만적이라고 할 만한 면모를 보면서, 식민지 시대에 태어나 전쟁과 가난을 겪으며 엄혹한 시절을 산 사람들이 어떻게 저렇게까지 순진할 수 있나 의아해하곤 했다. 특히 타인의 선의를 쉽게 기대한다든지, 힘겨운 상황에서조차 단순하지만 명확한 윤리적 잣대를 들이대는 모습은 때로 당혹스러운 것이었다. 내가 느낀 세대 차이는 주변을 인지하고 그에 대응하는 방식의 패턴이 다른 데 연유하는 것일 텐데, 부르디외(P. Bourdieu)는 동일 세대(계층)의 사람들에게서 집단적 성향으로 고정되어 나타나는 패턴을 아비투스(habitus)라는 용어로 설명한 바 있다.

아비투스의 집단적 재생산은 당연히 사회적이고 역사적인 배경 위에서 설명되어야 한다. 그런 입장에서 나는 외람한 언급이지만, 외숙과 아버지 세대의 근검 우선주의나 바람직한 헌신을 높이 사는 태도가 그들이 받아들여야 했던 식민지 교육 내지 규율을 내면화한 양상일 수 있다고 추리해 본 적이 있다. 나아가 도덕적 당위를 앞세움으로써 오히려 정치적 선택을 회피했고, 소박한 인정주의에 빠져 자신의 무력을 자위한 것은 아닌가 하는 신랄한 비판을 제기하기까지 했다. 세월이 흘러 나의 피의자들은 이제 다 취조에 응할 수 없는 처지가 되었다. 그리고 나의 생각도 바뀌었다. 나름대로 인생의 신고(辛苦)를 겪고 세상에 대해 긍정의 자세를 견지하는 일이 얼마나 어려운가를 체험하고서야 내가 주제 넘은 형사 흉내를 내고 있다는 것을 깨달을 수 있었던 것이다.

이제 나는 외숙과 아버지 세대의 도저한 선의(善意)의 낭만주의가 매번 그들을 옥죄고 상처 입히는 현실에 맞서는 가슴 속의 십자가 같은 것이었을 수 있다고 말하고 싶다. 그들의 어리석어 보이기까지 하는 순진함은 아무리 현실이 가혹하더라도 꿈을 잃어서는 안 된다는 초자아적인 명령을 간직한 것이었고, 그렇게 주어진 질서 너머의 피안을 향한 것이었다. 나는 외숙을 추도하는 문집에 실은 글에서 외숙이 '생활의 시인'이었다는 언급을 한 바 있다. '마음 없는 눈으로는 보이지 않는 세계를 열어 보이는 것이 시인의 사명이라면, 성실하게 삶을 긍정함으로써 진지한 마음을 가질 때 느끼는 기쁨을 일깨운' 점에서 그렇다고 여겼기 때문이다. 돌아가신 지 이미 이십 년이 가까워져 오니 추도문을 쓴 지도 오래지만 외숙과 그 세대를 향한 경의를 표한 글이라고 생각하여 전문을 다시 실어 본다.


외숙 진두현 선생을 기리며


나의 외숙, 그러니까 내 어머니의 큰 오라버니인 진두현 선생은 시인(詩人)의 마음으로 세상을 사셨던 분이다. 만물과 교감하여 마음 없는 눈으로는 보이지 않는 세계를 열어 보이는 것이 시인의 사명이라면, 성실하게 삶을 긍정하셨고 그럼으로써 진지한 마음을 가질 때 느끼는 기쁨을 일깨워 주셨던 선생은 '생활의 시인'이셨다. 식민지에서 태어나 그야말로 소용돌이의 시대를 사셨던 그의 일생이란 갖가지 걱정과 고통으로 가득 찬 것이었으리라. 그러나 적어도 나는 삶의 신산(辛酸)에 지친 외숙을 뵌 적이 없다. 많은 식솔을 책임지는 무거운 수레를 끌어야 했지만, 외숙의 걸음걸이는 언제나 씩씩했으며 목소리는 항상 힘차고 밝았다. 사실 나는 양명(陽明)한 자세와 마음을 갖는 것이 자신을 다스리는 가장 훌륭한 방법이라는 것을 외숙에게서 배웠다. 아침 일찍 일어나 체조를 하면서 하루를 여는 버릇도 외숙이 말로써가 아니라 행동으로 가르쳐주신 커다란 끼침이다. 조금씩 나이를 먹어가면서 삶을 긍정하는 사람이 풍기는 온기(溫氣)가 얼마나 소중하고 또 필요한 것인가를 새삼스레 깨닫게 되는 순간이 많다. 외숙을 생각하면 그 온기가 느껴진다.

외숙은 여러 일로 바빴고 많은 자제분을 두었지만 생질인 나에게도 과분한 관심과 사랑을 베풀어 주셨다. 중학교에 입학했다고 파이로트 만년필을 사 주셨던 것이나 대학 2학년 때 내가 출연한 연극 구경을 와 주셨던 것도 기억나는 일이다. 대학교수로 첫 안식년을 맞아 미국행 비행기를 탈 때에는 "만약 학문을 이루지 못하면 죽어도 돌아오지 않는다"는 뜻의 무시무시한 시구가 적힌 봉투에 장려금까지 넣어 주셨다. 워낙 독서가이셨는데, 생질의 공부에 도움이 될까 한다고 <세계>(일본의 사상 시사 종합지)지 등에 실린 논문이나 기사를 깨알같이 번역하여 학교 연구실로 보내주시곤 했다. 나는 동료들에게 외숙의 편지를 보이며 자랑을 한 적도 있다. 돌이켜 생각해도 참 드물고 대단한 외숙이셨다.

나는 어릴 때부터 외가에 가 지낸 적이 많고 또 오랫동안 가까이 산 덕택에 외숙을 뵙는 기회가 잦았다. 외숙과의 기억으로 소중하게 간직하고 있는 것은 내가 초등학생이었던 어느 여름날, 외숙과 단둘이 우이동 뒷산에 올랐던 일이다. 산을 오르면서 외숙은 무엇인가를 자라게 하고 생명을 꽃피우는 일이 가장 의미 있는 일임을 역설하셨고, 산을 내려오면서 둘은 옷을 홀랑 벗고 계곡물 속에 들어가 더위를 식혔다. 물속에 몸을 담근 상태에서 본 나무들과 산봉우리, 기이한 바윗돌들은 생생하게 살아서 빛나는 느낌으로 다가왔다. 자연이 새롭게 현현(顯現)하는 순간이었다. 나는 아직도 그 순간을 잊지 못하여 등산을 평생의 취미로 하고 있다. 사람이 적은 산에 가면 날씨가 허용하는 한 냇물에 몸 담그기를 빠트리지 않는데, 그 역시 어렸을 때의 생생한 원체험을 재현하려는 기도일 것이다. 이렇게 보면 외숙은 부모님 다음으로 나에게 가장 큰 선물을 주셨던 분이시다.

내가 갖고 있는 일본어판 마르크스의 자본론은 외숙께 얻은 책이다. 외숙은 대구사범에서 현준혁 선생에게 배웠고 그가 이끈 독서회에 참여한 '죄'로 중도 퇴학을 당해야 했다(현준혁 선생은 이 사건으로 2년간 복역한다. 해방 이후 이북에서 활동하던 현 선생은 김일성에 의해 암살당한 것으로 알려져 있다). 고향으로 돌아간 외숙은 고민 끝에 독학을 하여 식민지 관료의 길을 걷는다. 뒷날 외숙은 내게 식민지에서 관료로 일했다는 사실을 부끄러워한다는 뜻의 말씀을 하신 적이 있다. 그러나 나는 외숙이 식민지 관료로서도 상식적이고 성실했으리라고 생각한다. 자신의 처지에서 그의 선택은 나름대로 불가피한 것이었을 수 있다. 무엇보다 가난한 집안의 장자로서 외숙은 부모님의 기대를 저버리지 않아야 했으며 대가족을 부양해야 했다. 최근 우리 사회엔 스스로 과거의 '판정관'을 자임한 사람들이 나서 친일을 단죄해야 한다고 목소리를 높이고 있지만, 지난 시대를 산 여러 사람들의 구체적인 삶이란 이해해야 하는 것이지 판정할 수 있는 것이 아니다.

해방 이후 은퇴하시기까지 외숙은 여러 일을 하셨는데 대단히 높은 지위에 오르셨던 것도 아니고 돈을 많이 버셨던 것도 아니다. 그러나 항상 안분자족(安分自足)하는 마음으로 맏중한을 즐기셨다. 나는 외숙을 뵐 때면 종종 외숙이 학자의 길을 가졌다면 매우 큰 기여를 할 수 있었으리라는 생각을 하곤 했다. 남의 의견을 구하고 논의를 즐기는 자세는 세련되고 본받을 만한 것이었다. 오랫동안 고전음악을 들으셨거니와, 일을 놓으신 다음에는 홀로 음악과 명상에 잠기는 '고독한' 시간이 많으셨던 듯하다. 술은 좋아하셨지만 조금도 흐트러진 모습을 보이신 적은 없다. 흥겨울 때면 문득 가곡을 부르시곤 했는데, 그 목소리는 아름다움에 대한 그리움으로 넘쳐났다. 나는 가난하고 힘들었던 시대를 살았던 우리 부모 세대들이 상대적으로 풍요롭게 사는 젊은 세대들에 비해 훨씬 감성적이고 각박하지도 않음을 볼 때 아련한 향수를 느낀다. 그것은 인간적인 순수함과 온전함에 대한 그리움일 것이다.

자신의 손발을 놀려야 무엇이든 이룩할 수 있다는 것은 외숙의 평생 신조였다. 그러니까 지금부터 40하고도 몇 년 전 어머니를 좇아 우이동 외가를 새로 짓던 '공사장'을 찾았던 기억이 난다. 외숙은 기초를 하느라 파 놓은 구덩이 속에서 손수 시멘트 벽돌을 쌓고 계셨다. 빗방울이 드문드문 듣던 흐린 날이었지만 그의 얼굴은 밝고 활기에 차 있었다. 내 얼굴에서 호기심을 읽었던지 외숙은 흙손을 놀리며 말씀하셨다. "너도 한번 해 볼래?" 노동의 기쁨을 전해 주던 '젊은' 외숙의 모습은 아직도 눈앞에 생생하다.

나는 외숙이 돌아감으로써 한 시대가 갔다고 생각한다. 갖가지 재난을 겪어야 했지만 삶을 긍정하고 진지한 마음을 가질 수 있었던 시대, 경외심과 그리움을 표현할 수 있었던 소박한 시대는 이제 과거의 것이 되었다. 이는 돌이킬 수 없는 역사의 추이일 것이다. 그러나 삶이란 모든 것을 유물(遺物)로 만드는 무자비한 시간에 맞서 무엇인가를 기억하고 지키려는 항거로 이루어지는 것이다. 외숙은 가셨지만 외숙의 기억은 오히려 새롭다.

외숙은 사범학교를 박정희 전 대통령과 함께 다녔다. 권력자로 군림하다가 수하의 손에 죽은 이 예전의 동기생에 대해 외숙은 말씀을 아끼셨다. 아무리 동기생이었다 하더라도 매일의 가용(家用)을 걱정하며 사는 범부가 짧지 않은 세월 동안 절대적인 지위를 누렸던 이에 대한 소회를 표하는 것이 적절치 않다고 생각해서였는지 모른다.

외숙 역시 자식 세대가 더 많은 기회를 갖고 유족하게 살기를 바랐을 터이므로, 박정희가 산업화와 이른바 경제 재건에 애쓴 점을 고마워하였으리라. 그러나 외숙의 눈으로 볼 때도 박정희의 행로는 안타까운 점이 많았던 듯하다. 딱 한 번 사범학교 시절의 박정희를 돌이키며 그의 과도하게 '대범한 성격'을 지적한 적도 있었다.

보통학교 교사에서 관동군 장교가 되고 남로당 활동을 하다가 쿠데타를 감행한 박정희는 과연 남다른 포부와 야망을 갖는 인물이었음이 분명하다. 박정희가 세상을 본 방식과 그의 선택 또한 역사적으로 설명되어야 한다면 아마도 근대와 식민지라는 조건을 더불어 생각해야 할 듯싶다. 즉 박정희에게 근대란 의지와 계획 여하에 따라 천지개벽도 가능한 시간이었거니와, 특히 식민지를 겪은 한국은 배경이 사라졌기에 전면적인 건설과 변화를 도모할 수 있는 곳이었을 터이다. '대를 이은 가난을 벗고 우리도 한번 잘살아 보자'면서 열성적인 개혁자를 자임한 박정희는 스스로 민족적 소명을 받았다고 여긴 만큼 그가 속마음으로 흉내 내고 싶었을 제국주의자들 이상으로 배타적 나르시시스트가 되지 않을 수 없었다.

여느 독재자들처럼 그 역시 자신의 전횡에 맞섰던 숱한 사람들을 민족과 국가에 반하는 무리로 단정함으로써 무자비하게 억눌렀다. 국가 발전을 이룩해야 한다는 과제의 절실함이 자신의 통치를 절대화하는 근거였지만, 그 사업에서 자신이 특별한 지위를 누려야 한다고 강요하는 것이야말로 한낱 망상으로서의 나르시시즘일 뿐이었다. 배타적인 나르시시즘은 어떤 타자의 존재도 인정하지 않는 것이다. 쿠데타에 성공한 박정희는 자신이 이끄는 건설에 참여해야 할 모든 사람이 자신에 버금가는 열성을 가져야 한다고 요구했다. 현실을 인지하고 실천에 나서는 공유된 회로가 작동한 때문인지 과연 박정희 시대는 도처에서 출몰한 박정희의 아류들이 대중의 박탈감과 분노를 키운 시대이기도 했다.

그러나 나는 박정희 시대 역시 박정희와 그 아류들을 통해서가 아니라 하루하루의 안위에 매달리는 범부의 삶을 통해서 조명될 필요가 있다고 생각한다. 고려할 것이 많은 보통 사람이라면 절벽을 뛰어내리는 방식으로 비약을 도모하지 않는다. 어려운 상황에서는 뾰쪽한 방도가 없는 한 그 무게를 어깨로 견디는 것밖에 다른 도리가 있겠는가. 여러 가지 문제로 힘들고 박탈감과 분노에 시달리면서도 될 일은 되게 하고 안 해야 될 일은 피하는 사람들이 있었기에 이른바 경제재건이며 산업입국도 가능했던 것이리라.

살려는 의지란 비약의 주술에 매달리기보다 하루하루 자신이 해야 하고 할 수 있는 일에 충실함으로써 구현되는 것이다. 이렇게 보면 자신과 주변의 다른 사람들에게 좋은 끼침을 주며 사는 일이 얼마나 소중한가를 새삼 깨닫게 된다. 삶을 긍정하는 자세란 논리적으로 얻어진다기보다 매일매일 자연스럽게 닦고 가꾸는 마음가짐에서 비롯되는 것이다. 나에게 외숙은 그런 마음가짐과 품격 높은 윤리적인 격식이 무엇인가를 일깨우는 경종의 형상으로 남아 있다.

## 6. 먼 고향

집을 떠나 생소한 곳을 가는 것은 설레는 일이다. 하루 종일 걸리는 먼 여행을 한다는 것이 우선 이례적인 일이었던 데다가, 동네 모습도 사뭇 다르고 말씨에 생김새까지 낯선 사람들을 보게 된다는 것은 흥분되는 일이 아닐 수 없었다.

# 먼 고향

　아버지의 고향은 마산이다. 그래서 누가 나에게 고향이 어디냐고 물으면 마산이라고 대답해 왔다. 아닌 게 아니라 나는 마산에서 태어났다. 그러나 생후 몇 개월 만에 서울로 올라왔다. 내가 태어난 후 아버지가 서울에서 직장을 구했고 시집살이를 하던 어머니는 갓난쟁이던 나를 업고 상행 기차에 오를 수 있었던 것이다.
　어머니에겐 남편의 전보(電報)를 받고 층층시하의 대식구로부터 벗어나 '따로나는' 것이 더없이 반갑고 기쁜 일이었으리라. 뒷날 어머니는 그때를 회상하며 보따리 하나만 들고나오는데도 하늘을 날 것 같은 기분이었다고 회고한 바 있다. 전쟁 중에 결혼을 했으나 아버지는 이내 징집이 되었고, 정전 후 뒤늦게 제대를 한 다음에도 아버지 혼자 서울에 계셨기 때문에 어머니와는 수년 동안 거의 생이별 상태였다는 것이다.

서울에서 상봉한 부부는 남의 집 문간방을 얻어 새살림을 시작했다는데, 그 부분 역시 이야기로 들었을 뿐이다. 내 기억이 시작되는 봉원동 집을 마련하고 생활이 어느 정도 안정되면서 일 년에 한두 번씩 정도는 식구 전체가 마산을 가는 여행을 하게 되었던 것 같다. 할아버지와 할머니가 사촌누나를 앞세워 서울의 우리집에 오신 적도 있었지만, 집 떠나는 것을 불편해하는 옛날 어른들이어서 부모님을 찾아뵈어야 하는 아버지는 연례행사처럼 가족을 이끌고 마산을 찾곤 했던 것이다. 무슨 제삿날에 맞춰 간 적도 있었으나 내가 학교에 다니면서 먼 남쪽 고향으로의 가족 나들이는 대체로 방학 때 이루어졌다.

집을 떠나 생소한 곳을 가는 것은 설레는 일이다. 하루 종일 걸리는 먼 여행을 한다는 것이 우선 이례적인 일이었던 데다가, 동네 모습도 사뭇 다르고 말씨에 생김새까지 낯선 사람들을 보게 된다는 것은 흥분되는 일이 아닐 수 없었다. 더구나 어린 나에게 마산은 또한 바다였다. 여름철이면 바닷가에서의 물놀이를 상상하며 마산을 가기로 한 날까지 얼마나 남았는지 세어 보는 것이 일이었다.

떠나는 날엔 이른 새벽부터 바쁘게 움직여야 했다. 기억 속에는 아직 창밖은 캄캄한데 아버지와 어머니가 조용히, 그러나 서두르며 가방을 싸고 있고, 그동안 집을 봐 주러 오신 외할머니가 두 동생을 깨워 옷을 입히는 모습이 색 바랜 사진처럼 희미하게 떠오른다. 그다음은 서울역이다. 길게 줄을 섰던 사람들이 철문이 열리자 마구 뛰기 시작한다. 우리도 피난이라도 가는 것처럼 뒤처지면 큰일이라도 날듯 재게 걸음을 옮긴다. 자리가 정해져 있어 그럴 필요 없다고 아버지가 말씀하지만 플

랫폼에 웅웅거리며 서 있는 기차는 금방이라도 떠날 것 같다. 자리를 찾아 앉고 짐을 올리는 소란 끝에 드디어 기차가 움직이기 시작하면 동생은 탄성을 지른다. 나도 신기해 차창에 얼굴을 대고 획획 지나쳐가는 집이며 전신주며 거리들을 내다본다.

계속해서 나타났다가 멀어져 가는 창 너머의 야산들은 대개가 헐벗은 민둥산이었다. 그 사이로 조그만 인형같이 등장하는 아이들은 거의 예외 없이 기차를 향해 주먹쑥떡을 날렸다. 돌을 던지는 아이들도 있었다. 그러나저러나 기차는 아랑곳하지 않고 달린다. 삼랑진에 내리면 벌써 점심때가 지났다. 삼랑진서부터는 아버지 표현으로 '똥차'를 타야 했다. 타고 왔던 '통일호'는 부산행이어서 진주 방향으로 가는 완행으로 갈아타야 했던 것이다. 어떤 때는 삼랑진 역사 밖으로 나가 늦은 점심을 먹기도 했다. 삼랑진은 낙동강 수계에 연해 있어 길거리엔 큰 함지에 잉어와 붕어, 가물치 등을 담아 파는 장사들이 즐비했다.

다시 기차를 타면 갑자기 여행 기분이 달라진다. 지린내 나는 객실엔 나무 의자가 썰렁하고, 빽빽 소리만 지를 뿐 답답할 정도로 느린 증기기관차가 굴이라도 들어갔다 나오면 얼굴엔 검댕이 앉곤 했다. 삼랑진에서 목적지인 마산까지는 채 50킬로미터가 안 되는 거리였는데 역 비슷하게 생긴 곳이면 빠짐없이 서는 기차는 두어 시간 너머 지난 듯해서야 겨우 신마산역으로 들어선다.

신마산은 식민지 시대 일본인 거주 지역으로 개발된 곳이다. 신마산역에 이르는 철도 연변엔 벚나무가 심어져 있었는지 해방 직후에 쓰인 황순원(黃順元)의 단편소설에선 기차를 타고 꽃놀이를 하는 사람들이 먹고 난 나무 도시락을 차창 밖으로 버리면 기차를 따라 달리던 아이들이 그것을 주워 도시락에 붙은 밥풀을 떼어먹는 장면이 나온다. 물론 뒷날 읽은 것인데 우리가 마산에 간 것은 주로 여름철이어서 그런지 봄 벚꽃놀이를 할 만한 나무들을 본 기억은 없다.

　신마산역 광장에는 할아버지가 나와 계셨다. 할아버지는 웃는 듯 마는 듯 나를 한 번 내려다본 뒤 내 머리를 한 번 짚어보고는 별말씀 없이 지게꾼에게 짐을 실리고 앞장서서 휑하니 가신다. 흰 두루마기에 갓을 쓴 할아버지가 낯설었던 것처럼 할아버지도 오랜만에 보는 손자가 눈에 익지 않았으리라. 아버지는 나에게 다가와 할아버지께 제대로 인사를 드렸느냐고 묻고는 할아버지 옆에 서서 걸으며 말씀을 나눈다. 짙은 나무 빛깔의 일본식 목조가옥이 이어지는 거리를 지나 돌다리 몇 개를 건너서 언덕을 일껏 오른 다음 좁은 골목길로 접어들면 큰집이 있고 일가들이 사는 동네에 닿는다.

　짐을 풀고 저녁을 먹고 나면 대청엔 인근에 사는 온 식구가 모여 왁자지껄했다. 그 와중에 새로 등장한 '서울 놈'은 단연 관심의 표적이 되었다. 나는 좋든 싫든 잇따르는 억센 어조의 질문들을 감당해야 했다. 서울 놈이라고 웃음거리가 되지 않기 위해서는 일부러 지르는 탄성이나 과장된 꾸짖음에 놀라서도 안 되었다. 그러나 한번은 그림을 그려보라고 해서 크레용으로 맨드라미 같은 꽃을 그리는데, 내 손에 쏟아지는 여러 눈을 너무 의식한 탓인지 영 실패작이 되었고, 더 낫게 만들려 자꾸 색을 덧입히다가 나중엔 꽃인지 뭔지 알 수 없는 환칠을 해 놓고 말아 당황했던 적이 있다.

　바뀐 잠자리 때문에 새벽에 깨어 마루에 놓인 요강에 소변을 보다가 고개를 드니 저 아래 바다가 있었다. 부두에 정박한 큰 화물선의 마스트 크레인은 크리스마스 장식처럼 조명을 받아 환한데, 그 뒤로는 과연 엎드린 돼지 모양을 한 돝섬과 멀리 진해 쪽으로 이어지는 산줄기의 윤곽이 아직 짙은 군청색 하늘 아래로 컴컴했다. 동트기 전이었지만 아무도 없이 혼자 앉아 마주한 그 바다로부터는 보이지 않지만 따스하고 부드러운 기운이 밀려오는 듯했다.

이후 나는 여러 바다를 보았지만 마산 앞바다의 정겨운 느낌을 받은 적은 없다. 주제넘은 풍수론일 텐데 남해에서 깊게 들어 온 내만(內灣)의, 호수같이 잔잔한 바다가 마산의 주산(主山)인 나름대로 우람한 무학산(舞鶴山) 자락으로 스미는 형국은 왠지 모르게 안온한 모성을 느끼게 하는 것이었다. 먼 조상 때부터 누대에 걸쳐 살아온 곳이라고 하지만 내가 마산을 떠올리면서 태(胎)를 묻은 곳이라는 생각을 한 적은 없다. 다만 '내 고향 남쪽 바다'로 시작하는 유명한 노래가 불러내는 정조가 그렇듯 이 지역의 풍광엔 어떤 심상지리적인 요소나 특징 같은 것이 있지 않나 하는 짐작도 해 본다. 바다가 막혀 있어 답답하다는 사람도 있다. 그러나 남쪽으로 조금만 나아가면 큰 바다로 열린 설진(設津) 쪽의 아득한 수평선은 '저 푸른 해원(海原)을 향한' 그리움을 불러낼 만했다.

동네 밑으로 바다가 있는 만큼 여름의 과제는 단연 '해수욕'이었다. 나는 당장 바닷가에서 헤엄도 치고 고기도 잡고 싶었지만 최소한 사촌형이나 고등학생 누나가 인솔해야 바닷가에 갈 수 있다는 어른들의 방침을 어길 수는 없었다. 제대로 된 인솔자가 마련되지 않으면 대신 집 옆에 텐트를 치고 캠핑을 흉내 내는 것이 대안이었다. 큰집 대문 앞으로는 예전에 밭농사를 지었던 제법 넓은 땅에 잔디가 펼쳐져 있어서 텐트를 치고 공도 차는 놀이를 했다. 밥은 집에서 먹고 텐트에서 잠을 자거나 하는 식이었다. 우리 가계는 대대로 무반(武班)이었다고 들었지만 할아버지 때부터는 채소나 과일, 또 화훼 농사를 생업으로 해서 큰 온실이 있는 농원을 운영하고 있었다.

　　잔디밭을 어슬렁거리고 있으면 탱자나무 울타리에 붙어 선 동네아이들이 나를 향해 "서울내기 다마네기 맛존 꼬드래기~"라는 노래를 부르곤 했다. 그 노래가 나를 놀리기 위한 것은 알았지만 나는 못 들은 척 아이들을 외면하곤 했다. 대거리를 할 수도 없고 할 만하지도 않았기 때문이다. 그러나 한 번은 갑자기 벽력같은 소리가 나 돌아보니 할머니가 아이들을 향해 돌진하고 있었다. 비호와 같이 달려드는 할머니의 기세에 아이들은 뿔뿔이 흩어져 달아났다. 울 너머를 쳐다보니 할머니는 마치 바로 요정을 내기라도 할 것처럼 한 아이를 쫓아 언덕을 치오르는 중이었다. 나로서는 할머니의 과잉보호에 깜짝 놀라지 않을 수 없었다. 나를 놀린 아이들의 행동이 그렇게까지 할 만한 것은 아니었기 때문이다. 게다가 몸집이 큰 만큼 항상 느릿느릿해 보였던 할머니가 갑자기 날쌔고 사나운 모습으로 표변한 것도 정말 의외의 장면이었다.

　　다마네기 어쩌고 하는 노래가 무슨 뜻이었는지 나는 아직도 모른다. 그러나 그때를 가만히 돌이켜 보면 아이들의 눈빛은 서울서 내려왔다는 낯선 놈에 대한 적의뿐 아니라 호기심도 드러내고 있었던 것 같다. 그들의 눈에 나는 한 번은 집적여볼 만한 대상이었을 터이다. 흰 남방샤쓰에 멜빵을 단 반바지 차림의 나 역시 까맣게 그을은 얼굴에 우중충한 색깔의 늘어진 옷을 입고 줄줄이 서 있는 아이들 앞에서 도련님 코스프레를 하고 있었는지 모른다. 그런 방식으로라도 서로를 의식하면서 살피고 있었던 것인데, 탱자나무 울타리를 격한 동네 아이들과의 조우는 손자를 보호하려는 할머니의 갑작스런 개입으로 더 이상 진행되지 않았다.

사촌들은 나의 말씨를 두고 '니 서울말 폿대내니?' 하며 우스개를 던지곤 했지만 동네 아이들을 상대로는 서울말을 자랑할 기회조차 없었다. 점방(가게) 앞에서나 만화를 빌려 오다 스치기도 했던 아이들은 소 닭 보듯이 하며 지나쳐갔다. 다마네기 노래도 더 이상 듣지 못했다.

마산만 가운데 동그마니 떠 있는 돝섬은 마산 큰집에서 지내는 동안 한 번은 가게 되는 곳이었다. 수영을 할 만한 모래사장이 있지는 않았지만 낚시도 하고 조개나 고둥을 줍는 재미가 있었다. 백부는 젊은 시절에 마산 부두에서 돝섬까지 헤엄을 쳐 오고 갔다는데, 빤히 눈앞에 보이는 섬을 발동선을 타고도 이삼십 분은 넘게 가야 하는 것도 매번 신기했다. 배가 닿으면 기대와는 달리 인가(人家) 가득한 동네가 앞을 가로막아 섰다. 그래서 해변을 따라 한참을 걸어서 돌아가야 호젓한 자리를 찾을 수 있었다. 집에서 가져온 대나무 낚싯대에 조갯살을 미끼로 달아 던지면 깊은 물속에서 춤을 추며 감성돔 새끼가 끌려 올라오는 모습이 환히 보였다. 같이 간 사촌들과는 물안경을 쓰고 게를 잡는 내기도 했다. 한번은 해변에 홍합이 지천이어서 홍합을 따고 주워 한 보따리를 안고 나오는데 웬 아주머니들이 마구 소리를 지르며 달려들어 깜짝 놀랐다. 아주머니들은 다짜고짜 우리 보따리를 낚아채더니 거칠게 홍합을 꺼내 바닷물 속에 도로 던져 넣는 것이 아닌가. 무슨 사정인지 몰라 그 모습을 바라만 보고 있다가 이내 아주머니들이 하는 말을 듣고 우리가 따 온 홍합이 각자의 바다 밭에서 키우는 소중한 작물임을 알게 되었다.

남의 밭에서 서리를 한 셈이었으므로 홍합을 다 뺏겨도 할 말이 있을 수 없었다.

바다를 그저 자연의 놀이터라고 생각했던 것은 오해였다. 그러고 보니 해변서부터 바다 제법 깊은 곳까지 돌로 쌓은 낮은 담 같은 것이 길게 이어져 있었다. 각각의 밭을 구획하는 경계선이었다. 무슨 봉변을 당하기라도 한 것처럼 침울해 있는데 어떤 아주머니가 그날의 인솔자였던 사촌누나에게 다가와 그래도 한 바구니 정도의 홍합을 싸 주었다. 먼 친척이라고 했고 놀란 우리들을 달래는 말을 했던 듯하다. 그 이후로 돝섬의 기억은 없다. 나의 돝섬행은 그렇게 끝나버렸다.

마산에는 가포라는 해수욕장이 있다. 해변을 내려다보는 언덕에는 임화(林和)가 요양하며 지하련(池河蓮)을 만났다는 결핵요양소가 있었던 만큼 공기가 좋았는지는 모르겠으나 가포가 해수욕장으로서의 성가는 없었다. 몇 차례는 갔었는데 가포의 모습은 딱히 떠오르지 않는다. 대신 사촌형들과 함께 보낸 '설찌이'(웬일인지 마산사람들은 '설진'이라는 지명을 이렇게 발음했다.)에서의 며칠은 매우 구체적인 장면들로 남아 있다.

마산 내항을 벗어나 진해만으로 한참을 나가 거제도를 빗겨 바라보는 설진 앞바다는 조그마한 섬들이 흩어져 있는 전인미답(?)의 자연이었다. 우리가 텐트를 친 섬 역시 누군가 배를 타고 와서 농사를 짓는 고구마 밭이 있었을 뿐 무인도였다. 섬에서의 생활은 그야말로 로빈슨 크루소와 같이 반은 자급자족하는 식이었다. 조개를 캐고 물고기를 잡아 반찬을 했고, 고무튜브를 이용해 다른 섬에 가서 옥수수를 꺾어 오기도 했다. 튜브에 옥수수를 가득 싣고 며칠간 집이 된 섬으로 돌아오는데, 섬 가까이에 이르자 물이 빠져 흐느적거리는 해초가 배와 다리를 감아

진저리를 쳤던 기억은 아직도 생생하다. 일렁이는 수면 밑의 컴컴한 물 속에서 무언가가 슬그머니 촉수를 뻗어 내 몸을 끌어당기는 느낌은 이후 악몽의 한 아이템이 되었다.

설진이 한국전쟁 발발 직후 보도연맹원들을 처형한 장소 가운데 하나였다는 사실은 대학 때 백부에게 들었다. 온실에서 일하고 계신 백부의 허리춤에서 보이는 전정가위집이 가죽으로 된 권총케이스여서 사정을 묻자 긴 이야기의 실마리가 풀리기 시작했다. 흥미롭다면 흥미롭고 기구하다면 기구한 이야기는 1930년대 여름 한낮, 청년 농사꾼으로 참외밭을 매고 있던 백부 앞에서 웬 아이가 당당하게 참외 하나를 따 가는 장면으로부터 시작한다. 연유를 묻는 백부에게 아이는 저 아래 점방 평상에 앉은 순사가 시킨 일임을 밝혔고, 아이 말을 확인하겠다고 내려간 백부는 말싸움 끝에 순사를 도랑에 메꽂았다는 것이다.(내가 사촌 형제들과 텐트를 치고 놀던 잔디밭이 그때는 참외밭이었고 탱자나무 울타리 너머의 점방은 내가 대학 다닐 때까지 있었다.)

그러고도 백부는 몸을 피하지 않았다고 했다. 며칠 지난 아침나절에 순사 중에 간부로 보이는 사람이 여럿을 대동하고 집으로 들이닥쳐서 일단 참외값을 물어 준 다음, 그러나 천황이 하사한 제복을 더럽힌 죄는 용서할 수 없다면서 백부를 묶어 데려갔다는 것이다. 백부는 통영까지 끌려가 한 달 동안 모진 고문을 당했다고 한다. 초주검이 되어 지게에 실려 돌아온 백부는 보통 사람 같으면 벌써 죽었을 텐데, 워낙 남다른 건강체라 할머니가 재래식 변소 바닥에서 길어 낸 똥물을 마시고 살아났고, 결국 혼자 만주로 떠났다는 것이다.

왜 만주였던가? 이야기를 듣던 당시만 해도 만주는 구체적인 지명이라기보다는 독립운동과 마적, 황량한 벌판 등의 이미지들을 불러 오는 막연하지만 또 강렬한 상징 같은 것이었다. 백부의 만주행은 이후 조명희(趙明熙)의 <낙동강>(1927)을 읽으면서 비로소 이해할 수 있었다. 소설에 등장하는 운동가 '로사'(작가가 폴란드의 여성혁명가 로자 룩셈부르크를 생각하며 붙인 이름이라고 한다)는 애인 박성운의 안타까운 죽음을 뒤로 하고 구포역에서 북행기차를 타고 떠난다. 해외에서 떠돌던 박성운이 만주의 송화강(松花江)에서 낙동강을 떠올리고 고향으로 돌아와 농민들 편에 섰듯, 로사의 북행은 희생된 애인의 발자취를 뒤좇으려는 것이었다. 즉 로사 역시 낙동강으로 돌아오기 위해 만주로 향해야 했던 것이다. 만주와 반도의 남쪽 끝 바닷가는 그렇게 연결되어 있었다.

나에겐 구포역에서 만주를 목적지로 여정을 시작할 수 있었다는 사실도 신기했다. 박성운과 같이 모진 고문을 당했지만 살아남은 백부 역시 로사처럼 만주행을 선택했던 것이리라. 만주행은 일상의 감옥을 벗어나는 탈출이었을 뿐 아니라 다시 자기 삶의 터전으로 돌아올 수 있도록 하는 단련의 소풍[excursion]이었다. 백부는 만주를 거쳐 황하(黃河)까지 걸어갔다고 했다. 황하에 이르니 강이 어찌나 넓은지 건너편이 전혀 보이지 않고 물이 하늘과 맞닿아 있더라는 이야기였다. 나로선 만주를 넘어 황하에 이르는 여정을 상상하기 어려웠다. 그래도 나는 몇 달을 걷고 또 걸은 끝에 마침내 황하의 아득한 수평선 앞에 서서 입을 벌리고 선 젊은 백부의 모습을 떠올려 보려 애썼다.

백부의 회고는 곧 자신이 만주의 '개척단'에 몸 담았던 시절로 뛰어 넘어 갔다. 개척단에 가담한 경위에 대한 자세한 설명은 없었다. 단지 이제 전정가위집이 된 가죽 권총집만이 한때 그가 개척단의 무장 대원이었음을 전하는 표식인 양 허리띠에 매달려 있었다.

만주의 개척단이란 조선 이주민들이 수전(水田) 곧 논을 풀어 벼농사를 짓던 집단부락을 이른다. 안수길(安壽吉)이 <북간도>에서 그려내었듯 조선 농민의 만주 이주는 1870년대부터 시작되었다. 이래 이주민과 토착민 사이의 갈등이 빚어지거니와, 1930년대 들어 일제가 식민지 조선인들에게 만주 이민을 권장하고 집단 정착촌을 건설하여 쌀 생산을 늘리려 하면서 '만보산 사건'(1931)과 같이 조선인과 중국인이 본격적으로 충돌하는 경우가 잦았던 듯하다.(밭농사를 짓던 중국인들과 달리 벼농사를 짓기 위해서는 관개수로가 필요했고, 수로를 만드는 공사를 하는 등으로 중국 농민과의 마찰이 시작되었다고 한다.)

개척단은 일본경찰의 비호를 받았는데, 청년들의 무장도 이런 맥락에서 가능했다. 즉 개척단의 청년 단원이었던 백부는 권총을 허리에 차고 중국 농민의 습격으로부터 조선인 집단부락을 지키는 역할을 했다는 이야기였다. 백부의 사연을 듣던 당시에는 몰랐지만 개척단의 역사적인 성격에 대해 알게 되면서 일본 경찰을 메다꽂은 조선 청년이, 그것도 한 달을 가죽채찍으로 모진 매질을 당하기도 했던 이가 어떻게 일제가 정책적으로 권면한 개척단의 일원이 될 수 있었나 의아해 한 적도 있다. 그러나 천생 농사꾼인 백부가 쌀농사를 짓는 개척단에 합류했다는 것은 이해할 만한 일이기도 했다. 더구나 진취적이고 또 한없이 낭만적이었던 그에게 개척은 충분히 매혹적인 용어였으리라.

백부의 개척단 시절이 길었던 것 같지는 않다. 박성운처럼 그 역시 고향으로 돌아왔는데, 식민지 시대 말기까지 나름대로 조직운동에 관여했다는 점이 또한 흥미로웠다. 백부가 일찍이 독학으로 좌경했다는 이야기는 아버지로부터도 들은 바 있다. 책이 꽤 있었는데 순사를 패대기 친 사건이 터졌을 때 할머니가 그것들을 다 우물에 던져 넣었다는 것이다. 어쨌든 백부는 '경성콤그룹'의 피체 이후로 식민지 조선에서 조직적인 좌익운동은 없었다는 나의 언급에 동의하지 않았다. 점조직의 형태로 지하조직은 해방이 될 때까지 살아 있었고 회합도 가졌다는 주장이었다.

백부는 한국전쟁이 발발하자 이른바 전비를 뉘우치고 조직된 보도연맹원들이 공산세력과 내통할 잠재적 적으로 간주되어 죽임을 당한 여러 경우들에 대해서 몇 차례 생생한 증언을 들려주셨다. 산에 끌고 가서 죽이기도 했고 설진 앞바다에 수장을 시키기도 했다는 이야기였다. 전쟁이 났다는 소식이 전해진 며칠 후 으레 그러했던 것처럼 교육을 명목으로 소집된 보도연맹원들을 굴비 엮듯 철사로 묶어 원조 옥수수를 실어 나르던 배에 차곡차곡 쟁인 다음 설진으로 나가 한 줄씩 뱃전에 세워 뒤에서 총을 쏘아 물속에 처넣었다는 것이다.

내가 형들과 함께 튜브를 타고 놀던 그 푸르디푸른 설진 바다 밑엔 억울하게 죽임을 당한 숱한 청년들의 유해가 흩어져 있었을 것이었다. 그 이야기를 듣고 난 뒤로는 무인도에서 캠핑을 하며 낚아 올렸던 굵직한 장어들 역시 바다 밑바닥에 가라앉은 유해들로 살찐 것이 아니었을까 하는 엉뚱한 상상을 피할 수 없었다.

백부는 요행히 그 환란의 시절을 피해 살아남으신 것이었다. 불령선인(不逞鮮人)에서 개척단의 청년단원으로, 그리고 좌익 활동가이기도 했던, 맥락이 복잡한 경력은 나름대로 불가피한 선택의 결과였으리라. 그런데 지금까지도 기이하게 여겨지는 바는 정작 평탄하지 못했던 세월을 돌이키는 백부 자신의 태도가 지극히 심상하고 담담했다는 점이다. 때로 목소리가 더 정교해지고 탄식을 하는 순간이 없지 않았지만, 그림처럼 펼쳐내는 증언의 굽이굽이에서 백부는 마치 남의 이야기를 하듯 경험한 사건들로부터 자신을 떼어 놓으려는 듯한 인상을 주었다.

어린 시절의 나에게 백부는 매우 유쾌한 어른이었다. 난초 온실에서 백부와 나는 서로에게 호스로 물을 뿌리는 놀이를 하다가 옷을 흠뻑 적시기도 했다. 백부는 짓궂은 장난을 잘 쳐서 나에게 삭지 않은 똥이 섞인 거름을 손으로 주물러보게 한 적도 있었다. 일찍이 나에게 심어진 백부의 인상 때문에 뒷날 내가 들었던 그의 경험담은 비현실적인 활극(活劇)이나 그야말로 황당한 옛날이야기처럼 느껴졌다. 그러나 지금 와 생각하면 지난 일을 아무렇지 않게 돌이키는 백부의 화법은 범인으로서 어쩔 수 없이 감당해야 했던 역사의 무게를 전하는 방법이었으리라고 짐작해 본다.

초등학교 5학년 때 여동생과 함께 단둘이 아버지가 태워주는 기차를 타고 마산을 간 적은 있다. 그러나 내가 중학생이 된 이후로 가족 구성원이 모두 함께 큰집을 찾는 행사는 더 이상 진행되지 않았다. 중학교 때와 고등학교를 다니면서 두어 차례 마산을 찾은 적은 있지만 모두 나 혼자 하는 여행의 한 부분으로서였다. 그 사이에 마산도 크게 달라졌다. 인구 5만의 소박하고 따뜻한 소도시는 자유무역지역이 들어서면서 이상하게 들뜬 산업도시로 변해 갔다.

아버지가 '젠자이'를 시켜 놓고 '찌꼬이네르바이젠'을 들었다는 일본식 다방이 있던 거리는 영락해 폐허의 느낌을 풍겼다. 꼬시래기와 감성돔 새끼를 낚던 마산 내항도 튀는 물방울 하나까지 색깔이 짙은 오폐수 웅덩이가 되고 말았다. 마산사람들조차 마산 앞바다에는 어떤 생명체도 없다는 선언을 되뇌며 기가 차다는 듯 고개를 저었다.

백부는 내가 결혼을 하고 부산에서 첫 직장을 다닐 때 암환자가 되었다. 의사가 오늘 밤을 넘기기 어렵다고 했다는 큰형님의 전화를 받고 급히 찾아가 뵈면 몸집이 다 삭아 장작개비같이 된 상태에서도 조카를 알아보는 듯 희미한 표정을 짓던 백부였다. 그 뒤로도 백부는 몇 번이나 의사를 돌팔이로 만든 후에야 추석 때에 맞춰 돌아가셨다. 독하고 빼져서(고집이 세고 유다르다는 뜻의 경상도 방언) 명절에 장사를 지내게 한다고 고모들이 푸념을 했다. 걸어서 황하에 이르렀던 청년은 한 줌의 재로 돌아갔다. 더불어 그가 걸어온 우여곡절의 이력도 세부가 생략된 채 시간의 장막 뒤로 사라지고 말았다.

언제나 남의 이야기를 경청하고 격정적인 이상으로 학구적이었지만, 평생을 농사꾼으로 지낸 이 거인을 위해 나는 조촐한 묘비명을 지어 올렸다. "꽃을 피워내는 마음으로, 흙에 땀 흘리며 사신 우리 아버지 여기 잠드시다."

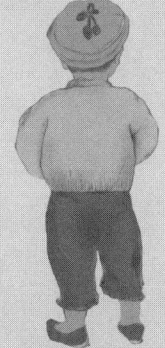

## 7. 낯선 세계와 환멸의 자연주의

언제나 저 산등성이 너머엔 내가 한번도 보지 못한, 전혀 예상할 수 없는 낯선 세계가 있을 것이라는 생각으로 마음이 들썩이곤 했다.

# 낯선 세계와
# 환멸의
# 자연주의

      어릴 적에는 대개 세상이 가없이 넓다고 생각한다. 게다가 조금씩 견문을 쌓아 갈수록 세상을 향한 궁금증은 더 커지게 마련이다. 나 역시 지구 곳곳에 수없이 많은 사람들이 살고 있다는 사실을 알고부터 우리와는 전혀 다른 사람들을 만나 보는 상상을 펼치곤 했다. 그러나 당시로선 해외여행이 가능한 일도 아니고 엄두를 낼 만하지도 않아서 외국은 구체적으로 그려지지 않는 대상이었다.

      초등학교 시절엔 간혹 동네 골목에 만화경(萬華鏡)을 주렁주렁 매어 단 리어카 아저씨가 나타나야 동전 한 닢을 내고 유리통 안에 있는 '파리'며 '런던'의 사진을 구경하는 정도였다. 흙바닥에 앉아 만화경에 눈을 댄 채 태양을 향하면 슬라이드 속의 에펠탑이며 빅벤이 햇빛에 천연색으로 번쩍여 신기하기 짝이 없었다.

비행기를 타고도 며칠을 가야 한다는 파리와 런던도 궁금했지만 당장 동네 뒷산을 넘어가는 일부터 큰 모험인 때였다. 가족 나들이로 시내에 나가 창경원 등을 구경한 적이 있고, 아버지를 따라 낚시를 다닌 터라 시골 풍경엔 제법 익숙했는데도, 언제나 저 산등성이 너머엔 내가 한번도 보지 못한, 전혀 예상할 수 없는 낯선 세계가 있을 것이라는 생각으로 마음이 들썩이곤 했다. 그곳은 동네의 모양도 다르고 풍속도 다를 것이었다. 따라서 그곳에서 사는 사람들도 내가 겪지 못한 생판 타자일 수 있었다. 만약 내가 어떤 이유로 그 곳에서 살게 된다면 지금의 아버지 어머니와는 다른 부모를 만나 지금과는 아예 다른 인생을 살게 될지 모를 일이었다.

요즘은 TV가 무시로 세계의 곳곳과 별스런 풍속을 비춰주지만 당시에 그런 프로그램을 접했던 기억은 없다. 그나마 TV 방영도 되지 않던 시절엔 외국의 풍물이나 색다른 사람들을 구경하기는 힘들었다.(아버지가 TV 박스를 진 지게꾼을 이끌고 대문을 들어서던 것은 내가 초등학교 저학년이던 어느 날이었다. 지붕 위에 올라간 아버지가 안테나를 매단 긴 대나무 장대를 굴뚝에 묶어세운 다음 안테나 방향을 잡으며 '테레비'가 잘 나오냐고 외치던 것, 지직거리기만 하던 TV가 신기하게도 영상을 잡아내어 온 식구가 환호하던 것, 저녁을 먹고 난 뒤 박재란인지 누군가가 나와 노래를 부르는 장면을 보았던 것이 떠오른다.)

물론 학교에 있는 큰 지구본을 손가락으로 짚어 가며 고동색과 초록색으로 표시된 먼 나라를 건성으로 주유하기도 했고, 어린이 잡지에서 '토인(土人)'이며 에스키모를 소개하는 글을 읽은 적도 있었다. 그러나 구체적이고 생생한 장면과 직접 맞닥뜨릴 기회가 드물었으므로 이국은 으레 공상의 영역이었다. 공상이란 미약한 근거나 정보만으로도 충분히 가능한 것이어서, 하다못해 라디오에서 '매기의 추억' 같은 번안곡이 나오면 그 이국적인 멜로디가 풍기는 낯설고 묘한 분위기에 감겨들어, 한 번도 가보지 못한 세상을 제멋대로 그려보곤 했다. 이미 알고 있는 것과는 다른 세상을 떠올려 보는 것은 때로 적이 달콤하기도 하고 흥분되는 일이 아닐 수 없었다.

그런 가운데 확실한 타인을 두 눈으로 생생하게 목격하는 사건도 있었다. 우리집에서 몇 집 건너에 젊은 아줌마와 아줌마의 어머니가 분명한 할머니가 같이 살았는데, 간혹 국방색 지프차가 그 집 앞에 대어 있곤 했다. 어머니의 심부름으로 그 집에 미제 버터와 빵을 사러 간 적도 있었다. 생전 맡지 못한 향내가 나는 버터도 버터였지만, 흰옷을 입고 얼굴이 터질 듯 빨간 뚱보 요리사가 함빡 웃는 그림의 은박지에 싸인 빵은 너무 희고 부드러워서 차마 먹기가 미안할 정도였다. 아버지가 감기에 걸려 입맛을 잃거나 했을 때 덩달아 얻어먹은 이 별식의 맛은 능히 먼 이국을 동경하게 할 만큼 매혹적이었다.

그런데 어느 날 그 집을 방문한 지프차가 우리 고양이를 깔아 죽였던 것이다. 고양이가 밤사이 보이지 않아 아침 일찍 나가 보니 길가 풀숲 앞에 납작하게 된 고양이가 눈알이 툭 튀어 나온 채 죽어 있었다. 골목을 오가는 차라곤 그 지프가 유일했으므로 다른 추리를 해 볼 여지도 없었다. 분하고 황당한 마음에 적어도 따져 묻고 항의를 해야 한다는 생각이었지만, 아버지고 어머니고 내 말을 듣는 둥 마는 둥 했다.

결국 내가 나가 지프차에 다가 갔을 때, 운전석에 앉은 산 만한 덩치가 갑자기 돌아보았다. 흑인이었다. 흑인을 가까이서 마주한 것은 그 때가 처음이었다. 피부는 검다 못해 푸른빛이 도는 듯했는데, 나를 보고

씩 웃는 입 속으로 흰 이빨이 드러났다. 나는 소리를 지를 뻔 했지만 가까스로 참고 본래의 의도도 잊은 채 굳어버린 다리를 버티고 서서 이 놀라운 이인(異人)을 관찰했다.

 백인이라고만 생각했던 '미국사람'을 구경한 것은 이미 여러 번이었다. 우리 동네의 이쪽저쪽이 이화여대와 연세대였던 만큼 선교사라든지 그 식솔의 왕래가 있었을 터이므로 길에서 그들을 만나는 것이 아주 특별한 일은 아니었다. 그 가운데서도 어느 습한 여름날 해질 무렵 목도한, 화사한 분홍빛 물방울무늬의 원피스를 입은 소녀가 긴 금발 머리채를 폴짝대며 길을 건너던 모습은 너무 인상적이어서 어린 시절에 본 장면임에도 불구하고 내 머릿속 사진첩에 매혹적인 여인상의 하나로 남아있다 소년시절 도쿄에서 카와바타(川端) 미술학교를 다녔던 김동인(金東仁)은 하숙하던 동네에서 우연히 마주친 서양 소녀를 혼자 흠모했다고 회고한 바 있는데, 아마도 근대에 들어 이국취향은 성애(性愛)의 감각을 새롭게 구성하는 중요한 요소가 되었던 것이 아닌가 싶다.

 백인을 보고는 놀라지 않았을 뿐 아니라 심지어 매혹을 느끼기도 했던 내가 흑인과 마주쳐 경악한 것을 두고 인종적 편견을 이미 내면화하고 있었던 탓이라고 한다면 달리 할 말은 없다. 제국의 지배와 인종적 억압이 진행된 근대의 시간 속에서 '검은 피부'에 가해진 꺼림과 비하의 시선은 공기처럼 편재하는 것이었다. 그러나 그때까지 흑인을 직접 대면한 적은 없었기 때문에, 나로선 지프차 운전석을 메우고 앉은 그 육중한 흑인 병사의 검은 살결에 놀랄 수밖에 없었다. 몇 걸음 더 다가가서 본 검은 피부는 야릇한 윤기로 번들거렸는데, 마치 벗겨지지 않는 가면을 쓴 것 같아 신기하고 위협적이었다. 발이 땅에 얼어붙은 듯한 와중에도 나는 인간에 대해 내가 갖던 기왕의 견해를 수정해야 한다는 생각에 머릿속이 혼란스러웠다.

　이후로도 나는 종종 그때의 놀랐던 경험을 상기하며 색깔의 상징성 탓을 해 보곤 했다. 즉 검은색이 두려움을 불러일으켰고, 두려웠기 때문에 더 검게 보였으리라는 변명이었다. 미국의 제독 페리가 이끄는 4척의 군함이 일본 도쿄 만 입구의 '우라가(浦賀)' 해변에 정박한 것은 1853년이었다. 막부(幕府)의 철수 요구를 거부하고 막무가내로 머문 이 배들을 일본에서는 역시 검은 배, 즉 '쿠로후네(黑船)'로 불렀다. 실제로 페리의 함선이 죄다 검은색이었을 수도 있겠으나, 낯선 외국 배에 위협을 느낀 사람들의 눈에 더 그렇게 보였던 것이 아닐까?

　뒷날 나는 일본의 한 기념관에 걸린, 당시 일본인들이 그린 페리의 초상화를 보고 실소한 적이 있다. 수염이 얼굴을 덮은 페리의 얼굴이 무슨 야차(夜叉)나 표한한 늑대처럼 사납게 보였기 때문이다. 낯선 침입자을 향한 경계심과 두려움이 어떠했는지를 생생하게 드러내는 그림 앞에서 나는 다시 한 번 오래된 기억 속 흑인 병사와의 마주침을 떠올렸던 것 같다.

　낯선 것은 두렵지만 한편으로 신기하게 여겨질 수도 있다. 검은 피부의 위협적인 타인과 조우했던 때로부터 몇 년쯤 지난 초등학교 3, 4학년쯤이었던 어느 날, 밤사이 우리집에 도둑이 들어 몇 안 되는 가전제품은 물론 옷이며 그릇까지 온갖 살림살이를 깡그리 훔쳐 간 적이 있었다. 내 방에 있던 탁상시계와 어머니가 긴히 쓰는 재봉틀 대가리까지 사라져 남은 것이 없었다. 아침에 파출소에 신고하러 나가려는 아버지가 헌 넥타이로 허리띠를 대신해야 했을 정도였다.

도둑들(도난 사건의 규모로 볼 때 여럿이 분명했기 때문에 복수형을 씀)은 담 너머 밭에서 훔쳐낸 짐을 꾸렸는지 밖에 나가 보니 옥수수 대가 뭉개져 맷방석이라도 깐 듯 둥그런 자리가 마련되어 있었다. 식구들은 아침도 거르고 충격에 우두커니 앉았을 따름이었다. 도대체 장롱을 샅샅이 뒤지고 옷걸이에 걸린 입는 옷조차 다 걷어갈 때까지 어떻게 자고 있었는지 알 수가 없었다. 기웃거리던 동네사람들 중에 누군가는 도둑들이 필시 '몽혼약'을 뿌렸다고 했다. 그만한 물건들을 훔쳐 내려면 인기척 정도가 아니라 소동이 났을 법한데, 그러지 않고는 누구 하나라도 깨어났을 것이라는 추리였다.

그저 어리벙벙하기만 한 상태에서 나는 도둑들이 외계인처럼 무슨 광선총 같은 것을 쏘아 우리 식구 모두를 잠재운 것이 아닌가 하는 황당한 추측을 해 보았다. 과연 짓이겨진 옥수수 밭이야말로 한밤에 우주선이 내려앉은 자리일 것이었다. 그러나 마당 한 구석에 질펀하게 쏟아져 있는 묽은 똥은 이 밤손님들이 외계인은 결코 아니라는 증거였다. 도둑이 똥을 싸 놓고 가면 잡히지 않는다는 속설이 있다고 어머니는 설명해 주었다. 배앓이 중인 도둑을 두고 외계인의 침입이라는 상상을 해 본 것은 마침 그 무렵 우주선을 타고 사막에 내려앉은 외계인이 카우보이를 납치하는 내용의 어린이용 사이언스 픽션을 읽었기 때문이기도 했겠지만, 간밤의 사건이 보통 사람들의 소행일 리 없다고 여긴 탓이었다. 상식이나 예상을 크게 뒤집는 일이 일어났을 때 흔히 일상에서는 만나기 힘든 비범한 존재가 있어서 신통력을 발휘한 것이라고 생각하는 것처럼 말이다.

뒤에 읽은 조선시대 한문소설에서도 밤사이 수백 리를 돌아 원수를 갚고 오는 식의 이인(異人) 이야기가 심심찮게 제시되고 있음을 보면, 일반적 한계를 넘는 예외적인 능력을 갖는 인간에 대한 상상은 시대를 뛰어넘어 작동하는 것인 듯하다. 아닌 게 아니라 자동차 같은 것의 도움 없이 훔쳐 낸 물건들을 각자 보따리로 만들어 등에 짊어지고 마적 떼처럼 산을 넘었을(도둑들은 동네 뒷산인 안산을 넘어 왔고 따라서 역시 산을 넘어 갔으리라는 것이 중론이었다.) 도둑들이야말로 가히 이인들이었다고 할 만하다. 특공대라도 수행하기 힘든 일을 성공적으로 마치지 않았는가!

이후로 나는 한동안 동네 뒷산을 넘어가면 으스스한 동네가 있고, 은밀하게 불법적인 일을 하는 사람들이 떼 지어 살고 있으리라는 상상에 빠지곤 했다. 그런 꿈을 꾼 것도 여러 번이었다. 가끔씩은 그날 밤손님들이 세간살이만이 아니라 나를 데려가, 포로처럼 그 동네에 갇혀 살게 되는 상황을 그려보기까지 했다. 상상은 대개 나의 새 아버지가 된 무리의 우두머리로부터 도둑질 하는 기술을 배운 내가 결국 유능한 마적이 된다는 줄거리를 반복했다. 그 무렵 유괴 사건('조두형 어린이 유괴 사건')이 일어나 큰 사회적 이슈가 되었던 터라, 나라고 해서 그런 경우에 처하지 말란 법은 없다는 생각을 했던 듯하다.

가족은 물론 여러 사람이 아이를 돌려 달라고 호소했음에도 불구하고 유괴 사건은 미제로 끝났다. 이로써 세상엔 어린이를 잡아가 다시 만나지 못하게 하는 사람들이 있다는 사실이 확인된 셈이었다. 나는 결코 드러나지 않고 잡히지 않을 마적들이 어디엔가 엄연히 존재하고, 그 존재는 잊거나 외면을 할 수는 있어도 부정할 수 있는 것은 아니라고 생각했다.

그러고 또 한두 해나 지났을까 나는 동네 뒷산 너머에 실제로 누가 어떻게 살고 있는지 두 눈으로 똑똑히 보게 되는 사건을 경험한다. 눈이 하얗게 온 겨울이었다. 우리집 개가 새끼를 낳아 개집 안을 살피면 강아지들 몇 마리가 꼬물거리는 것을 볼 수 있었다. 그런데 아침에 일어나니 어미개가 보이지 않았다. 젖먹이 새끼들이 있어 어미가 스스로 사라질 리 만무하므로 당황하고 걱정이 되어 발을 동동거리는데, 그때서야 막내가 주눅든 목소리로 간밤에 본 것을 털어 놓았다. 오줌이 마려워 마루에 나오니 개집 앞에 누군가 쪼그려 앉아 있더라는 것이었다. 너무 무서워서 그냥 들어가 그냥 잤다는 이야기였다. 나는 화가 나 아무리 무서워도 아버지를 깨웠어야 하지 않느냐고 소리를 질렀다. 그러나 저러나 개를 누가 잡아 갔다면 어디로 가면 찾을 수 있는가를 알아야 했다.

어머니가 서둘러 수소문한 바로는 산 너머 영천시장이라는 곳에 가면 개 파는 곳이 있다고 했다. 어머니와 나는 아침도 거르고 서둘러 산을 넘어 영천시장을 찾았다. 제법 이른 시간이었는데도 시장은 벌써 왁자지껄했다. 안쪽으로 한참을 들어가니 차일 밑에 몇 마리씩 묶이거나 철창에 갇힌 개들이 보였다. 가까이 가자 컴컴한 바닥 위에 죽 이어 놓은 좌판 위로 듬성듬성 이를 악문 개들의 사체가 놓여 있는 것이 아닌가! 누르고 푸른빛으로 변한 몸피에 연결된 가는 다리들은 허공을 할퀴는 듯한 형태로 뻗거나 오그라져 있었다. 오랜 시간이 지났지만 그 지옥도(地獄圖)를 마주친 충격은 여전히 생생하다.

정신이 하나도 없는 가운데서도 나는 필사적으로 우리 개를 찾으려 했다. 나 이상으로 다급해 하던 어머니가 문득 발을 멈췄다. 어머니의 무릎 앞 좌판 위에 개 한 마리가 목이 잘려 있었다. 털을 모두 민 상태였지만 한 눈에 우리 개라는 것을 알 수 있었다. 뒤에 놓인 몸뚱이엔 불은 젖이 그대로였다. 나는 소리를 질렀던 것 같다. 어머니도 눈물을 흘리며 어쩔 줄 몰라 하고 있었다. 우리는 항의를 했지만 그때까지 딴청을 피우고 있던 가게 주인은 이 개가 당신네 개라는 증거가 어디 있냐고 갑자기 윽박질렀다. 소리가 높아지자 멀리 있던 다른 가게 사람들까지 몰려 와 개장수를 편들기 시작했고, 더 있다간 도리어 우리가 크게 봉변을 당할 것 같았다. 어머니와 나는 쫓기듯 시장을 돌아 나왔다. 손이 벌벌 떨렸고 힘이 있으면 이 시장 전체를 불태워버리고 싶었다.

　산 너머에는 마적들의 소굴 같은 것은 없었다. 충충한 기와집이 이어지는 그렇고 그런 동네에 퀴퀴한 냄새로 찌든 시장이 있었을 뿐이었다. 집에 돌아 온 어머니는 어미개가 새끼들과 어떻게 떨어졌는지 모르지만, 잡혀가서 울부짖고 야단이었을 테니 급하게 죽였을 것이라고 했다. 그러면서 '지들도 새끼를 낳아 기를 텐데 아무리 짐승이라도 어떻게 젖 먹이는 어미를 잡아다 그렇게 할 수 있을까' 라고 혀를 찼다. 나는 우리가 조금만 더 일찍 시장을 찾아 갔더라면 개를 되사올 수도 있었으리라는 생각에 안타까워하면서, 어머니의 말처럼 천벌이 그들 머리 위로 내려지기를 기원했다.

　그날의 경험을 통해 내가 확인한 것은 상종 못할 악당들도 얼굴에 표가 나지 않고, 태연히 보통 사람처럼 행세한다는 점이었다. 개장수를 곧 개 도둑이라고 단정했기 때문에 눈앞에 악당들을 보고도 어떻게 못했다는 사실에 치가 떨렸다. 게다가 겨우 낮은 산 하나를 격하여 그런 악당들이 버젓이 살고 있다고 생각하니 진저리가 쳐졌다. 아프게 맞닥뜨린 냉혹한 현실 앞에서 나는 미지의 동네를 향해 펼치던 맹랑하고 유치한 상상을 거둘 수밖에 없었다. 세상이란 모진 무리들이 널린 무정한 곳임에 틀림없다는 생각에 마음은 그저 무겁고 쓸쓸했다.(남겨진 새끼들은 나와 동생이 우유를 먹여 키웠다 그러나 그 강아지들도 한 마리만 남고 이리저리 뿔뿔이 흩어져야 했다.)

 19세기 말에 풍미한 자연주의라는 문예사조는 사회를 심각한 병에 걸린 환자로 보는 관점을 갖는다. 예를 들어 프랑스 작가 졸라(E. Zola)는 의사가 정밀한 관찰을 통해 환자의 병인(病因)을 진단하고 환부(患部)를 적시해야 하듯, 작가도 사회의 병증과 암흑면을 가감 없이 드러내야 한다고 주장했다. 자연주의의 눈으로 볼 때 세상은 이렇게 저렇게 하면 좀 더 나아질 수 있다는 식의 처방을 내릴 만한 곳이 아니었다. 개선을 기대하기에 현실의 문제들은 너무 뿌리가 깊고 이미 어찌하기 힘든 상태에 이른 것으로 여겨졌다. 그 현실을 사는 사람들이란 오직 이기적인 탐욕에 이끌려 움직이는 군상이었다. 어디서도 최소한의 덕목을 기대하기 힘들다면 세상은 아수라도(阿修羅道)처럼 싸움과 죽임을 쉼 없이 이어가는 곳이 된다. 과연 졸라는 여러 소설들을 통해 '인간 야수(la bête humaine)'들이 욕망을 좇아 벌이는 비정한 드라마를 그려냈다. 졸라로선 사회 문제를 다루는 냉철하고 객관적인 시선을 강조하려 했겠지만, 세상의 어두운 부면만을 심각히 부각하게 되는 입장은 이미 비관적인 것이다.

 굳이 자연주의적 관점에 동의하지 않더라도 세상의 갖은 문제가 쉬이 해결되리라고 낙관하는 어른은 드물 것이다. 대체로 어른이 되는 성장의 과정이란 세상과 사람들에 대한 기대를 접어 가는 과정이다. 누구든 생각과 다른 현실에 부딪는 순간이 있고, 그럴 경우 꿈이 꺼지는 환멸을 경험한다. 환멸은 괴로움을 주고 상처를 남기는 것이므로 일종의 보호기제가 먼저 작동하는 경우도 있다. 즉 보이는 것과는 아주 다른 실상이 있다고 지레 단정한다든지, 아예 세상을 향해서는 어떤 기대도 접었다는 식의 냉소적인 태도를 취하여 고통을 겪지 않으려고 하는 것이다.

그러나 속절없이 닥치는 환멸을 회피하려는 냉소적인 태도는 현실의 암흑면만을 부각하게 마련이고 또 이를 폭로해야 한다는 강박을 초래할 수 있다. 세상을 그저 어둡게 보아서 사람들 모두가 그저 악당일 뿐이라고 내치는 행동이야말로 감상(感傷)에 빠진 결과다. 냉소란 생각의 균형을 잃게 하는 것이어서 제 딴에는 미리 차단하고자 하는 비애에 휘말려 오히려 자기연민을 일삼는 양상을 빚기도 한다. 과도하고 일방적인 감정에 의해 마음이 상(傷)하는 지경에 이르면 문제의 현실을 객관적으로 보기 어렵다. 비관은 감상주의가 불러오는 정서적인 왜곡이다. 낙관이 비현실적인 것처럼 비관도 현실적인 것은 아니다.

이런 이야기를 길게 한 이유는 나에게 자연주의적 관점이 오랫동안 퍽 익숙한 것이었다는 점을 고백하고 싶어서다. 앞서 돌이킨 경험처럼 내 경우에서도 성장의 과정은 거듭하여 환멸을 겪는 시간이었고, 그런 만큼 어느 정도 커서는 잿빛 진상을 외면하지 말아야 한다는 강박에 자신을 옥죄곤 했다. 세상은 어떤 희망도 쉽지 않은 곳이며, 멀쩡해 보이는 사람들 역시 언젠가는 이기적인 탐욕을 이리의 이빨처럼 드러내게 마련이라고 단정할 때, 나는 황야에 홀로 서 있는 것처럼 외로웠다. 그럴수록 마음을 다잡아야 했다. 잔혹하고 비정한 세상에서는 자칫하면 희생자가 되기 십상이었기 때문이다. 겉모습만 보아서는 누가 도둑놈인지 알 도리가 없는 한 상대를 향해 속을 드러내거나 쉽게 곁을 주는 것 역시 위험한 행동이었다.

한껏 냉담한 태도로 누구로부터든 거리를 띄우려는 사람에게 궁금하거나 새로이 관심과 기대를 가질 일은 많지 않다. 오히려 그는 예상치 못하게 최악의 경우가 빚어질 가능성을 염두에 두고 새로운 것에 대한 경계를 하게 마련이다. 내가 겪었듯 누군가 밤에 담을 넘어 와 새끼를 낳은 개까지 잡아가 죽일 수 있다면, 그보다 더한 일도 얼마든지 일어날 수 있는 게 아니겠는가. 세상을 살면서 악착한 인간들을 여러 번 보았고 그럴 때 젖 붙은 개를 끌고 간 누군가를 떠올리기도 했던 듯하다.

세상 곳곳에 악당이 널렸다고 단정하는 경우, 낯선 이는 식별을 해야 하는 알 수 없고 따라서 그만큼 피곤한 대상일 수밖에 없다. 어린이가 소년을 거쳐 성인이 되면서 낯선 사람과 세상을 향한 호기심을 잃는 대신, 쉽게 냉소하거나 의심을 앞세우지 않으면 버릇처럼 부정적인 반응을 되풀이한다는 것은 불행한 일이다.

중학생이 되어 내가 흥미를 느꼈던 것 중의 하나는 서부영화였다. 초등학교 때도 누가 장차 커서 무엇이 되고 싶으냐고 물으면 '카우보이'라고 대답했을 정도로 몇 차례 본 서부영화는 마음을 빼앗기기에 충분한 것이었다. 두툼한 가죽 케이스에 꽂힌 은색의 권총이며 박차가 달린 장화도 멋졌지만, 말을 타고 황량한 평원을 달려 낯선 거리로 천천히 들어서는 장면에 이르면 나는 매번 주인공과 하나가 되었다. 정처가 없는 만큼 어디로든 다시 떠날 수 있다는 자유로움이야말로 카우보이를 동경한 이유이지 않았나 싶다. 그러나 '무법자'를 제목으로 한 서부영화 몇

편(이른바 '마카로니 웨스턴'이라고 불렸던)에 특별히 빠져들었던 이유는 조금 다른 데 있었다.

그 영화들은 지금도 TV에서 재방영되곤 하는데, 중학생이던 나에겐 매우 충격적이고 여러 의미에서 '감동적'이었다. 특히 주인공의 시종일관한 냉소적 태도가 무엇보다 멋져 보였다.; 그는 누구도 믿지 않는데 그렇다고 해서 남을 탓하거나 못마땅한 내색을 하는 법도 없다. 그가 이르는 곳마다에서 마주치는 인물들은 하나같이 개전의 여지를 기대하기 어려운 악당이 아니면 겁에 질린 약자일 뿐이다. 악당들과의 대결이 불가피한 국면에서 그는 망설임 없이 그들을 처단한다. 주인공에게는 애당초 그런 임무가 주어져 있는 듯했다. 어떤 상황에도 흔들리지 않아 모질고 무감동하다고 해야 할 그의 내면적 면모는 사람이긴 하지만 제거되는 게 옳은 악당들을 죽여 없애야 하는 자신의 운명을 받아들인 표식 같았다. 무수히 등장하는 무법자들을 쓸어버리는 주인공이야말로 최후의 무법자였다.

내가 '무법자' 시리즈를 통해 동감했던 바는 타인이란 음흉한 악당이 아니면 한심한 멍청이일 터여서 섣부른 기대를 갖는 것은 어리석은 짓이고, 어차피 무법천지인 세상에서는 도덕적 기준 같은 것에 얽매일 필요도 없다는 점이었다. 나는 종종 주인공처럼 강해진 내가 주변의 악당들을 무심히 처치하는 상상을 해 보기도 했다. 앞으로의 인생이 곳곳에 도사린 함정을 피하고 악의로 가득 찬 무리를 척결해 나가야 하는 외로운 길일 것인 한, 결코 마음이 약해져서는 안 되었다. 어느 결에 나는 비정한 멜로드라마의 주인공이 되어 있었다. 자신에게 닥칠 위해 앞에서 멜로드라마의 주인공이 빠지게 되는 것은 자기연민이다. 이렇게 형성된 나의 자연주의는 지극히 자기중심적이고 감정적인 것이 아닐 수 없었다.

돌이켜 보면 성장한 이후 나의 자연주의는 자신의 입장에선 이해가 어려운 타자뿐 아니라 두려워하거나 혐오하는 세상을 간단히 규정하고 재단하는 색안경의 역할을 했다. 타자가 무슨 짓을 할지 몰라 경계해야 할 대상일 뿐이라면 다른 사람을 만나는 것은 피해야 할 고역이 된다. 마음에 들지 않을 것이 뻔하다는 생각에 아예 타자를 외면한 적도 있었을 것이다.

마찬가지로 모르는 세상을 향한 관용적 호기심을 잃은 상태에서는 아무리 색다른 경험을 한다 한들 자기 생각을 깨고 나올 수 없다. 나 역시 주마간산하며 풍경을 전유하는 여행객처럼 인생의 국면들에서 마주친 많은 장면들을 건성으로 흘려보냈던 것 같다.

그간 흐른 세월만큼 숱한 사람을 만났고 여러 세상을 구경했다. 이제 그 시간을 돌아보고 있자니 타자에 대해 경외심을 갖고 낯선 세상을 향해 철없는 상상을 펼치던 때의 기억이 새삼 소중하게 여겨진다. 그 때의 궁금증은 진작 사라졌지만 여전히 내 마음 속엔 이유를 대기 어려운 아쉬움이랄까 막연한 허기증 같은 것이 밀려들기도 한다.

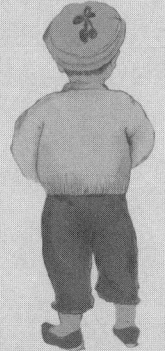

## 8. 과외공부, 혹은 중학교 입시

차분하지 못한 데서 실력은 드러나는 것이라고 한 과외선생님의 지적을 되새길수록 괴로운 마음은 더했다. 그러나 어찌하랴. 결과는 결과였다.

# 과외공부,
# 혹은
# 중학교 입시

　　초등학교 5학년으로 올라가면서 나의 생활은 크게 바뀌었다. 중학교 입시를 대비하여 공부에 매진해야 했기 때문이다. 밖에 나가 노는 것은 이제 금지였다. 부모님의 결정에 따라 학교에서 돌아오면 저녁을 먹고 과외공부를 하러 가야 했다.

　　과외공부를 하는 장소는 단짝친구 집의, 마당 한쪽에 조그맣게 달아 낸 별채였다. 친구의 어머님은 우리 어머니와 달리 정보와 활동력을 갖추신 분이어서 선생님을 수소문하여 모시고 장소까지 제공했던 것이다. 친구는 유치원 때부터 한 동네 살며 같이 놀던 사이고, 친구의 집 역시 매일같이 들락거리던 곳이었지만, 과외공부를 하러 가는 심정은 무겁고 비장했다. 짐짓 담담하게 대문을 열고 들어가니 별채엔 이미 불이 환하게 켜져 있던 기억이 난다.

친구의 공부방으로 부엌 앞에 덧달아 지은 별채는 과연 과외공부를 위한 전용 공간이었다. 친구 어머니의 안테나가 미치는 권역 안이었을 뿐 아니라 과일이며 음료 같은 간식을 제공하기도 편했기 때문이다. 선생님은 대학을 졸업하고 군대도 갔다 오신 신씨 성을 가진 분이었는데, 아마도 당시엔 그 친구 집에 유하셨던 듯하다.

첫날 방에 들어서니 바닥에 둥근 상이 놓였고 친구 두엇이 앉아 머리를 조아리고 있었다. 선생님은 연필을 들고 연습지에 글을 써 가며 뭔가 설명을 하시는 중이었다. 친구들은 다들 알던 사이라 별달리 서로 인사를 할 필요도 없었다. 선생님께 건성 인사를 하고 자리에 앉으니 선생님은 다시 입가에 작은 침 거품을 만들면서 말씀을 이어가셨다. 쓰기만 한 노란색의 오차 잔과 친구들이 먹다 만 사과 몇 쪽이 상 위에 놓여 있었다.

지금 생각해도 나는 내가 어떻게 그 과외 팀의 일원이 될 수 있었는지 약간 의아스럽다. 왜냐하면 나는 그때까지 공부에는 영 관심이 없어 성적도 나빴기 때문이다. 아버지의 육아일기에도 잘 먹고 잘 뛰어논다는 내용만 있지 명민해 보인다거나 하는 말은 적혀 있지 않다. 초등학교 입학 전 이름 석 자는 쓸 수 있게 하려고 어머니가 며칠을 가르쳤건만 아무 진전이 없다고 탄식하면서 "확실히 천재는 아니다. 오히려 둔재가 아닐까 적이 걱정된다."는 우려를 드러내기도 하셨다. 학교에 다니면서도 받아쓰기는 번번이 빵점이었고 산수 역시 나에겐 마술과 같았다. 지금도 기억에 생생한 것은 초등학교 1학년을 마치고 성적표를 받던 날의 한 장면이다.

어머니까지 학교에 오셔서 교실 뒤편에 앉아 계시는 그런 날이었는데, 이름이 불리어 걸어 나가 선생님이 주신 성적표를 그대로 어머니께 가져다드렸더니 미소가 가득하던 얼굴이 차츰 굳어가는 것이 아닌가. 아뿔싸 짜장면은 다 먹었구나 하는 낭패감에 가슴이 서늘해졌다. 집을 나서면서 어머니가 점심은 짜장면을 사 주신다고 말씀하셨지만, 이제 그 언약의 준수를 요구할 수 없게 되었다는 것이 명백했기 때문이었다. 최하위 성적에도 불구하고 다행히 어머니는 약속을 지켜서 나는 짜장면을 얻어먹긴 했다.

물론 그 이후로 역시 성적이 나아지지는 않았다. 빵점 맞은 받아쓰기 시험지를 개천에 버린 적도 여러 번이었다. 단짝과 함께 난간에 서서 시험지를 구겨 던졌는데 물가에 떨어진 시험지의, 빨간 색연필로 쓰인 0점 표시가 약한 바람에 한들거리고 있어서 누군가 집어 적힌 이름을 보고 우리 집에 가져다줄 것 같아 노심초사했던 적도 있다. 언젠가 아버지가 보관해 온 6학년 때까지의 '생활기록부'를 보니 나의 학교생활에 대한 담임선생님들의 총평은 대체로 한결같았다. 친구들과 잘 어울리나 학습은 아쉽다는 내용이었다.

둔재가 아닐까 걱정했던 만큼 아버지는 때때로 나의 성적에 대해 관심을 보이면서도 적극적으로 채근을 하지는 않았다. 대신 그는 책을 사 주는 것이 아이들의 지적 성장에 도움이 되리라는 믿음을 가지셨던 듯하다. 당시는 아동도서가 흔치 않았을 때지만 퇴근을 하며 이런저런 책들을 사 오시곤 했다.

하루는 레코드판을 하나 내미는데 어떤 사람의 회색빛 얼굴이 표지에 가득했다. 아버지의 설명은 이 사람이 매우 훌륭한 작곡가인데 만년에 눈이 멀었다는 것이었다. 과연 그 얼굴의 눈은 동자(瞳子)가 없었다. 그날 저녁 우리는 아버지가 '엔까(演歌)'를 주로 듣곤 하던 전축 앞에서 잠시 불편하고 숙연한 시간을 보내야 했다. 베토벤의 교향곡 5번 운명이었다. 아버지는 서양 고전음악 역시 아이들에게 소개할 만한 교양의 한 종목이라고 생각했을 터인데, 베토벤이 만년에 귀가 먹었다는 이야기를 재킷 표지의 인쇄된 데스마스크 때문인지 눈이 먼 것으로 착각하셨던 것이리라. 덕분에 나 역시 한동안 베토벤이 눈이 먼 것으로 알고 지냈다.

아버지의 책 사 주기는 나름대로 효과라면 효과가 있었다고 해야 할 것이다. 대학에서부터 한국문학을 읽는 공부를 해 왔고 이런저런 텍스트를 정리하고 풀어내는 일로 여태 살아오지 않았는가. 이야기를 재미있어하는 사람은 많겠지만 이야기 독해의 전문가를 자처하며 그렇게 수십 년 생계를 해결한 사람은 드물 것이다. 좋아하는 일을 직업으로 삼을 수 있었다는 점에서 나는 행운아다.

나를 이 길로 이끈 어린 시절의 독서 경험 가운데 나에게 세례를 주었다고 할 만한 것은 강소천의 동화다. 짙은 밤색 표지를 한 대여섯 권쯤 되는 전집은 책장(冊張)을 묶은 뒷면의 실밥이 풀리고 겉장이 이지러질 정도로 읽고 또 읽었다. 실린 내용 대부분이 주옥같았지만 특별히 나로 하여금 이야기의 의미와 효과를 의식하게 한 것은 <파란불이 켜졌다>와 <꿈을 찍는 사진관>이다.

계모의 학대에 시달리던 아이가 가출을 해서 갖은 신고를 겪는 <파란불이 켜졌다>에서는, 닥쳐오는 시련에 힘없이 부대끼면서 그래도 한 걸음씩 회복(redemption)을 향해 나아가는 인생이라는 모험의 축도(縮圖)를 따라갈 수 있었다. 동화치고는 전쟁 직후의 참담한 현실이 리얼하게 그려져 있어서 더욱 흥미로웠다. 특히 부랑아의 세계며 고아원 장면 같은 것은 충격적이었다.

반면 슬프고 아름다운 환영이 몽타주처럼 삽입되는 <꿈을 찍는 사진관>을 읽으면서는, 숨은 사연을 캐는 서술과 정경(情景)의 묘사가 어우러지며 만들어내는 잔잔한 회상의 톤(tone)에 이끌려 낯선 상념에 빠진 적도 있었다. 강소천 동화는 이야기 세계로 들어설 때 밖에서 뛰노는 것 이상의 색다른 흥미가 펼쳐진다는 점을 깨닫게 했다. 급기야 나는 학교 2층 복도 끝에 있던 도서실을 자주 드나들게 되었다. 커다란 지구본이 옆에 놓인 두터운 나무 테이블은 스스로 정한 지정석이어서 의자를 당겨 앉으면 천천히 땀이 식어 내리며 정신이 맑아졌다. 또 사방을 두른 서가 가운데는 돗자리를 깔아 놓은 곳도 있어 바닥에 모로 누워 독서 삼매경에 빠지기도 했다.

내가 나이 들어 경구처럼 되뇌곤 한 이성적 정적(rational calm)은 스토익(Stoic)들의 목표로, 번다한 욕망이나 유혹에 휘둘리지 않아 내면의 동요가 전혀 없는 평정 상태를 이른다. 마음이 평정한 상태를 유지하기 위해서는 욕망을 일으키는 대상에 끌려 들어가지 않아야 하며, 그것들의 정체(正體)를 꿰뚫어 보아야 한다. 갑자기 스토익을 들먹이기까지 하는 이유는 나에게도 책읽기라는 행위가 지적 각성의 경험이기도 했다는 점을 말하기 위해서다. 특히 객관적 탐색의 산물인 과학적 지식을 접할 때는 사심이 끼어들 여지가 없는 깨침의 충격 때문에 속이 싸하니 가라앉곤 했다.

예를 들어 어린이용 과학책에서 읽었던, 우리 몸의 피가 붉은 이치는 녹슨 부엌칼이 붉게 변하는 것과 같다는 설명이라든가, 태양이 수소가 타서 헬륨이 되는 불덩어리라는 내용은 일상의 감정과 그에 기초한 이해를 순식간에 뒤집는 것이었다. 우리가 부엌칼의 재료로 만들어졌다는 주장이었기 때문이다. 모든 생명체를 살게 하는 우주적 힘의 신비한 근원이라는 태양 역시 가게에서 풍선을 불어주는 기다란 금속 통에 든 가스로 이루어진 거대한 덩어리일 뿐이었다. 나는 과학적 지식이 인간 중심적인 입장에서 만들어 온 이런저런 관념이며 당연시되었던 가치체계를 무너뜨리면서 드러나는 건조한 '사실'과 대면하는 것이 못내 흥미로웠다.

'자연의 중립화(neutralization of nature)'란 현대인의 정신상황을 설명하는 한 표어로, 자연을 향해 인간적 가치를 투영해 내는 것이 불가능해졌음을 알리는 말이다. 땅이 더 이상 굳건한 대지가 아니라 고열의 액체 상태인 맨틀 위를 떠다니는 조각난 거죽인 것처럼, 신의 형상임을 자처하는 인간 또한 유기체 발생의 긴 역사 끝에 나타난 진화의 산물일 뿐이었다. 책이 알려주는 지식들은 그 내용이 충격적인 만큼 허망한 기분에 빠지게도 했지만, 어느덧 나는 세상과 인간의 객관적 정체를 외면할 수는 없다는 생각을 무슨 명령처럼 내면화하고 있었다. 아마도 나는 지식의 충격이 요구하는 냉정한 차분함에 매력을 느꼈던 듯하다.

이러한 지향의 연장에서 뒷날 스토익의 흉내를 냈던 것이다. 특히 나이가 들어 노파심에 공연한 걱정을 이기지 못할 때는 '우주의 탄생'과 같은 과학 다큐를 보며 어리석은 기대를 접고 객관적 평정을 찾으려 했다. 과학자가 되지는 못했지만 돌이켜 보면 책읽기를 통해 경험한 지식이라는 것의 매혹, 무엇보다 근거 없는 중론(衆論)이나 모호한 도덕적 명령에 섭슬리기보다는 진실을 찾아가려는 지식의 혁명성에 더 끌렸던 것이야말로 나를 연구자로 살게 한 임팩트가 아니었을까 하는 생각을 해본다.

책읽기와 달리 과외공부엔 전혀 흥미를 느끼지 못했다. 하루에도 산수 문제집을 몇 장씩 풀고 사회 전과를 외워야 했지만, 새로운 앎과 조우하는 놀라운 충격 같은 것은 없었다. 그런데도 과외공부를 시작하고 성적은 올라 부모님은 좋아하셨다. 어쩔 수 없이 밤늦게까지 두레상을 부둥켜안고 책에 머리를 박고 있는 고역을 이겨내야 했다.

아마도 그 무렵이었을 터인데 아버지가 보는 <신동아>를 들척이다 초등생의 과외공부 문제를 다룬 특집기사를 읽은 적이 있다. 중학교 입시가 너무 과열되어 아이들이 과외공부에 시달린다는 내용이었다. 과연 기사 속에는 병약해 보이는 데다가 성별도 딱히 구별되지 않는 아이가 커다란 안경을 쓴 채 베개를 가슴에 대고 이부자리에 엎드려, 옆에 역시 엎드린 선생님과 책인지 문제집인지를 보고 있는 사진이 실려 있었다. 이른바 새벽 과외였다. 기사에 의하면 아이들은 하교와 더불어 초저녁 과외를 하고 자기 전 밤 과외를 또 한 뒤, 다음 날 일어나서는 잠자리에서 그대로 새벽 과외를 받는다는 것이었다. 이 같은 경우가 실제로 얼마나 일반적이었는지는 알 수 없다. 어쨌든 당시에 나는 그나마 다행이라는 생각을 했다. 새벽 과외나 밤 과외를 하지는 않았기 때문이다.

나는 몰랐지만 중학교 입시는 벌써 여론의 비판 대상이었던 것이다. 위 기사의 내용처럼 중학교 입시는 어린 초등생들을 과도한 경쟁으로 내몰았을 뿐 아니라, 그런 경쟁에 낄 수 없는 처지의 어린이들에겐 불리한 제도였기 때문이다. 중학교 입시에 목을 매도록 한 이유는 한 가지였다. 일류 중학교에 들어가야 일류 고등학교를 가고 일류 대학에 갈 수 있다는 것이었다. 이런 사회적 믿음은 자못 공고한 것이어서 우리 같은 어린이들조차 1, 2차를 다 떨어져 '똥통 중학'에 입학하는 것은 인생을 망치며 시작하는 것이라고 생각할 정도였다. 나는 차츰 나 또한 예외 없이 경쟁에서 이겨야 하는 비정한 현실에 처했음을 깨달아 가고 있었다. 입시가 다가오고 있다는 생각을 하면 긴장이 되어 답답한 기분이었다. 그러던 와중에 황당하고 안타까운 일도 있었다.

그날은 여름방학 중의 어느 일요일이었다. 과외방에 모였는데 누군가 우리 동급생이 하루 전 과외를 하다가 죽었고 오늘 그 아이 집에서 장례식을 치른다는 소식을 전했다. 처음엔 무슨 장난을 치나 해서 잠시 어리둥절해하다가 이내 모두가 침묵에 빠졌다. 학교 근처엔 초등생들이 그룹 과외를 하도록 방을 빌려 주는 집이 있었던 모양인데, 거기서 공부를 하던 동급생 여자애가 먼저 문제를 풀고 물을 마시러 수돗가로 나간 순간 마침 옆집의 큰 나무가 바람에 쓰러지면서 아이의 머리를 때렸다는 것이었다.

도대체 어이가 없고 믿기지 않는 내용이었으나 친구들과 같이 간 이대 앞 구름다리 밑으로 들어가는 그 아이의 집은 온통 눈물을 흘리는 어른들로 가득 차 있었다. 졸지에 문상객이 된 우리가 그 아이 방으로 들어서자 검은 천에 싸인 작은 관과 그 위에 놓인 사진틀이 눈에 들어왔다. 푸른 바다를 배경으로 얼굴을 클로즈업해 찍은 사진 속 아이의 짧은 머리칼이 바람에 일렁이고 있는 듯했다. 뺨이 볼통한 옆얼굴은 마치 자신의 운명을 예감하기라도 한 듯 웃음기라곤 없었고, 어딘가 먼 곳을 바라보는 시선 역시 깊은 생각에 잠겨 보였다. 워낙 말수가 적어 나도 별반 대화를 해 보지 못한 친구였다. 그러나 지금도 생생하게 기억나는 분위기는 독특하고 성숙했다. 검은 스웨터를 입은 모습이 떠오르는데 행동거지가 항상 조심스러웠던 한편 차분한 따듯함 같은 것이 전해져서 흔히 말하는 신비한 여성적 매력이 있었다고 할까.

내가 기억하는 그 아이의 특별함은 그 아이의 이른 죽음과 관련된 것일지 모른다. 이후로도 나는 젊은 죽음을 여럿 목도해야 했지만, 어린 나이에 아쉽게 간 그 아이의 경우는 세상일이라는 것이 얼마든지 공교롭고 그만큼 엉터리 같을 수 있음을 다시금 인정하게 만든다. 나는 살아오면서 여러 번 왜 그 아이는 하필 그때 문제풀이를 끝냈을까, 왜 방에는 물주전자조차 놓아두지 않았을까, 아니 왜 옆집 나무는 그때 쓰러진 것일까, 나무 쓰러지는 소리가 났으면 도망을 치거나 했을 텐데 왜 그러지 못했을까 라는 무용한 생각을 해 보곤 했다.

어떤 필연성이나 의미 없이 죽음을 맞을 수 있다는 사실은 한동안 나를 괴롭힌 주제였다. 전혀 잘못하지 않았는데 예상치 못하게 최소한의 절차도 무시한 죽임을 당할 수 있다는 사실은 삶이 그만큼 취약함을 상기시키는 것이었다. 사랑이나 행복이라는 말로 흔히 표현되는 사는 일에 대한 인간적인 기대는 삶의 취약성에 대한 냉혹한 인식 앞에서 한낱 어리석은 꿈처럼 보일 뿐이었다.

여태껏 살아온 시간을 돌이켜 보면 나는 해피엔딩을 믿지 않는 편이었다. 필요 이상으로 냉소적일 때가 잦기도 했다. 덧없음을 탐닉하는 감각이 '검은 개'처럼 내 의식 속 한편에 도사리고 있다가 비수가 되어 갑자기 튀어나올 때는 나조차 당황스러웠다. 영영 매사에 부정적인 사람이 될 것 같았기 때문이었다. 그러나 시간이 흐르며 이런 성향도 무디어진 듯하다.

    결국 입시는 다가오고야 말았다. 과외공부 덕분에 성적이 반짝 좋아져 학교 선생님은 이른바 최고 중학에 원서를 쓰라고 권했다. 아버지가 갑자기 직장을 그만 두고 집은 멀리 이사까지 가 버려서 나는 아버지 지인의 집에 방을 하나 얻어 하숙 비슷한 생활을 하고 있었다. 때문에서 중학교 입시를 마치고 이사 간 집으로 갔으면 하는 마음뿐이었다. 새로 이사한 수유리 집에는 아예 가 보지도 못했고, 어머니가 수유리에 가 계실 때는 '주인집'의 밥을 얻어먹기도 했다. 그러나 어머니는 많은 날들을 수험생 뒷바라지를 하느라 봉원동에 계셨다. 시험 전날엔 아버지가 오셔서 같이 잤다. 이부자리가 하나뿐이라 두 분이 나를 가운데 두고 자는데 덥고 답답해서 잠을 설쳤다.

    아침이 되어 가슴에 수험표를 단 채 부모님과 함께 택시를 타니 기사 아저씨가 말을 걸었고 나는 합격이 떼어 놓은 당상인 것처럼 꽝꽝 흰 소리를 쳤다. 수험장인 중학교 운동장은 아이들로 가득했다. 접수를 일찍 한 때문에 맨 앞줄에 선 나를 아버지가 뒤에서 안으며 귀에다가, 이 뒤엣것들은 눈치 지원을 한 아이들이므로 걱정하지 말고 차분히 실력만 발휘하면 된다는 취지의 격려사를 나직이 속삭였다. 그러나마나 나는 낯선 얼굴의 이런저런 아이들을 살피느라 눈이 분주했다.

    드디어 입시를 치른다는 긴장감에, 처음 본 아이들이 떼로 모여 있는 상황을 겪어 본 적이 없기도 해서 퍽 흥분이 되었다. 시험장에 들어서도 금방 옆자리 아이와 말을 텄는데 동급생이 될 터이므로 앞으로 친하게 지내자는 내용의 약속도 했다. 시험은 어렵지 않아 보였다. 매번 그렇듯 서둘러 문제를 풀었고 시간이 남아 짐짓 여유를 부렸던 기억이 난다. 그러나 시험을 다 치르고 교실을 나올 때쯤엔 두 문제나 실수를 한 것 같은 생각이 들었다. 걱정이 되었지만 애써 잊고 말았다.

다음 날 치른 체력시험도 나에겐 무난했다. 뛰어놀던 기본체력이 있어서인지 턱걸이나 던지기 등은 걱정거리가 아니었다. 다만 시험장 풍경의 몇 장면은 퍽 인상적이어서 아직도 머릿속에 남아 있다. 그 하나는 달리기를 앞두고 어떤 아이가 바지를 훌훌 벗자 다른 아이들 여럿이 따라 하던 모습이다. 한겨울이라 춥고 땅은 꽁꽁 얼었을 터인데 웬 아이는 신발까지 벗고 맨발로 나서기도 했다. 그렇게 하는 것이 더 좋은 성적을 내는 방법이라고 여겼기 때문일 것이다. 또 일곱 개가 만점인 턱걸이 장에서는 새치로 머리가 허연 아이가 철봉에 댕글댕글 매달려 있다 한 개도 못 하고 뚝 떨어지더니 닭똥 같은 눈물을 뚝뚝 흘리며 서 있었다. 이런 장면들은 내게 입시가 심각한 문제임을 새삼스레 일깨웠다.

웬만한 일은 손쉽게 여기는 버릇이 있어서인지 그때 이후로도 인생의 여러 국면에서 나는 '아뿔싸, 그렇게까지 해야 하는 것이구나!' 하는 탄식을 거듭해야 했다. 대체로 이미 손해를 본 이후고 매번 서둔 내가 얼마나 나이브하고 한심한 인간인가 자책하곤 했지만, 언제나 사태를 제대로 깨닫기까지는 시간이 걸렸다. 성인이 되어 모든 일을 확실히 아퀴지어야 한다는 일종의 강박증 같은 것을 갖게 된 데는 덤벙대고 좋을 대로 생각해 버리는 습성을 이겨보려는 안간힘도 작용했다. 잘 모르는 사람에겐 내가 엄청나게 까다롭고 꼼꼼한 사람으로 보일 수도 있었겠으나 실인즉 그런 것이 아니었다는 변명 같은 이야기다.

시험을 마쳤으므로 나는 하숙방에서 수유리 집으로 이사 아닌 이사를 했다. 수유리 집은 60년대 후반 서울 변두리에 들어서기 시작한 집장사들이 지은 이른바 '불란서집'이었다. 지붕이 뾰쪽하고 구배가 급한데다가 붉은 벽돌집이어서 그런 정체불명의 이름이 붙지 않았나 싶은데, 다른 나라를 들먹인 거창한 명칭과 달리 집 내부는 전혀 불란서와 상관이 없었다. 부엌은 수도도 없어 뒤꼍의 펌프를 잦아 물을 길어 와야 했고 수세식도 아닌 화장실이 집 안에 있는 탓에 어떤 날에는 마루까지 구린 냄새가 감돌았다. 불란서 운운은 그야말로 우스꽝스러운 상술에 불과했다.

그러나 내가 처음으로 새집에서 자고 일어나니 눈이 하얗게 내렸는데 담장 밖 산기슭에 선 커다란 소나무의 가지 하나가 눈을 이고 처져서 집 안으로 드리워진 모양이 장관이었다. 마당에서 까치발을 하고 보니 저 멀리 장대한 산맥이 가로누어있었다. 북한산이었다. 눈이 쌓인 북한산은 억센 근육질의 등줄기를 드러내며 이어지다가 거인의 이빨 같이 엄청난 둥치의 암봉으로 치솟아 있었다. 우이동 외가에서 지내며 이미 안면을 텄던 북한산이었지만 눈 덮인 모양은 더욱 엄숙하고 당당해 보였다. 한동안 흰 바위 봉우리와 그 실루엣 너머의 옅은 잿빛 하늘을 쳐다보며 나는 속으로 불원간 저곳을 탐사해야겠다는 다짐을 했다.

드디어 중학교 시험 합격자를 발표하는 날이 되었다. 긴장된 마음으로 아버지와 함께 학교로 들어섰지만 운동장 한편에 붙여 놓은 합격자 명단에 내 번호는 없었다. 아버지의 얼굴은 실망에 짓눌려 푸른빛이 돌 정도였다. 교장실을 찾아가 점수가 어떻게 된 것인지 따져보아야 하겠다고 몇 걸음 걸어가던 아버지가 돌아서서 한숨을 쉬고 잠시 서 있더니, 냉랭한 어조로 너 혼자 먼저 집으로 가라고 차비를 주셨다.

버스 제일 뒷자리에 앉아 가다가 차가 미아리 고개를 오르는데 갑자기 눈물이 쏟아졌다. 승부를 보는 일을 그런지도 모르고 덤볐다가 결과적으로 패자가 되고 말았다는 자책이 쓰라렸다. 다른 사람들에게 우는 얼굴을 들킬 것 같아 고개를 차창으로 돌리자, '쁘띠 미용실'이라고 쓰인 도로변의 간판이 눈에 고인 눈물 때문에 비에 젖은 듯 흐릿하게 얼룩진 채 멀어져 갔다.

차분하지 못한 데서 실력은 드러나는 것이라고 한 과외선생님의 지적을 되새길수록 괴로운 마음은 더했다. 그러나 어찌하랴. 결과는 결과였다. 이제 어떻게 하더라도 그 결과가 바뀌지 않는다는 냉혹한 사실을 받아들이는 수밖에 없었다. 그 순간 나는 내가 더 이상 어린이일 수 없음을 깨달았던 듯하다. 비록 눈물을 흘리고 있었지만 막연하게나마 바야흐로 멋모르던 유년 시절을 떨쳐 내어야 하는 새로운 출발점에 섰다는 느낌이 들었던 것이다. 기왕과는 다른 삶을 살아갈 생각을 하니 다소 비장해졌고, 또 아직은 알 수 없는 미래가 궁금하기도 했다. 나는 눈물을 훔치고 자못 태연한 표정을 지어보았다.

내

가

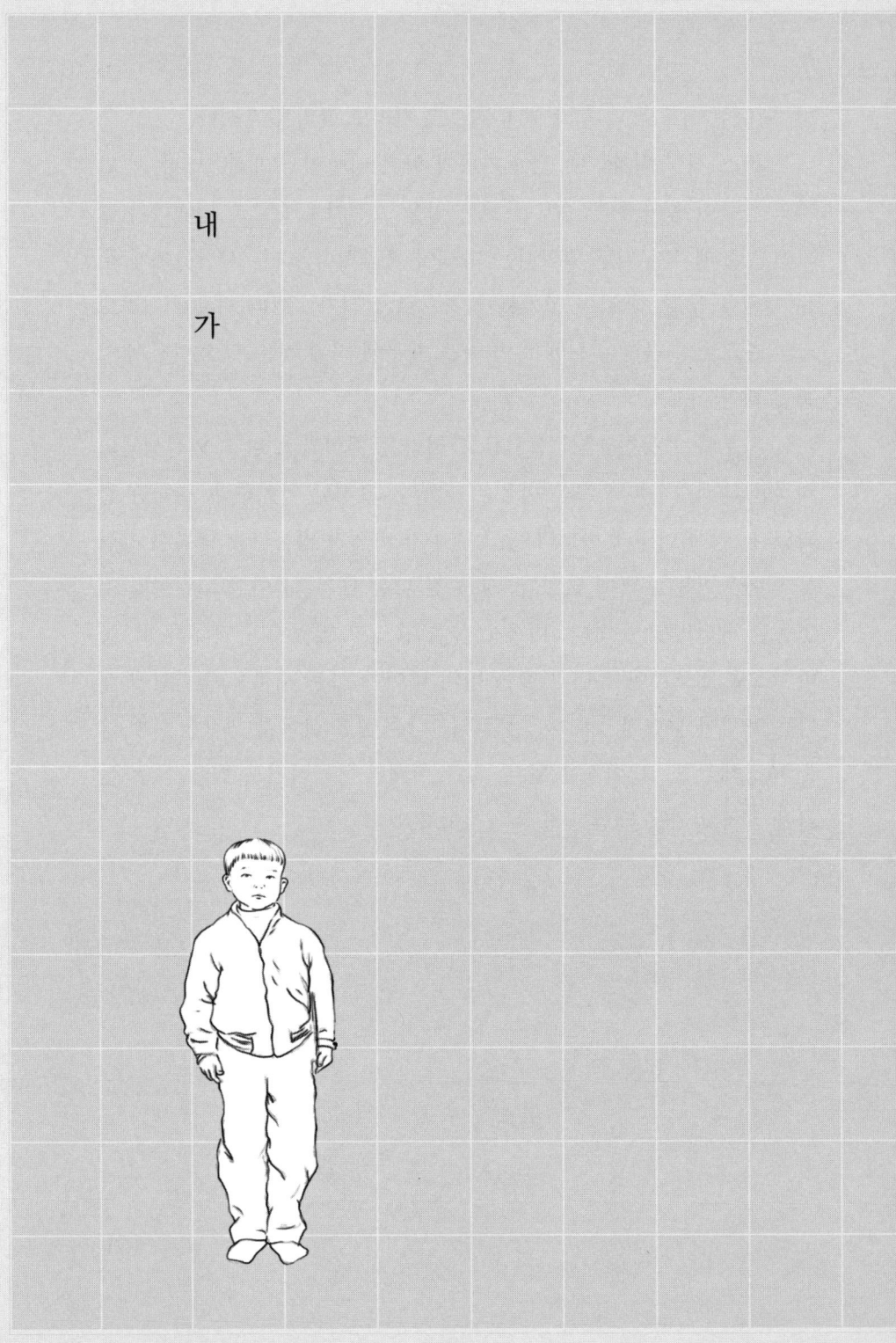

살아온

이야기

2부
**만남**

### 9. 내가 만난 세 남자

중학생이 되어 여름을 보내며 나는 세 사람의 남자 어른을 만난 셈이었다. 굶주림 속에서 가족을 버리고 떠난 한 남자와, 떳떳치 못한 직업을 갖는 아내에 빌붙어 살면서 아무 것도 하지 않는 또 한 남자, 그리고 한 여성을 속이고 어디론가 사라진 인간 쓰리꾼이 그들이었다.

# 내가 만난
# 세 남자

1차 시험에 고배를 마신 나는 이른바 2차 중학 입학시험을 쳤다. 재수를 하니 어쩌니 했지만 입시에 매달리는 생활을 한 해 더 할 자신은 없었다. 이내 중학교 입시제도 자체가 폐지되었으므로 재수를 했더라도 생각한대로는 되지 않았을 것이다. 다행히 합격을 해 다니게 된 2차 중학교는 정문에 '의숙(義塾)'이라는 어려운 한자가 새겨진 사립학교였다.

중학교는 매일 노란 단추가 달린 검은 교복을 입고 등교해야 한다고 해서 종로의 신신 아케이드에 가 교복과 가방을 사던 기억이 아직 생생하다. 입학식 전날 저녁에 새 교복에 모자를 쓰고 아버지가 어디선가 구해 온 학생단화까지 신고 거울 앞에 서니 우스꽝스럽게 보이긴 해도 이제 정말 중학생이 되었다는 실감이 났다.

학교에는 내 눈에도 오래되어 보이는 건물들이 있었다. 특히 넓은 정원을 앞에 둔 무슨 당(堂)이라는 이름의 고풍스런 건물은 붉은 벽돌 위로 담쟁이가 엉클어져 있어 상당한 사연을 품은 듯해 보였다. 쇠창살이 처진 육중한 문을 조심스레 열고 들어가니 나무계단이 움푹 파여 희미하게 누런 결이 드러나 있었고 발을 디딜 때마다 삐걱거리는 소리를 내 목이 움츠러들었다.

지대가 높은 편이어서 학교에서는 인왕산과 북악산을 뒤로 한 서울 시내가 훤히 내려다보였다. 최남선이 지었다는 교가(校歌)에는 "볼재에 우뚝한 우리집"이라고 했는데, 특별히 고개라고 할 만한 곳은 보이지 않아 옛날과는 지형이 달라진 것인가 하는 생각도 해 보았다. 학교 주변은 한옥 기와지붕이 물결처럼 이어지는 오래된 주택가였으나, 몇 걸음만 나오면 바로 큰길이었다.

초등학교가 있던 봉원동이 곳곳에 배추밭과 옥수수밭까지 있는 전원이었다면 중학교가 위치한 곳은 말하자면 성(城)안이었다. 입학하고 얼마 안 되어 가회동쯤인 동급생 집에 놀러갔을 때 친구의 할머니가 나에게 차근한 서울말로 "얘 너 어디 사니?"하고 물었고, 대답을 하자 영 실망스러운 표정을 지어 보여 의아해했던 기억이 있다. 사대문 밖에 사는 사람을 낮게 여기는 경향이 아직도 남아 있었던 것이다. 과연 변두리인 수유리에서 시내에 있는 학교로의 통학은 쉽지 않은 일이었다. 어마어마한 만원버스에 시달려야 했기 때문이다.

학교에 가는 첫날부터 고난은 시작되었다. 미아리에서 버스를 갈아타야 했는데, 정거장으로 들어오는 버스마다 입추의 여지가 없었다. 그러나마나 어떻게든 타 보려는 사람들이 와 하고 몰리지만 버스는 간신히 열린 문밖으로 톡톡 한두 사람을 뱉어낸 후, 악착하게 매달리는 몇

만을 태운 채 떠나버리는 것이었다. 우두커니 서서 여러 대를 보내고 나니 이럴 일이 아니라는 생각이 들었고, 되든 안 되든 출입문 손잡이를 향해 돌진할 수밖에 없었다.

간신히 계단에 발을 올리면 두 팔로 손잡이를 잡고 승객들을 밀어 올리는 차장의 필사적인 배치기 덕분인지, 버스를 휙 돌려 내용물을 다지는 운전수의 곡예운전 덕분인지 안으로 밀려들어갈 수 있었다. 아직 키가 작아서 어른들의 등이나 허리춤에 코를 박고 끼어 가야 했는데, 한번은 거의 질식할 뻔했던 적도 있었다. 숨을 쉴 수가 없어 정신이 아득해지는 차에 살아야겠다는 생각으로 크게 비명을 질렀고, 놀란 어른들이 나를 빼내 의자에까지 앉혀 주어 차창을 열고 찬바람을 쏘였던 기억이다.

학교 앞에 내려 몸을 추슬러보면 단추가 떨어지고 모자도 구겨져 있기 마련이었다. 그러나 정문을 통과하는 일은 또 다른 난관이었다. 덩치가 우람한 선도(先導)부 고학년 서넛이 떡하니 버티고 서서 턱을 고정한 채 매의 눈으로 등교하는 학생들을 노려보고 있었기 때문이다. 그 앞을 지나칠 때는 잘못이 없어도 순간적으로 긴장되어 온몸에 힘이 들어갔다. 이른바 복장불량 등으로 걸려들 경우엔 호된 질책을 당하거나 길옆에 그저 서 있어야 했기 때문이다. 정문은 정해진 시간에 닫혀서 지각을 하면 샛문으로 들어가야 했지만, 기다리고 있던 생활지도부 선생님이 가뜩이나 늦은 학생에게 엎드려뻗쳐를 시켰다.

한번은 지각을 하여 늦게 교실로 들어갔더니 조회를 하던 어(魚)씨 성의 담임선생님이 다짜고짜 한쪽 귀를 잡아당기더니 불문곡직하고 뺨을 때리는 게 아닌가. 너무 놀라고 분해서 눈물이 한 방울 쏟아지기까지 했다. 초등학교를 다니면서는 그런 폭력에 노출된 적이 없었기 때문에 갑자기 황야에 던져진 것 같은 기분이었다.

규율의 당위를 앞세운 폭행이 얼마든지 자행될 수 있는 곳이 학교였다. 어떤 선생님은 첫 수업부터 학생들을 공포에 질리게 했다. 지형변화 4단계 이론 옆에 쓰인 이 이론을 주장한 이의 이름인 Davis는 어떻게 읽어야 하느냐고 물어서 한 용감한 아이가 "다비스요" 하자, "네가 독일 놈이냐"고 호통을 치는 식이었다. 영어식으로 발음해야 한다는 것이었지만, 당시엔 선생님이 왜 그렇게 말씀하시는지 몰라 그저 책상에 머리를 박고 있을 수밖에 없었다.

한동안 나는 이 수용소 같은 곳에서 좀 참고 견디면 정상적인 생활로 돌아가게 되는 것인지, 아니면 기왕에 있었던 곳이 온실이고 지금이 현실이어서 이런 세상을 계속 살아가야 하는 것인지가 궁금했고 그만큼 혼란스러웠다. 그러나 차츰 친구들을 사귀게 되었을 뿐 아니라 수업을 파한 뒤 친구들과 학교 앞 분식집을 찾거나 골목 안 수레에서 파는, '달나라 잼'을 바른 식빵을 사 먹는 재미도 알게 되었다.

학교생활에 적응하자 어떤 선생님 시간은 기다려지기도 했다. 국어를 맡았던 서 선생님은 박목월(朴木月)의 <윤사월>을 풀어내며, 송홧가루가 날리는 깊은 산 외딴집에 사는 산지기의 눈먼 딸이 가만히 문설주에 귀를 대고 서서 꾀꼬리 소리를 듣고 있는 정경을 말씀으로 그려 보여 주셨다. 내 머릿속에 이 모습이 마치 줌으로 잡아낸 듯 섬세하게 남아 있는 것은 서 선생님 덕분이다. 뒤에 내가 교사가 되어 학생들에게 이른바 묘사적 심상(descriptive image)이라는 것을 설명할 때마다 나는 기억에 새겨진 이 그림을 떠올리곤 했다. 연세도 많고 체소했지만 목소리가 크고 전달력이 있었던 선생님은 간혹 당신이 일본에 유학하던 시절의 신변담을 다소 과장된 제스처와 함께 풀어 놓기도 했다.

일본 하숙집의 닝닝한 반찬에 질려 집에서 부쳐 온 고춧가루를 꺼내 '탁-'하고 고등어 국에 풀어먹었더니 그것을 따라 한 일본 아이들이 맵다고 야단이 났다는 일화며, 온돌이 없어 무거운 이불을 덮고 자니 어릴 적부터 키가 자라겠냐는 비아냥에, 시아버지와 며느리까지 모든 식구가 같이 '코타츠(こたつ)' 안에 발을 넣는 '상스러운' 풍습을 경멸하는 이야기도 당시에는 그저 재밌게 들었다. 뒷날 식민지시대에 교육을 받거나 생활했던 윗세대가 종종 일본에 대한 모순되고 착종된 입장을 드러내는 경우를 보면서 식민지의 트라우마란 극복하기 힘든 것일 수 있다는 생각을 하곤 했는데, 서 선생님의 경우 역시 예외는 아니었던 듯하다.

중학생이 되어 좋았던 일은 소설을 비롯한 이런저런 책들을 읽는데 아무런 제한이 없다는 점이었다. 나 자신부터 더 이상 어린이가 아니라는 생각을 했고, 부모님 역시 그래서인지 딱히 나의 행동에 관섭을 하는 적이 드물었다. 학교를 마치고 집에 오면 아버지 책장의 소설책들을 뒤져 이야기에 빠지는 나만의 시간이 좋았다. 서가에 있는 마분지 색깔의 민중서관 판 한국문학전집은 입시를 치르고 나서부터 읽기 시작했는데, 가장 먼저 읽은 이광수의 <사랑>은 무슨 내용인지 알 수가 없었다. 이어 독파한 <이차돈의 사>라든가 <금삼의 피>는 그럭저럭 줄거리가 재미있었다. 그러나 우연히 <탈출기>를 접하고는 앞서 읽었던 소설들이 눈에 들어오지 않았다.

무엇보다 살아보려 갖은 애를 쓰는데도 굶주림을 면키 어려운 절망적 상황에서, 그렇기에 가족을 버리고 떠났다는 화자의 고백이 너무 충격적이었다. 자기만 살자고 식솔을 버린 행위를 탈출이라고 한 가장 이 비정한 인물로 여겨졌거니와, 만약 아버지가 그러면 나는 어떻게 하나 생각하니 두렵고 마음이 무거웠다. 그러나 자못 담담하게 이야기를 이어오던 그가 역설적인 희망이랄까 각오랄까 하는 것을 내비치는 마지막 장면에서는 견디기 힘든 고통에 짓눌린 사람의 절박한 심경을 들여다보는 것 같아 숙연한 기분이 들었다.

뒷날 작자 서해(曙海)의, 길지 못했던 생애가 남긴 기록들을 살피다 밝은색 양복을 입고 고개를 들고 선 그의 독사진과 마주한 적이 있다. 움푹 파인 뺨에 불룩한 광대뼈며, 다정다감한 듯하면서 퀭하니 비어 있는 눈빛은 내가 오래전에 조우했던 그 사람의 모습이었다. 극단의 궁핍을 견뎌내야 했던, 뿌리 뽑힌 자가 회피할 수 없었던 끝 모를 허공이 그 시선 안에 있었다. 중학생이 된 나의 가슴을 서늘하게 한 것은 어떤 미련도 남겨 갖지 못하게 하는 그 허공의 깊이가 아니었던가 싶다.

<탈출기>와 함께 나를 놀라게 한 소설은 <날개>였다. 처음엔 어리둥절해하며 이야기를 좇았고 두 번 세 번쯤 거듭해 읽자 어렴풋이 내용을 파악할 수 있었다. 특히 화자의 냉소적 말투며 생각이 낯선 만큼 매력적이고 흥미로웠다. 아직 알아서는 안 될 어른들의 세계로 들어선 느낌이었다고 할까. 요컨대 세상엔 이런저런 사람이 있고, 어떤 경우는 매우 남다르게 살기도 한다는 것을 목도한 것이다. 뭔가 떳떳지 못한 일을 하는데 음흉한 면도 있는 듯한 '아내'에 얹혀 지내며, 아무도 없는 방에서 혼자 돋보기로 '지리가미'(ちりがみ)나 그슬리는 인물은 나의 기준으

로도 정상이 아니었지만, 그런 행동을 전혀 이해할 수 없는 것은 아니었다.

봉원동에서 살 때 우리 동네엔 '고등고시' 공부를 하다가 미쳤다는 아저씨가 있었다. 흰 피부에 마르고 키가 큰 그는 휘청거리며 골목에 나타나 놀고 있던 우리들에게 말을 걸곤 했다. 그러나 멀쩡하게 대화를 나누다가 갑자기 엉뚱한 발언을 하는 것이었고, 그러면 우리는 우습다가도 무서워 슬금슬금 자리를 피했는데, <날개>의 화자는 그 아저씨의 모습을 떠올리게 했다. 창백한 낯빛에 자못 형형한 눈이며, 엉클어졌지만 멋지게 솟아올라 굴곡진 검은 머리칼에 대한 기억은 이야기 속 인물을 통해 되살아났다.

나는 그 '고등고시' 아저씨를 측은히 여겼던 듯하다. 공부를 너무 많이 해서 머리가 잘못되었다는 확인되지 않은 정보는 그 이유의 하나였다. 머리가 너무 좋아도 돌기 쉽다는 아이들의 중론대로면 그는 유달리 총명하고 예민한 나머지 딸깍하고 정상에서 비정상으로 넘어가 버린 것이었다. 그가 남들처럼 살 수 없게 되었다는 점은 그가 특별하기 때문에 져야 할 멍에 같았다. 보들레르(C. Baudelaire)식으로 말한다면 "그 큰 날개가 걷기를 방해한"(<신천옹 L' Albatros>) 셈이었다.

보들레르는 보통 사람들로선 이해 못 할 혜안과 예지 때문에 오히려 저주를 받은 것이 시인의 운명이라고 탄식했지만, 이런 역설이 시인에게만 한정되는 것은 아니었다. 여태 살아오면서 나는 비상한 면모를 갖는 사람에게 그 능력이 긍정적으로 작용하지 못하는 경우를 여러 차례 목도했다. 특출한 천재는 오히려 그 때문에 불행과 파탄에 빠질 수 있었다. 뛰어난 것이 죄가 아닌 한 세상과의 불화를 남다른 탓으로 돌릴 수만은 없다. 내가 막연히 '고등고시' 아저씨를 안타까운 희생자로 여겼던 이유는 이렇게 설명할 수 있을 듯하다.

과연 <날개>의 화자 역시 자신을 "박제가 되어버린 천재"로 호명하고 있었다. 아저씨와 다른 점은 그가 자신이 박제가 되어버렸음을 알고 선언까지 하고 있다는 점이었다. 따라서 '지리가미'를 그슬리거나 모았던 돈을 화장실에 던져버리는 행동은 그저 광인의 행동이 아니라 최재서(崔載瑞)의 설명처럼 상식을 비웃는 퍼포먼스인 셈이었다. 그의 퍼포먼스는 무엇 때문에, 그리고 왜 자신이 박제가 되었는가를 묻고 있었다. 그로선 할 수 있는 선택이 살아도 살아 있지 않은 박제가 되는 것밖에 없었다면, 빈둥빈둥 무위(無爲)의 생활을 이어가는 모습은 불가피한 것이었다. 주변에 대한 환멸을 확인해 가는 소설 속 화자의 행로를 착잡한 심정으로 따라가던 나는 박제의 삶을 사는 것이 세상에 항거하는 하나의 방식일 수 있고, 그런 점에서 의미 있을 수 있다는 생각을 했다.

<탈출기>와 <날개>를 처음으로 읽던 때의 충격이 생생한 것은 두 소설이 세상과 삶을 보는 눈을 새롭게 열어 주었기 때문이다. 어느덧 나에게 문학작품 읽기는 소일을 위한 재밋거리 이상이 되었다. 중학교에 들어가서 문예반실을 기웃거렸던 것도 문학에 특별한 관심을 두었기 때문일 것이다. 제 발로 문예반실을 찾은 나와 신입생 몇에게 중고등학교 선배들이 환영회라고 짜장면과 야끼만두를 사 주기도 했다. 그러나 선배 중엔 방과 후에 문예반실에 들리는 것이 의무나 되는 것처럼 채근을 하는 이도 있었고, 신입생 담당이라는 선배는 김소월의 시 한 편을 칠판에 쓴 뒤 시험을 칠 것이니 외워서 오라는 과제를 내 주기도 했다. 못 외우면 '빠따'를 맞는다는 것이었다. 황당하기도 하고 두렵기도 해서 자연

히 문예반실을 가는 것은 뜸해졌다. 나의 문예반 경력은 한두 달에 그치고 말았다.

따귀를 한 차례 맞고 몇 번 엎드려뻗쳐를 하면서 학교생활에는 곧 익숙해졌다. 친구라고 부르게 된 동급생도 여럿 생겼다. 미아리 고개 위에 사는 친구와는 하교를 하면 고개를 넘어 원남동 로터리까지 걸어가 돈암동이 종점인 전차를 타고 그 친구 집에 가서 놀기도 했다. 전차는 느렸지만 길 한가운데를 흔들흔들 가는 여유로운 맛이 있었다. 원남동 로터리 한편에는 하드 공장이 있어서 얼마 안 되는 돈에도 신문지를 붙여 만든 봉지에 하드 십수 개를 담아 주었다. 전차 나무의자에 앉아 천천히 흘러가는 차창 밖 풍경에 눈을 주다가 하드를 먹다가 하다 보면 돈암동이었다.

친구 집에는 간혹 형이라고 부르기엔 나이가 들어 보이는 아저씨가 있어 우리들과 놀아 주었다. 친구 아버지는 군의관이라고 들었으니 지금 생각해 보면 그 아저씨는 사복차림이었지만 당번병쯤 되었던 듯하다. 아저씨와 우리는 번갈아 투수와 포수가 되어 야구공을 던지고 받았고, 대나무 우산대를 쪼개 만든 활로 뜰 안 담벼락에 연이어 서 있는 해바라기 꽃을 맞히는 내기도 했다. 그는 친절한데다가 유머가 있는 사람 같아 보였다.

어느 주말은 친구와 함께 아저씨를 따라 짜장면을 먹는다고 시내로 나간 적도 있었다. 가는 버스 안이 붐비지는 않았지만 '쓰리'의 위험이 상존하는 버스 안에서 그는 오백 원짜리 지폐를 남방샤스 윗주머니에 턱 꽂고 있어 우리를 놀라게 했다. 버스를 탔다가 '쓰리'를 맞은 이야

175

기를 번번이 듣게 되는 것이 일상이었거니와, 당시로선 고액권이었던 오백 원짜리 지폐는 주머니에 깊이 넣어 두어야 할 것이었기 때문이다.

    나 역시 어머니와 어디를 가다가 버스에서 내리고서야 쓰리꾼에게 시계를 떼인 줄 알고 길바닥에서 혀를 차며 어쩔 줄 몰라 하는 어머니 옆에 서 있어야 했던 적이 있다. 어린 마음에도 민망하고 서글펐다. 아저씨의 대담해서 더욱 유쾌해 보이는 태도는 쓰리꾼을 아랑곳하지 않는 것이어서 멋있게 생각되었다.

    그런데 언젠가부터 친구 집에서 그 아저씨를 볼 수 없어 사정을 물었을 때 친구가 갑자기 목소리를 낮추며 놀라운 소식을 전했다. 아저씨가 친구 집의 식모 누나를 나쁘게 했다는 이야기였다. 과연 키가 크고 말없이 음전해 보였던 식모 누나도 눈에 띄지 않았다. 그 누나가 친구 어머니의 친척이라고 했던 만큼 친구는 은근히 분개해 하는 듯했다. 그러나 어떻게 된 사연인지 더 캐묻지 못했다. 우리로서는 더 이상 그런 대화를 계속해서는 안 될 것 같았기 때문이었다.

    나는 그 아저씨가 식모 누나를 나쁘게 했다는 의미를 짐작할 수 있었다. 남녀의 성기가 특별한 경우 어떻게 쓰이는가는 이미 초등학교 때 과외공부를 하면서 친구들에게 들어 알고 있던 바였다. 그런 행위를 통해서 아기가 태어난다는 이야기는 믿기 어려웠지만, 어쩐 일인지 처음 들을 때부터 반박을 하지 못했다. 그럼에도 불구하고, 아니 그렇기 때문에 성교는 위험하고 매우 잘못된 행위로 여겨졌다.

    초등학교 때 한참 연대 산에서 친구들과 놀고 있는데 멀리서 보기에도 우리 담임선생님과 똑같은 색깔의 투피스를 입은 여성이 남자와 함께 수풀 속으로 들어가고 있어서 고함을 치고 선생님을 부르며 뛰어

갔던 적도 있었다. 남녀가 산으로 올라간다는 것은 곧 '그 짓'을 하러 가는 것이라 알았고, 선생님을 말리거나 구해야 한다고 생각했기 때문이다. 가까이 가 보니 다행히 선생님이 아니었다.

그렇게 소리치며 뛰어갔던 것을 보면 나는 그 짓이 여성을 위험에 빠트릴 수 있다고 믿고 있었던 것이 분명하다. 어깨너머로 들은 어른들의 대화에서 누가 누구랑 '배가 맞았다'라는 이야기는 대개 여자 편이 '신세를 망치는' 것으로 끝나고 있었다. 즉 여자는 배가 불러오는데 남자는 모른 체 하거나 줄행랑을 놓았다는 식이었다. 배를 맞댄다는 표현은 성에 눈뜨기 시작한 나로 하여금 야릇한 상상을 하게 만들었지만, 그런 행위가 난감한 상황을 초래하기 십상이라면 이를 경계해야 한다고 생각했던 듯하다.

물론 아저씨 본인으로부터 그간의 사정을 들을 기회는 없었다. 그러나 내가 아는 한 둘이 배를 맞대면 여성만 피해자가 되는 것이 뻔한 결말이었다. 그 누나가 친구 집에서 사라졌다는 사실 역시 그녀가 피해자라는 증거였다. 물론 나는 그 일에 대해 어떤 논평도 하지 않았다. 그러나 아저씨가 그때처럼 오백 원짜리 지폐를 남방샤스 윗주머니에 꽂고 예의 유쾌하고 친절한 얼굴로 식모 누나를 꾀었을 것이라 생각하니 영 실망스러웠다. 쓰리꾼을 도발하는 듯한 아저씨를 멋지게 본 적도 있었지만, 이번에는 그가 또 다른 의미의 쓰리꾼으로 여겨졌기 때문이었다.

중학생이 되어 여름을 보내며 나는 세 사람의 남자 어른을 만난 셈이었다. 굶주림 속에서 가족을 버리고 떠난 한 남자와, 떳떳치 못한 직업을 갖는 아내에 빌붙어 살면서 아무 것도 하지 않는 또 한 남자, 그리고 한 여성을 속이고 어디론가 사라진 인간 쓰리꾼이 그들이었다. 그들은 나를 놀라게 하거나 실망하게 했지만, 또 내가 앞으로 살아갈 세상이 어떤 곳인가를 알려 주는 지표이기도 했다. 그렇기에 왠지 그들을 외면하면서 나와는 전혀 다른 사람으로 치부해서는 안 될 것 같았다.

이미 나는 서해 소설의 주인공을 보며 연민의 감정을 느꼈고 <날개>의 화자에겐 공감을 했거니와, 설령 유쾌한 아저씨를 다시 만난다 하더라도 그 일을 꺼내어 분개해 하지는 않을 것이 분명했다. 막연히 그들을 이해할 수 있을 듯해서였다. 나를 기다리는 미래는 어떤 것일까 궁금했지만, 나 역시 기대와는 다르게 뜻밖의 곤경에 처할 수 있고 그런 가운데 퍽 잘못된 일도 저지르게 되리라는 예감이 들기도 했다.

요컨대 세상일이란 뜻대로 되는 것이 아닌 만큼 인생을 사는 정식(定式)이란 건 없으리라는 생각이었던 것 같다. 장차 나에게도 무슨 일이 닥칠지 모른다는 사실은 나를 심란하게도 해서 마음은 착잡했지만, 그렇다고 내색하기도 힘들고 누구한테 문의를 할 만한 사항도 아닌 듯해서 나의 심적 동요는 '찻잔 속의 태풍'에 그쳤을 뿐이었다.

학교를 오가는 시간은 무료하고 지루하게 흘러갔다. 대신 집안에서는 긴장된 분위기가 자주 느껴졌다. 직장에 사표를 던지고 나온 아버지는 매일 아침 어디론가 나가셨지만 어머니의 낯빛으로 보건대 허리띠를 졸라매야 하는 형편이 되어 가고 있는 것은 분명했다.

한번은 아버지와 버스를 같이 탔는데 자리에 앉자마자 코트 주머니에서 포켓판 영어회화책을 꺼내 책장을 펼치는 것이 아닌가. 책에는 이미 공부를 한 흔적이 가득했다. 아버지와 어머니가 나누는 이민 이야기를 지나가며 들었던 차라 아버지의 영어 공부가 의미하는 바를 짐작하기는 어렵지 않았다. 그러나저러나 나로선 별수가 있을 리 없었다. 외국에 나가 살면 어떨까 궁금하기도 한 한편 또 여태껏 살았던 곳을 떠난다는 것이 뭔가 무지막지한 일로 여겨졌다.

그럭저럭 겨울방학이 되었고 마당에는 또 눈이 가득 쌓이기도 했다. 불현듯 뒷산에 한 번 올라가 보아야지 하는 생각이 들었다. 이사 온 다음날 마주한 바위산은 학교를 오가면서 차창 밖으로 보는 익숙한 풍경이 되었는데도 정작 올라 볼 엄두를 낸 것은 그 때가 처음이었다. 이른 아침에 아버지의 낚시 배낭을 찾아 냄비와 라면, 그리고 마당 구석의 버려진 사과 궤짝을 밟아 부순 조각들까지 넣으니 부피가 상당했다. 길도 모르고 눈도 와 있어 겁이 나는 한편, 높은 꼭대기는 어떨까 하는 호기심도 컸다. 나는 집을 나와 무작정 산을 바라보고 걸어 올라가기 시작했다.

## 10. 첫 등산

백운대에 가까이 다가설수록 길게 떨어지는 어마어마한 바위 절벽은 점점 구체적으로 모습을 드러냈다. 그만큼 큰 바위덩어리를 구경한 적이 없었거니와, 화강암이 병풍처럼 솟구친 광경은 이 세상의 것이라고 믿기지 않았다.

# 첫 등산

　주택가 끝머리에 위치한 우리집 뒷산이 파헤쳐진 것은 내가 중학교 2학년이 된 봄이었다. 주택단지를 닦는다고 온종일 트랙터가 웅웅거리고 아름드리 소나무들을 마구 베어 젖히는 대대적 공사가 벌어져 온 동네가 난장판이 되었던 것인데, 내가 북한산에 처음으로 발을 들인 겨울은 아직 그 솔숲이 온전하던 때였다. 아침에 배낭을 메고 집을 나와 길도 모른 채 그저 산 쪽을 향하여 걷자니 굉장한 모험이 기다리고 있으리라는 예상에 가슴이 두근거렸다.
　집 뒤 언덕을 올라 마른 솔잎이 푹신하게 밟히는 길을 돌아가니 능안골이라고 불린다는 조그마한 원주민 동네가 나타났다. 일요일이었던지 개 한 마리 짖지 않고 동네는 괴괴했다. 동네 앞을 지나가는데 석면 지붕을 인 색 바랜 '보로코'(블록) 집들과 메마른 미루나무들 사이의, 연탄재를 던져 넣어 거의 메워진 작은 회색 연못만이 주위를 두리번거리며 빠르게 걸음을 옮기는 나를 유심히 바라보는 듯했다.

　　동네 뒤로는 맨 산이었다. 드디어 산으로 들어왔다고 여기면서 고만고만한 구릉을 가로질러 가자 갑자기 포장도로가 나타났다. 도로로 내려서 얼마를 걷지 않아 '아카데미하우스'라고 쓰인 팻말이 앞을 가로막았다. 산속에 느닷없이 웬 출입문인가 싶어 당황했지만 문기둥 옆으로 난 샛길을 선택해 잠시 오르니 문득 계곡이 열리고 아늑한 개활지가 나를 맞았다. 마치 채석장 같았는데 그 위엔 작은 폭포가 얼어 있었다. 폭포 옆으로 우회하는 길을 겨우 찾아 얼음이 넓게 깔린 폭포 위에 이르러 한동안 숨을 골랐다. 아침 햇살이 퍼지고 있었고, 아무도 없는 정적 속에서 얼음 밑으로 흐르는 계곡물 소리만 들릴 듯 말 듯했다.

　　폭포를 지나 이어지는 산길은 희미한데다가 군데군데 눈까지 쌓여 있어 미끄러웠다. 그냥 이쯤에서 돌아가는 게 옳지 않을까 하는 생각에 전진이 망설여지기도 했다. 덜컥 산에 들어오긴 했으나 도대체 왜 이 고생을 하는가 하는 의문이 들었던 것 같다. 그러나 웬일인지 나는 그때마다 마음을 다잡고 발걸음을 옮겨 갔다. 점점 비탈은 심해져 숨이 차 어지러운 끝에 돌덩어리로 쌓은 성문(城門)이 힐끗 보였다. 주 능선에 오른 것이었다.

　　성문을 나오니 눈앞으로 굽이굽이 솟고 가라앉은 봉우리들이 줄을 이어 어디론가 향해 달리는 장관이 펼쳐졌다. 나는 허물어진 성벽에 걸터앉아 능선을 넘어오는 찬바람을 맞았다. 갑자기 먼 곳으로 떠나 온 듯했다. 다시 행장을 추스르고 길을 나서 이내 발견하게 된 것은 백운대였다. 백운대의 흰 바위는 집에서 볼 때와는 판이하게 넓은 이마와 군데군데 파인 주름을 드러내며 푸른 하늘을 배경으로 당당하게 빛났다. 나는 백운대가 선 쪽으로 향하지 않을 수 없었다.

백운대로 가는 길은 평탄치 않았다. 한동안 밋밋한 능선이다가 갑자기 얼음이 깔린 가파른 내리막이 닥치는가 하면, 좁은 바위틈을 비집고 거의 절벽 같은 곳을 아슬아슬하게 타 올라야 했다. 그렇지만 곳곳에서 흰 바위와 그 위를 덮은 검은 이끼, 그리고 꿈틀거리듯 가지가 휘어 뻗은 아름드리 소나무가 동양화에서 본 장면들을 연출하고 있어 경탄을 금할 수 없었다. 게다가 능선의 돌출부에 서서 지능의 억센 등줄기가 아래로 흘러내리며 잦아드는 광경을 내려다보는 것만으로도 호쾌한 기분이었다.

백운대에 가까이 다가설수록 길게 떨어지는 어마어마한 바위 절벽은 점점 구체적으로 모습을 드러냈다. 그만큼 큰 바윗덩어리를 구경한 적이 없었거니와, 화강암이 병풍처럼 솟구친 광경은 이 세상의 것이라고 믿기지 않았다. 나는 몇 번이나 나뭇가지를 붙들고 서서 바위의 이곳저곳을 눈으로 훑어가며 마음의 사진을 찍었다. 그런데 백운대도 백운대지만 그 뒤에 선 만질만질한 바위 봉우리가 더 특이해 보였다. 삐죽 내민 머리 아래로 인정사정없이 깎인 벽이 수직으로 내리닫고 있었기 때문이었다.

간신히 백운대 밑에 이르니 두 봉우리는 더 구체적으로 닥쳐왔다. 나는 백운대와 어깨를 나란히 한 암봉의 이름이 인수봉임은 알고 있었다. 가까이서 본 인수봉은 그야말로 엄청난 크기의 화강암 덩어리였다. 그것은 높은 건물이나 철탑 같은 구조물처럼 부속품들을 쌓아 만들어진 것이 아니었다. 거대한 통 바위가 천고의 세월 동안 깎이고 깎인 것이었다. 그렇기에 인수봉은 하늘을 받치듯 당당하게 일어서 있었다. 그 앞에 서자 무엇 하나 더하거나 뺄 것 없는 완전한 일체(一體)로서의 존재감이 엄습해 왔다. 어떤 절대적인 것과 대면하고 있다는 감격이었다.

나는 백운대와 인수봉이 조망되는 후미진 곳에 냄비를 걸고 배낭에 넣어 가지고 온 나무 조각들을 꺼내 불을 붙였다. 건너편에는 메주덩이만 한 화강암 돌덩이로 벽체를 한 산장이 있었지만 왠지 사람들이 득실거리는 그쪽으로 가고 싶지 않았다. 까맣게 탄 검부러기가 내려앉은 라면은 더할 수 없이 맛있었다. 그러나 마음은 눈앞의 광경 너머에 가 있어 서둘러 정리를 하고 인수봉 밑으로 다가갔다.

눈앞에 마주한 인수봉은 생전 처음 마주하는 질감의 벽이었다. 통바윗덩어리의 믿기지 않는 부피가 시야를 가득 채우며 육박해 왔다. 매끈한 연회색 표면으론 물이 흘러내린 듯 긴 자국뿐이었지만 바위 안에서는 어떤 전언(傳言)이 묵묵히 울려 나오는 듯했다. 바위에 박아 놓은 철 막대를 부여잡고 정상을 오르려는 등산객들의 행렬이 길게 이어져 있던 백운대와 달리 사람은 보이지 않았다. 나는 알지 못할 흥분에 빠져들며 인수봉의 발치를 맴돌았다. 절벽의 꼭대기는 어딘가 싶어 연신 고개를 젖히며 내려가자 울룩불룩한 근육질의 바위와 작은 나무숲이 있는 인수봉의 전면을 올려다보게 되었다. 마치 엄청난 거인의 얼굴과 대면한 느낌이었다.

그런데 바위가 깎인 선들이 그려내는 우람하면서도 기묘한 장경을 살피다가 나는 깜짝 놀라지 않을 수 없었다. 수직의 벽 위에 빨간 점 하나가 찍혀 있었기 때문이었다. 백운대 바위의 갈라진 틈 사이로 울긋불긋 사람들이 기어 올라가는 모습도 굉장했는데, 설마 저 빤빤한 곳에 사람이 붙어 있을 수 있겠는가 속으로 반문했지만, 그것은 분명히 사람이었다. 누군가에게 소리를 지르기까지 해서 뭐라고 하는 음성이 적막한 공기 중으로 희미하게 메아리쳤다. 밑에서 쳐다보는 구경꾼인데도 나의 가슴은 콩닥거리고 손에는 땀이 났다. 수십 길 깎아지른 절벽을 사람이 붙어서 오를 수 있다는 믿기지 않는 사실을 확인했기 때문이었다.

산을 어떻게 내려왔는지는 기억이 희미하다. 다른 등산객을 뒤쫓아 우이동으로 내려왔을 텐데 힘이 빠져서 그랬던지 얼음판에서 미끄러져 넘어지기도 하면서 생고생을 했던 것이 어렴풋이 떠오른다. 산을 벗어나자 새삼 엄청난 곳을 다녀왔다는 실감이 들었다. 인수봉의 모습은 눈앞에 떠오르고 또 떠올랐다. 대단한 광경을 보게 되는 경우라도 대개는 그저 놀란 다음 잊어버리게 마련이지만 그렇게 되지 않았다. 마치 운명적인 해후를 한 것처럼 인수봉이 마음속에 새겨져 지울 수 없게 된 듯했다. 아직 무엇을 어떻게 하겠다는 결심을 내린 것이 아니라도 어설픈 첫 산행이 나에게 새로운 세상을 열어젖힌 것은 분명했다. 이제 기왕과는 다른 인생을 살게 되리라는 막연한 예감에 은근히 마음이 달뜨기까지 했다.

지금 와서 돌이켜보면 나의 인생은 인수봉을 보기 이전과 본 이후로 나뉜다고 감히 말할 수 있을 것 같다. 그만큼 인수봉의 등장이 내가 성장하고 삶의 가닥을 잡아가는 데 영향을 끼쳤다고 생각하기 때문이다. 인수봉과 만난 뒤 등산을 하게 되었고 그 생활 속에서 젊은 시절을 보냈다. 대단한 등산가도 못 되었고 내세울 만한 기록을 남긴 것 역시 아니지만 나의 삶에서 산과 관련된 내용은 큰 부분을 차지한다. 그런 만큼 산을 다니지 않았다면 내 인생에서 추억할 내용은 상당히 줄어들 것이다. 도대체 그날 인수봉과의 조우로 무슨 일이 일어난 것일까?

과연 이런 설명이 적절한 것인지 자신이 서지는 않지만 나는 인수봉과의 첫 대면에서 어떤 근원적인 존재가 현현(顯現 epiphany)한 것 같은 느낌을 받았다. 물론 내가 산에서 영적 체험 같은 것을 했다고 고백하려는 것은 아니다. 굳이 표현하자면 일상적 인식이나 감정을 넘어서 있는 궁극의 세계를 흘낏 보았다고나 할까. 아버지를 따라 낚시를 다니면서 그림 같은 물가 정경에 더러 감탄하기도 했지만, 인수봉과 대면해 받은 충격은 그런 것들과 달랐다.

흔히 말하는 것처럼 거대한 암봉을 단련해 낸 장구한 대지의 시간이란 잠깐을 살다 가는 인간으로서 마땅히 경외감을 가져야 할 것일지 모른다. 그러나 인수봉의 특별함은 무엇보다 그것이 깎아지른 절벽으로 이루어졌다는 데 있었다. 수직의 벽은 어떤 타협도 불가한 무조건적이며 순수한, 절대의 영역이었다. 아무나에게 근접을 허락하지 않기에 그것은 만물을 압도하는 위치에서 스스로 고고했다. 그 엄엄한 높이는 김수영(金洙暎)이 <폭포>에서 말한 것과 같은 "고매한 정신"을 일깨우고 있었다.

절벽 앞에서 등골을 훑고 지나가는 전율을 느낀 사람에게 그것이 가벼운 구경거리가 될 리 없다. 내가 느낀 전율은 두려움을 뜻하는 것만은 아니었다. 수직 벽은 그 까마득한 절대의 영역으로 가까이 다가서게 할 만큼 유혹적이기도 했다.

산은 가장 자연적인 곳이고 말할 필요 없이 자연의 일부다. 산속으로 들어가려는 충동은 자연적인 본성일 수 있다. 그렇지만 인류의 역사에서 등산 그 자체를 목적으로 하는 모험이 시작된 지는 오래지 않다. 등산이 하나의 제도로 수립된 것은 근대에 들어서다. 흔히 자연은 인간사를 굽어보는 근원적인 원리 그 자체로 여겨지지만, 사람들이 그러한 말을 한다는 것은 역설적이게도 오늘날의 일상에서 자연이 우선적으로 참조할 항목은 아니라는 증거일 수 있다.

갖가지 인공적 장치들과 함께 대부분의 시간을 보내는 만큼 우리는 눈을 크게 뜰 만한 풍경을 접하거나 할 때야 비로소 자연의 신묘한 이치를 찬양하곤 한다. 자연이 생활의 공간에서 배제된 세상에서 그것은 그리움이나 발견의 대상으로 멀어졌다. 그리고 자연을 예찬할수록 도시는 근심에 가득 찬 곳이 되었다. 자본주의가 융성하던 시기에 꽃 핀 서구 낭만주의는 근본적인 질서로서의 자연에 대한 지각을 일깨우려 했는데, 역시 도시에서의 삶에 대해 비판적 입장에 섰기에 정신주의(spiritualism)나 원시주의(primitivism) 같은 방향으로도 나아갔던 것이 아닌가 생각된다.

그렇다면 자연을 지향하게 한 것이 도시라는 다소 거친 역설도 가능해진다. 요컨대 언제까지나 하늘의 무지개를 보며 가슴 벅차하는 '자연적 경건함(natural piety)'으로 채워진 삶을 살기를 기원한 워즈워스(W. Wordsworth)는, 런던 거리를 거닐며 '뭇사람들의 절규에서, 두려움에 떠는 아이들의 울음소리에서, 모든 목소리와 모든 금지로부터 굳어진 마음의 족쇄 소리를 듣는다'고 탄식한 블레이크(W. Blake)와 같이 읽을 필요가 있다는 뜻이다. 오죽하면 잠깐 허공에 나타났다가 환영처럼 사라지는 무지개에서 '천상의 빛(celestial light)'을 보려 했을까. 도시에 염증을 느끼지만 사실상 도시를 떠날 형편이 못 되는데 한편으로 전원생활을 꿈꾸는 근대적 삶의 딜레마는 오늘날에도 여전히 지속되고 있는 문제일 것이다.

중학교 때 첫 등산을 한 이래 오랫동안 산을 드나들며 깨닫게 된 것은 어떤 사람들에게 산이란 다시 도시로 돌아가기 위한 충전의 장소에 그치지 않는다는 사실이었다. 누구는 산이 거기에 있기 때문에 오른다고 했거니와, 나는 몇몇 사람들의 경우에서 산이 또 다른 삶을 향한 선택의 대상일 수 있음을 보았다.

산은 달성이 결코 쉽지 않은 갖가지 요구에 시달려야 하는 일상을 능히 버리게 할 만한 곳이었다. 사람들은 흔히 좋은 공기를 마시고 기를 받거나 운동을 하러 산에 온다고 말한다. 그러나 산이란 나름의 질서가 요구되는 별개의 공간이다. 산이 좋아 산에 있어 본 사람이라면 잘 알겠지만 세속의 관심사나 가치, 예를 들어 돈이나 사회적 지위 따위는 산의 영역에 들면 아무런 의미를 갖지 못한다.

산이 훌륭한 피난처가 되는 것은 무엇보다 이 때문일 텐데, 그러나 산 밖의 세상을 산보다 우선시해야 할 논리적 이유는 없다. 산에서 며칠을 지내다 보면 세속적 관심이 어느 순간 흩어지고 그와 관련된 걱정이나 조바심쳤던 문제들이 한없이 사소하게 느껴지는 순간이 있다. 어느덧 산은 삶을 사는 다른 자세와 마음가짐을 갖게 한다. 머릿속엔 저쪽 봉우리도 한 번 올라 볼까 하는 식의 순수한 관심만 발동할 뿐이어서, 산 밖으로 나갈 생각을 끊으면 마음은 자못 한가해진다.

이런 이야기를 길게 하는 이유는 아직 어린 나이였지만 내가 인수봉과의 첫 조우를 통해 산이 또 다른 세상임을 느꼈다고 말하고 싶어서이다. 무지개에 비하면 인수봉이야말로 자연의 순수한 위대함을 웅변

하는 실상(實相)이 아니겠는가. 백악기에 형성되었다는 이 대지의 돌출물은 억겁의 시공을 가르며 이루 헤아리기 힘든 먼 과거와 그만큼 아득한 미래를 이어내는 궁극의 존재였다. 서울 어디서든 버스만 타면 북한산 자락에 닿지만 사바(娑婆)와의 물리적 거리 정도가 산의 독립성을 판별하는 지표는 아닐 것이다. 사바의 마음을 버리게 하는 한 산은 별개의 영지(領地)였다.

중학교에 들어가서 내가 가졌던 의문은 실제의 대상과 그것을 재현한 이미지(사진이나 그림과 같은)들의 차이에 관한 것이었다. 예를 들어 잘 그려진 나무가 비례도 안정되고 이파리의 색도 선명하게 아름다워 완벽한 나무의 이상을 구현하고 있는데 반해, 실제의 나무는 구체적이지만 가지가 비틀어지고 말라 초라한 경우도 있었다. 꽃도 사진 속에서 상한 꽃잎 하나 없이 아름다웠다. 마찬가지로 잡지 속 화보의 여성들처럼 마냥 예쁜 얼굴을 길거리에서 만나 보기는 어려웠다. 나의 의문은 완미(完美)한 나무나 꽃, 나아가 사람 역시 정작 실제에서 존재하는가 하는 것이었다. 실제의 세계는 대체로 지저분하고 흠이 있거나 기대에 차지 않았다. 완벽한 아름다움이 오직 재현의 공간에서만 성취될 수 있는 것이라면 이는 맥 빠지는 일이었다. 결코 매혹적이지 못한 결함투성이인 대상과만 실제적 접촉이 가능할 터이기 때문이었다.

당시에 나는 우리나라의 이곳저곳과 명승지 화보를 담은 <20세기 한국대관>이라는 책을 가끔씩 펼쳐 보곤 했는데, 거기에 실린 사진들 가운데 몇은 너무 멋지고 인상적이어서 머릿속으로 한동안 그 모습을 떠올리게 했다. 예를 들어 '안면도(安眠島), 도끼 한 자루면 살 수 있는 곳'이라는 제목이 붙은 사진은 한 중년의 사내가 환한 햇빛 속에서 지게에 장작을 가득 올리고 모래밭이 길게 호를 그리고 있는 얕은 바다를 건너오는 장면을 담은 것이었다. 무릎 위까지 걷어 올린 사내의 고의 밑으로 파도가 부딪혀 오르고 있었다. 바다는 조용했고 사내는 웃고 있는 듯했다.

　나는 어깨를 누르는 지게의 무게와 정강이를 적시는 차지만 시원한 바닷물을 느꼈다. 한평생 초부(樵夫)의 가난하지만 여유로울 삶을 사는 나의 모습을 상상해 보기도 했던 것 같다. 하지만 그러한 교감의 순간은 내가 작은 사진 속으로 들어감으로써 이루어진 것이었다. 실제의 안면도로 여행을 떠날 마음은 없었다. 아마도 실제 세계와의 소통이란 여러 조건에 따라 영향을 받는다는 사실을 어렴풋하게나마 인지하고 있었기 때문이었을 것이다.

　<20세기 한국대관>은 또 북한의 지리와 풍속을 다룬 것이어서 식민지 시대에 찍었음직한 낡은 흑백 사진들을 싣고 있었다. 그 가운데 지금도 생각나는 것은 '독로강(禿魯江)의 절경'이다. 독로강은 평안북도 강계에서 시작하여 압록강으로 흘러드는 강이라지만, 물론 가본 적 없고 갈 수도 없는 곳이다. 그렇기에 오히려 빛바랜 과거를 담은 사진이 무슨 고완품(古玩品)처럼 느껴졌다. 그 속에는 절벽 밑으로 흐르는 강 위에 뗏목이 떠가고, 장대를 들고 뗏배를 모는 사람 몇이 예스럽고 아담한 정취를 더하고 있었다. 강안에 숲은 무성한데 물살이 부딪는 소리에 섞여 어디선가 유장한 곡조가 길게 이어지는 듯도 했다. 나는 이 조그만 사진을 앞에 놓고 사무치게 그리운 향수의 감정을 느꼈다.

　향수(nostalgia)는 애당초 존재하지 않았거나 사라져 버린 고향으로

돌아가려는(nostos) 강렬한 동경(algia)이다. 고향을 그리워한다는 것은 특정한 장소에 대한 갈구라고 말할 수 있겠으나, 이미 존재하지 않는 고향을 향한 향수는 사라진 신화적 시간에 대한 그리움이다. 내게 '독로강의 절경'은 결코 돌아갈 수 없는 시간, 그렇기에 환상적인 만큼 멜랑콜리한 감정을 일깨우는 도해(圖解)로서의 알레고리였던 것이다.

이런 이야기를 길게 한 것은 나의 인생에서 인수봉의 출현이 실제에 대한 불만을 떨어내는 반대 증거로 작용했음을 말하기 위해서다. 인수봉은 그 자체로 완벽했다. 신화로의 귀환이 불가능해진 세상에서 이 거대한 암봉의 존재는 신화를 육체화하여 현전(現前)한 것인 듯했다. 그러므로 산에 들어간다는 것은 동경의 대상을 향해 가는 실제적 행위가 되었다. 모호한 향수의 감정에 빠질 일은 없었다. 산이 곧 고향이 되었기 때문이다.

그러나 산과 교감하기 위해서는 구체적인 활동과 노력이 필요했다. 공연히 멜랑콜리한 상태로 처져 있다가는 당장 위험에 처하거나 불편해지게 마련이었다. 예를 들어 인수봉을 오르는 데서 가장 우선적으로 고려해야 할 사항은 떨어지면 죽거나 다친다는 사실이었다. 중력의 법칙을 거스를 수 없다는 단순하고 명료한 원칙이야말로 산의 매혹을 더하는 요소임이 분명했다. 즉 높고 가파른 산을 오르려면 생명을 건 온몸의 헌신이 필요하고, 바로 그렇기 때문에 등산은 그 자체로서 궁극적인 목표가 되는 것이었다. 매 순간 실제에 충실함으로써만 산을 오를 수 있다는 깨달음은 내가 나눈 완벽한 가상과 그에 못 미치는 실제라는 이분법을 불식시켰다.

북한산을 올라 인수봉과 조우한 이후 당연히 나는 어떻게 인수봉을 올라 보는가를 생각하게 되었다. 먼저 밧줄이 있어야 할 것 같아서 줄을 구입하는 것이 눈앞의 숙제였다. 학교를 파하고 가 본 청계천의 등산장비점에는 국방색 '자일'이 걸려 있었지만 내가 마련할 수 있는 금액의 물건은 아니었다. 몇 달 동안 저금을 하는 흉내를 내기도 하다가 그만한 돈을 만들 방법이 없어 여동생에게 애걸을 한 끝에 그간 모아 두었다는 700원을 갈취하다시피 얻어냈다. 그러나 그 돈으로도 살 수 있었던 것은 면사(綿絲)로 짠 30미터가량의 잡끈이었다. 비록 본격적인 자일은 아니었지만 줄이 생겨 암벽을 오를 수 있다는 기대로 마음은 한껏 부풀었다.
　봄이 되면서 집 뒷산은 주택단지를 개발하는 대대적인 공사판으로 변했다. 아름드리 소나무가 한 그루도 남김없이 베어져 민둥산이 되자 트랙터가 나타나 땅을 파헤쳐 온통 벌건 흙이 드러났다. 뒷산엔 큰 상석뿐 아니라 석등까지 세워 놓은 묘지도 여럿이었는데, 그 역시 예외일 수 없었다. 일꾼들이 함부로 봉분을 뭉개고 관을 꺼내 팽개쳐서 사람들은 아직도 성한 널판을 가져다 도랑을 덮었다. 한자가 가득 쓰인 비석 하나는 원주민 동네의 우물가로 옮겨져 빨래판이 되었다.
　한편 버스 정거장에서 동네로 들어오는 길 주변 곳곳에는 시멘트 블록을 찍는 소규모 작업장이 생겨났다. 지나다 보면 머리에 수건을 쓴 일꾼들이 블록 틀에 시멘트를 비빈 모래를 붓거나 작은 나무판 위에 도열한 블록에 조리개로 물을 뿌리고 있는 모습을 볼 수 있었다. 골목길은 삼륜차며 트럭이 다녀 진창이 되었는데 봄바람에 말라 날리는 진흙 먼지가 끊임없이 집안으로 내려앉았다. 이른바 건설의 열기 때문에 온 동네가 어수선하고 지저분했다.

　그렇지만 북한산에는 곳곳에 수를 놓듯 산벚꽃이 피어 뽀얀 솜덩이를 뭉쳐 놓은 듯한 모습이 멀리서도 마음을 설레게 했다. 주말이면 이곳저곳으로 등산이랍시고 다니기 시작한 때여서 산을 보고 있으면 정겹고 친근한 기분이 들었다. 어수선하고 지저분하기 짝이 없는 동네와 눈부시게 신록이 피어오르는 산은 선명하게 대조되었다. 사람들이 복작이는 오염된 공간이 헐어 짓무른 상처처럼 산자락을 좀먹어 들어가는 것 같아 안타까웠다.

　아버지는 시내에 사무실을 얻고 새로 사업을 시작했다. 그가 영어 공부를 하는 모습도 더 이상 볼 수 없었다. 책장마다 단어 뜻에 발음기호까지 적어 넣었던 회화 입문서는 곱게 서가 한쪽에 놓여 있었다. 나는 이제 이민을 가지 않아도 되리라는 생각에 안도했다. 아버지가 어느 나라로 이민을 갈 생각이었는지는 알지 못했지만, 그곳에 북한산 같은 산이 있으리라는 보장도 없고, 더군다나 인수봉 같은 바위 봉우리는 어디나 흔히 있는 것이 아닐 터였기 때문이었다.

## 11. 친구 이야기

그날 친구가 어디에 가서 잤는지 미안하고 궁금했지만 친구는 그런 일이 전혀 없었던 것처럼 나를 대했다. 벽돌 깨기 연습도 계속하면서 우리는 점차 서로 속내를 터놓는 사이가 되었다.

# 친구
# 이야기

　　2학년이 되어 만난 그 친구는 중학생이라고 보기에는 좀 겉늙은 인상이었다. 각진 턱에 뱅글뱅글 도는 도수 높은 근시 안경을 끼고 있었지만 나보다 키도 크고 어깨가 벌어져서 힘이 세어 보였다. 어른스러운 만큼 말수가 적고 무슨 생각에 빠져 있는 듯해 처음엔 서먹하게 대했지만 교실에서 앉은 자리가 가까워 아무래도 이런저런 이야기를 나누기 시작했던 것 같다.

　　어느 날 방한한 에티오피아 황제를 환영한다고 모든 학생이 학교 앞 큰길가로 깃발을 흔들러 동원되어 나간 적이 있었다. 다리가 아프게 기다렸는데 불시에 나타난 검은 차 행렬은 우리를 아랑곳하지 않고 몇 초 만에 횡하니 지나가 버렸다. 학교로 되돌아오는 중에 공연히 마음이 풀어져서 친구들과 어깨동무를 하고 장난을 치다가 모르는 동급생의 등을 떠밀게 되었다. 갑자기 돌아선 그 아이가 다짜고짜로 주먹을 휘두르는데 눈앞이 번쩍했다. 나 역시 응전을 해 보려 했으나 도저히 상대가 되지 않았다. 고스란히 주먹질을 당하고 교실에 돌아오니 창피하고 화가 나 어떻게 복수를 하나 하는 마음뿐이었다.

　복수를 위해선 권투나 태권도를 배우든 해야 할 것 같고 그러려면 먼저 주먹을 단련할 필요가 있다는 생각이 들어, 그날부터 책상이나 벽에 정권을 찧는 연습을 시작했다. 쉬는 시간에는 학교 공사판에서 흩어져 있는 시멘트 벽돌을 깨려고도 해 보았다. 그 친구와의 구체적 기억은 같이 주먹과 손날로 벽돌을 내리치는 장면에서 시작한다. 그 친구가 왜 복수를 위해 공력을 쌓으려는 나와 동행했는지는 알 수 없으나, 역시 벽돌을 깨는 데 열심이었고 능력도 있어 나에게 이런저런 요령을 가르쳐 주기도 했다.

　하복으로 바꿔 입었을 때니 초여름쯤 되었던 것 같다. 수업을 파할 때가 되었는데 친구가 다가와 며칠 동안 우리집에서 잘 수 있냐고 물었다. 자기 집에 사정이 생겼다는 것이었다. 나는 잠시 머뭇거렸지만 이내 그러자고 했다. 친구와 같이 공부하면서 학교를 오가는 생활을 상상해 보니 꽤 재미있을 것 같았다. 집으로 가는 버스 안에서 친구는 자기 집에 갈 수 없는 사정을 간단히 설명했다. 산에서 비석이 굴러 내려와 집을 부쉈다는 것이었다. 벽이 무너지고 세간도 다 깨져서 한동안은 식구들이 친척집 등에 흩어져 지내지 않을 수 없게 되었다고 했다.

　뒷날 가보니 친구네는 무덤이 듬성듬성 있는 야산 비탈에 블록으로 지은 한 칸짜리 집이었다. 우리 동네에서도 산을 허물고 무덤을 파헤치는 택지 개발이 한창이었으므로 나는 친구가 말한 사정을 금방 이해할 수 있었다. 공사판이 벌어지자 버려진 무덤의 석물(石物)을 내다 팔려는 사람들이 산에 올라 함부로 굴린 비석 하나가 친구 집을 반만이나 무너뜨렸을 터였다.

집에 도착해서 어머니께 친구를 데리고 온 이유를 설명하고 방에 가방을 들여놓은 뒤 교복을 벗어 놓고 수돗가에서 손을 씻는데, 어머니가 다가와 비눗기가 가신 친구의 팔오금 부분을 손가락으로 가리켰다. 오금에는 좁쌀 같은 두드러기가 발갛게 일어나 있었다. 어머니는 그것이 전염되는 것이냐고 묻고 있었고 친구는 아니라고 대답했다. 그런데도 어머니는 친구의 팔을 잡아 올려 자신의 눈앞에 갖다 댔다. 친구는 그것이 알레르기라고 항변했다. 하지만 어머니는 내동 믿기지 않는다는 표정으로 서서 친구의 항변에는 묵묵부답이었다.

친구는 조용히 돌아서서 교복을 다시 입고 가방을 챙겨 들고 대문으로 향했다. 이미 친구를 붙들 수 있는 상황은 아니었다. 각진 턱에 입을 꼭 다문 친구의 흰 얼굴은 울고 있었다. 나는 돌아서 가는 친구의 등이 길모퉁이 너머로 사라진 이후에도 골목을 서성이며 분노에 차 가출하는 방안을 생각해 보았지만 실행하지는 못했다.

그런 일이 있은 이후에도 친구와 사이가 벌어지진 않았다. 그날 친구가 어디에 가서 잤는지 미안하고 궁금했지만 친구는 그런 일이 전혀 없었던 것처럼 나를 대했다. 벽돌 깨기 연습도 계속하면서 우리는 점차 서로 속내를 터놓는 사이가 되었다. 친구는 나보다 세상에 대한 명확한 견해를 갖고 있는 듯했다. 한번은 지나가는 말처럼 택시나 자가용을 다 없애면 모든 사람이 훨씬 안락하게 버스를 타고 다닐 수 있을 것이라고 했는데, 이런 발언은 다른 아이들에게선 결코 듣지 못했던 것이었다. 나는 귀가 솔깃했고 그를 다시 보았던 것 같다. 숨 막히는 만원버스에 시달리지 않고 등교할 수도 있으리라 생각하니 갑자기 눈앞에 신세계가 펼쳐지는 듯했기 때문이다. 버스를 타고 다니는 사람이 훨씬 많으므로 그들이 마음을 같이 먹으면 현실을 바꿀 수 있으리라는 데까지 생각이 미치자 갑자기 놀라운 깨우침을 얻은 기분이었다.

아마도 이른바 사춘기였겠지만 그 무렵 나는 그냥저냥 학교에 다니는 것과는 다른, 뭔가를 할 수 있는 어디로든가를 향해 훌쩍 떠나고 싶은 충동에 번번이 휩싸이곤 했다. 뒷날 김학철(金學鐵) 선생의 자서전 <최후의 분대장>을 읽으며 보성학교 학생이던 김학철이 독립운동에 투신하기 위해 과감히 상해로 '탈출'하는 부분에서 문득 나의 소년 시절이 떠올라, 만약 내가 식민지 시대를 살았더라면 어떠했을까 하는 실없는 가정을 해 본 적이 있다. 그러나 실제로 당시의 내가 학교와 집을 오가는 생활에서 하루라도 탈선을 감행할 기백이 있었는지는 자신하기 어렵다. 오히려 정해진 궤도에서 잠시 다른 길로 빠지면 탈이 난다는 사실을 새삼 깨닫게 한 작은 사건도 있었다.

학년 전체가 수락산 계곡으로 소풍을 갔는데 아이들이 이리저리 뛰는 난장판에 더 있으면 무엇하나 하는 생각이 들어서 친구와 함께 무단이탈을 했고, 문득 '닥터 지바고'라는 영화를 개봉했다는 것이 기억나 극장으로 향했던 것이다. 어둠 속에서 김밥을 주워 먹으며 본 영화는 이해 못할 부분이 많았는데도 과연 인상적이었다. 혁명의 소용돌이 속에서 지바고가 혼자 얼어붙은 설원을 헤매는 장면은 삶이라는 것이 가혹한 희망을 찾아가는 외로운 길임을 느끼게 했다고 할까.

그런데 다음날 등교하니 교무실에서 불렀고, 우리 둘은 한국 역도

챔피언을 했다는 체육선생님에게 붙들려 교정 모퉁이에서 내 키만큼 긴 몽둥이로 엉덩이를 대여섯 차례씩 맞았다. 맞으면서 숫자를 세라는 것이 선생님의 주문이었지만 윽 하는 비명만 나왔다. 반면 친구는 허리에 빳빳하게 힘을 주고 숫자를 꼽아나갔다. 체육선생님으로부터 풀려나 벤치에 앉으려 하는데 벌써 엉덩이가 우둘투둘한 것이 손도 대기 어려워 둘은 각자 벤치 하나씩을 차지하고 엎드려 휴식을 취했다. '땡땡이'를 치고 영화를 보러 갔다고 이 야단인가 싶었지만, 선생님들이 없어진 우리 둘 때문에 다른 아이들을 보내고도 계곡을 뒤졌다는 데 대해서는 달리 할 말이 없었다.

　　매일이 그렇고 그런 일상은 지루하게 흘러갔다. 다만 주말에는 산에 갈 수 있어서 월요일이면 벌써 주말이 기다려졌다. 산에 가기 위해 청계천에 나가 군용 워커를 샀고 학교도 그것을 신고 다녔다. 만원버스는 이제 겁나지 않았다. 몸집이 점점 커져서 입학 때는 두 번이나 소매를 접어야 했던 교복이 단추를 채우기조차 힘들고 가슴을 압박할 지경이 되었다. 때문에 겨울이 한창일 때도 꼭 끼는 교복 안에 스웨터 같은 것을 입을 수 없어 밖에만 나가면 내내 벌벌 떨어야 했다.

　　또 항상 배가 고팠다. 도시락도 1교시가 끝나면 먹어치우기 일쑤였다. 물론 나만 그런 것이 아니어서 한 선생님은 때맞춰 밥을 먹어야 한다고 간곡히 타이르면서 수업시간에 도시락 검사를 하기도 했다. 나이 들면 위장병에 걸린다는 이유에서였다. 당시는 경인고속도로가 완공되고 경부고속도로가 한참 공사 중인 때였다. 그 선생님은 볼통한 뺨이 이지러지도록 입에 힘을 주어 고속도로 건설의 진척 상황을 알리며, 한국이 바야흐로 놀라운 발전을 하고 있는데 미래의 역군이 되어야 할 너희들이 위장병을 앓으면 되겠느냐고 말씀하셨다.

경부고속도로 공사가 빠르게 진척되고 있다는 소식은 텔레비전이나 '대한뉴스'의 단골 메뉴였다. 건설의 비상한 속도를 예찬해마지 않던 뉴스와 내가 느꼈던 허기증은 아무런 관련이 없는 것일 터인데, 이상하게도 무슨 인과관계가 있는 것처럼 함께 떠오르는 것은 우리가 걸릴 위장병을 걱정해 주신 선생님 덕분이 아닌가 싶다.

이윽고 중학교 3학년에 오르니 점차 다가오는 고등학교 진학에 신경이 쓰였다. 같은 고등학교로는 무시험 진학이 가능했지만 다른 고등학교에 입학하려면 따로 시험을 치러야 했다. 1차 중학 입시에 실패한 설욕을 하리라 부모님께 장담을 한 바 있었지만 그럴 만한 성적을 쌓지는 못했다. 더구나 이제 그러고 싶지 않았다. 당장 친구들과 헤어지는 것이 싫었고 다른 학교가 '명문 사학'임을 자랑하는 현재의 학교보다 딱히 더 나을 것이 있을까 싶었기 때문이었다.

중학교 3학년을 마쳐 가는 늦가을쯤이었던 것으로 기억한다. 친구가 근 한 달 가까이 결석을 했다. 어쩐 일인가 궁금했지만 집도 몰랐고 전화도 없었으니 달리 연락을 취하는 것이 불가능했다. 거의 한 달여 만에 나타난 친구는 흰 얼굴이 푸른빛이 나게 해쓱해서 그간 무슨 사정이 있었는지 물어보기조차 어려웠다. 본인 역시 입을 꽉 다물고 있어 무슨 곡절이 있었으리라는 짐작만 했을 뿐이었다. 한참 뒤에 듣게 된 사연은 다음과 같았다.

친구가 '김일성 장군님'께 보내는 편지를 썼다는 것이다. 물론 실제로 보낼 생각은 아니었고 그럴 방법이 있었던 것도 아니니, 말 그대로 그냥 한 번 써 본 편지일 뿐이었다고 했다. 너무 엉뚱한 이야기여서 잠시지만 웃음이 지어졌다. 그러나 김일성에게 장군의 호칭을 얹어 편지를 쓴다는 것은 엉뚱함을 넘어 위험한 일이었다. 북한 '빨갱이'라면 사람이 아닌 괴물이나 악마로 그려지던 때였으므로 그 두목에게 말을 건넨다는 자체가 이미 비정상적인 행위일 수 있었다. 친구는 명백히 금기의 선을 넘은 셈이었다.

'김일성 장군'을 편지의 수신인으로 한 이유를 친구에게 바로 듣지는 못했다. 지금 와서 생각건대 다른 체제에 대한 궁금증과 기대 때문이지 않았나 싶다. 서로를 배제하는 남북의 이분법이 강력하게 작용하고 있었던 만큼 여기 현실을 비판하는 입장에 설 때 북한 쪽으로 머리를 돌리게 마련이었으리라는 짐작이다. 마침 청계천 봉제공장의 재단사였던 전태일이 분신함으로써 노동자의 참혹한 현실이 알려지기 시작한 무렵이었다.

어느 날 아침 신문을 펼치니 이 사건을 보도하는 기사가 한 면 가득했다. 전태일이 살던 길음동에서 청계천까지 걸어 출근했고 차비를 아껴 풀빵을 사서 어린 여공들과 나눠 먹었다는 사연도 있었던 것으로 기억한다. 아마 이런 문제들이 친구를 고민에 빠지게 했을 것이다. 편지를 직접 보지는 못했기에 그 내용은 모르지만, 공산주의가 사회적 불평등을 해결했다고 하는데 사실이 그런가 하는 식의 물음을 제기했을 수 있다. 만약 그가 북한을 선망하고 있었다고 해도 이는 아무런 정보나 지식이 없는 상태에서 빠질 수 있는 일시적 감정 같은 것으로 보아야 옳을 것이다.

어쨌든 친구는 밤에 혼자 써 본 편지를 쓰레기통에 버렸는데 공교롭게도 반공의식이 투철한 청소부가 쓰레기 더미 속에서 구겨진 편지를 발견해 경찰에 신고함으로써 사달이 난 모양이었다. 어떻게 알았는지 밤에 형사들이 집으로 들이닥쳤고 친구는 붙잡혀 가 편지를 쓴 경위에 대해 취조를 받았다. 겨우 중학생이었지만 반공은 최우선의 국시(國是)가 아니던가.

조사를 해서 딱히 나온 게 없었음에도 불구하고 친구는 가위탁(假委託) 보호소로 넘겨졌다고 했다. 가위탁이란 재판을 받기 전 피의자들을 임시로 수감하는 일을 뜻한다. 이른바 '보호' 대상이 된 미성년의 경우는 그 죄질의 분류와 심사를 위한 시설에 수용되어야 했는데, 가위탁 보호소가 바로 그것이었다. 친구는 가위탁에서의 경험을 전하며 진저리를 쳤다. 물 한 잔을 얻어먹기 위해 무수히 뺨을 맞아야 했다는 증언은 일단 끌려가면 아무렇게나 처분될 수 있는 무서운 세상이 엄존함을 새삼스레 일깨웠다. 친구가 드문드문 돌이키는 이야기에서 가위탁 보호소는 쇠창살로 가리워진 지하세계와 다름없었다. 일상의 삶에서는 보이지 않는 이 예외적인 공간은 우리가 알고 있거나 기대하는 상식이 거부되는, 그렇기에 무슨 일이든지 자행될 수 있는 곳이었다.

친구에 의하면 소년 수감자들은 간수를 '선생님'이라고 불러야 했다고 한다. 그러나 선생님이라는 호칭이 무색하게 그들은 더없이 가학적이고 야비한 방식으로 소년들을 짓눌렀다는 것이다. 재미 삼아 수감자들로 하여금 마주보고 서로를 때리게 했을 뿐 아니라, 무리에서 아무나 집어내어 노래를 시키고는 모두가 보는 가운데 노래도 못 부르냐면서 발로 차고 밟기를 하루에도 몇 번씩이었다고 했다.

가위탁에서의 시간을 돌이키는 그의 눈은 두려움과 증오로 어둡게 빛나서 차마 보기 어려웠다. 무자비한 폭력의 경험은 장애를 남기고 경우에 따라선 마음을 불구로 만들 수 있는 것이다. 나로선 친구가 입은 영혼의 상처가 깊지 않기를 바라는 수밖에 없었다. 뒷날 학교에서 나는 여러 사람을 선생님이라고 불렀고 마침내 나 역시 남들로부터 선생님으로 불리기에 이르렀다. 하루에도 몇 차례씩 선생님 소리를 하고 들었는데, 어쩌다가 친구가 말한 그 선생님이 기억나 까닭 모를 경각심이 일면서 나도 모르게 소름이 돋았던 적도 있다.

친구는 형사들의 '선처'로 학교에 돌아올 수 있었다고 했다. 미상불 김일성에게 편지를 쓴 중학생을 재판에 넘겨 처벌하기는 쉽지 않았을 것이다. 오랜 시간은 아니었지만 지하세계를 경험하고 온 친구는 한동안 침울하달 만큼 더 말수가 줄고 약간 멍해 보이는 적도 있었다. 그러나 우리는 하루가 다르게 커가는 한창때였다. 어느 날인가는 하교 후 친구 집에 놀러 가서 온 식구가 먹을 저녁밥을 둘이서 모두 해치우기도 했다. 돼지기름을 넣은 김치찌개가 어찌나 맛있는지 밥이 자꾸 들어갔고 친구 어머니도 흔쾌히 권해서 각각 예닐곱 공기 이상을 먹었던 것 같다. 중학교 생활은 그렇게 마감되고 있었다.

아무런 감동 없이 고등학생이 되었는데 그래도 친구와 같은 반에 배정이 되어 우리는 잠시 서로의 팔을 잡고 기뻐했다. 학교생활은 특별할 게 없었지만 가끔씩 친구와 읽었던 책을 주고받으며 이런저런 토론을 하는 것이 일상의 유의미한 부분이었다. 주로 사르트르(J. P. Sartre)나 카뮈(A. Camus)를 읽었는데 <에로스트라트 Erostrate>의 독백이 멋져서 몇 구절을 외워 다녔던 것이 기억난다. 청계천 중고 책방을 헤매어 찾아

낸 카뮈의 <반항인 L'Homme Révolté>이나 <시지프 신화 Le Mythe de Sisyphe>는 진지해서 공감할 수 있었지만 삐딱한 맛은 없었다. 카프카를 읽은 것도 그 무렵이었다. 단편들은 무슨 말을 하는지 알 것 같았는데 <성 Das Schloss>은 앞부분을 여러 번 반복해 읽어도 요령부득이었다.

    하여튼 우리는 무의미와 불안이 삶의 조건이라는 데 전적으로 동의했고, 이를 해결해 주는 어떤 보장된 길도 없다는 것을 당연한 사실로 받아들였다. 그렇기에 우리는 손쉽게 비장한 감정에 휘말렸다. 모든 것에 대한 의혹이 불가피하고 확고한 근거를 찾으려 하는 것부터가 잘못된 생각이라면, 어떻게 살고 무엇을 해야 할지를 묻고자 할수록 혼돈상태는 깊어지게 마련이었다. 나의 경우 이러한 내면의 혼란은 청소년기의 예민한 감성을 자극해서 종종 정서적으로 갈팡질팡하는 방황상태에 이르게 했던 것 같다. 과도하게 부정적인 생각에 빠진 적도 있었고 이유 없이 무기력한 상태가 한동안 이어지기도 했다. 그러나 상대적으로 친구의 입장은 확고한 데가 있었다. 현실이 부조리하다면 그에 맞서 무언가 실제적인 노력을 해야 옳지 않느냐는 것이었다. 친구의 이야기를 듣고 있으면 한결 머릿속이 정리되는 기분이 들었다.

    친구와는 언제부터인지 가끔씩 산에 같이 다니기 시작했는데 무엇보다 산에 가게 되면 침울한 마음이다가도 즐겁고 기가 났다. 우리는 근교 산을 두루 찾았고 다른 친구들과 여럿이 청평이나 과천 쪽으로 나가 야영을 하는 산행을 하기도 했다. 우리가 왜 치악산을 선택했는지는 모르겠으나 동계 설산 산행을 해보자는 데 의기투합했고 곧 그 준비에 들어갔다.

동계 설산 산행! 말만으로도 가슴이 뛰고 갖가지 상상이 꼬리를 물며 떠올랐다. 장엄한 설산 정상을 향해 무릎 너머까지 푹푹 빠지는 눈을 헤치며 오르고 또 오른다. 무거운 눈 이불을 뒤집어쓴 사위는 고요한데 햇빛만 나뭇가지를 덮은 설화(雪花)에 반짝인다. 밤이 오면 겨울잠을 자는 곰처럼 설동(雪洞)을 파고들어가 몸을 눕힌다. 마침내 차갑게 얼어붙은 능선에 올라 산줄기를 타고 내리는 바람을 맞는다.

그러나 당장 며칠간의 산행을 위해 필요한 배낭은 물론 슬리핑백도 없었다. 신발은 통학용이자 등산화이기도 했던 군용 워커면 되었고 청계천에서 중고로 구입해 쓰던 군용 버너에 반합으로 취사도구는 해결되었지만, 장기 산행용 배낭은 사거나 만들어야 할 판이었다. 나는 지게 배낭을 만들기로 했다. 산에서 다른 이가 알루미늄 막대로 만든 지게를 지고 가는 걸 구경한 적이 있었기 때문이다.

청계천에 나가 지게의 양쪽 기둥이 될 사각 알루미늄 막대며 가로대 등을 구했다. 멜빵은 아버지 낚시 가방에 붙은 것을 떼어 쓰면 되었는데, 알루미늄 막대를 고정하는 죔쇠가 문제였다. 고민하던 차에 문득 교실의 나무 의자 다리가 긴 죔쇠로 연결되어 있는 것을 발견했다. 며칠을 망설이다 눈을 질끈 감고 모두가 하교한 교실에서 의자 죔쇠 몇 개를 빼냈다. 이윽고 완성된 지게는 실한 죔쇠 덕분에 무게가 상당했지만 모양은 제법 그럴듯했다. 짐은 라면박스나 '후꾸로'(주머니)에 넣어 올려 묶으면 되었다. 집에 있던 '카시미론' 이불을 가져가는 것으로 슬리핑백 문제도 해결되었다. 친구는 어디서 어지간한 배낭과 군용 A텐트를 빌려왔다. 드디어 준비가 된 것이다.

점심때쯤 청량리역에서 원주행 기차를 탔는데 원주역에 내리니 이미 어둑한 저녁이었다. 역전은 하숙을 외치는 호객꾼 아주머니들로 어수선했다. 우리는 둘이 자는데 백 원만 내라는 한 아주머니에게 이끌려 캄캄해진 골목길로 들어섰다. 굽이굽이 모퉁이를 돌고 돌아 열린 대문으로 들어서자 아주머니는 좁다란 툇마루에 연하여 잇따라 늘어선 베니어합판 문 하나를 잡아당겼다. 백열등을 켜니 창문이라곤 없이 둘이 마주 보고 앉기도 옹색한 방이 드러났다.

짐을 푸는데 옆방에서 하는 대화가 다 들려 공연히 우리가 숨을 죽여야 했다. 어쨌든 저녁은 먹어야 해서 반합에 쌀을 씻어 버너를 키고 밥을 안칠 즈음 벽 저편에선 대화가 끊기고 대신 낭자한 신음이 서슴없이 넘어 들어왔다. 도저히 앉아서 밥이 되기를 기다릴 수 없어 우리는 밖으로 나왔다. 술을 한 잔 먹으면 야릇한 소음을 이기고 잘 수 있을 것 같아 소주를 살까 하다가 알코올 도수가 좀 더 헐해 보이는 싸구려 포도주를 한 병 샀다. 뒤에 들으니 원주 역전은 이른바 사창가였다고 한다. 우리가 잔 곳도 사창가거나 그 인근이었을 것이다. 첫날은 그렇게 넘어갔다.

사창가든 아니든 아침은 꽤 상쾌했던 기억이 난다. 수돗가에서 세수를 하고 아침밥도 마당에서 끓여 먹었다. 하숙을 나와 물어물어 구룡사 방면으로 가는 버스를 탔지만 겨우 시계를 벗어난 정도에서 내렸다. 당시만 해도 구룡사까지 가는 버스가 없어서 이삼십 리가량 걸어 들어가야 한다고 했다. 포장되지 않은 흙길을 걷는데 우리는 드디어 오지로 나섰다는 기분에 한껏 신이 났다. 이쪽으로든 저쪽으로든 오가는 사람 하나 없어 노래도 부르며 고함도 쳐 보았다. 치악 계곡에서 흘러나오는 개울을 건너고 또 건너면서 산 쪽으로 깊숙이 들어갈수록 멀리 그림처럼 늘어선 눈 덮인 봉우리들은 조금씩 가까워졌다.

　이용악(李庸岳)은 내가 좋아하는 시인이다. <낡은 집>이며 <전라도 가시내> 등의 훌륭한 시들은 더 말할 것 없지만, <북쪽>은 짧기도 해서 가끔 혼자 입안으로 읊어 보는 말하자면 애송시다. "북쪽은 고향/ 그 북쪽은 여인이 팔려 간 나라/ 머언 산맥에 바람이 얼어붙을 때/ 다시 풀릴 때/ 시름 많은 북쪽 하늘에/ 마음은 눈감을 줄 모르다."가 전문이다.

　이용악 시를 빌어 말하면 나는 그 때 '바람이 얼어붙은 먼 산맥'을 보았던 듯하다. 일찍이 최재서가 이용악의 시를 고평하며 거론한 '북방적 정서'란 눈바람이 얼어붙고 다시 녹는 엄혹한 시간을 말없이 견디는 인고의 자세에서 분비된 것이리라. 엉터리 자가 지게배낭을 지고 산을 오르던 그때의 나는 팔려 간 여인을 향한 연민 같은 것은 모르던 치기 넘치는 소년이었지만, 희게 빛나는 각진 산 능선의 차가운 느낌을 기억에 새겼다. 나에게 '바람이 얼어붙은 먼 산맥'은 형이상학적인 수준으로 고통이 응결된, 그렇기에 오히려 그리움을 불러일으키는 공제선(空際線)이었다. 이 구절을 되뇔 적마다 구룡사 가는 길에 보았던 눈 덮인 봉우리들의 모습이 겹쳐 떠오르는 것은 그때 받은 인상 때문일 것이다.

　그날 저녁 우리는 인적이라곤 없어 괴괴한 구룡사 앞 계곡 가에 텐트를 치고 잤다. 물은 꽁꽁 언 소(沼)의 얼음을 깨고 떠먹었다. 다음 날 아침에 눈을 뜨니 텐트에 사각사각 눈이 내려 쌓이고 있었다. 저녁에 자려 할 때만 해도 눈은 후미진 구석에나 조금 몰려 있었는데 텐트를 열고 나오니 벌써 눈이 발목을 넘을 정도였다. 서둘러서 짐을 꾸려 산을 오르는데 펑펑 쏟아지는 함박눈으로 이미 나무며 길이며 모든 것이 하얀 눈 세상이었다. 아이젠은 한 벌 뿐이어서 각자 하나씩 찼지만 미끄러워진 길 때문에 우리는 연신 엎어지거나 나뒹굴었다. 게다가 '후꾸로'가 젖고 그 안의 '카시미론' 이불이 물을 먹어 짐 또한 점점 무거워지는 느낌이었다.

눈을 뭉쳐 씹어 가며 오르고 또 올랐지만, 멜빵은 어깨를 파고들어 오는데 허기가 져서 자꾸만 친구를 기다리게 했다. 게다가 온몸이 흠뻑 물에 빠진 것 같으면서 점점 몽롱하게 졸려 친구가 말리지 않으면 잠이 들 뻔한 적도 있었다. '사다리병창'을 넘은 지점에서 우리는 계속 능선을 향해 오를 것인지 아니면 온 길을 되돌아 내려갈 것인지 생각해 보았다. 나는 체력이 바닥에 이르렀음을 인정했고 친구는 망설임 없이 돌아섰다.

자빠지고 미끄러지면서 내려가는 길은 길고 길었다. 그러나 내려가자니 힘이 되살아나는 것 같아서 앞장서 걷자 친구는 그럴 거면 올라갈 걸 그랬다고 놀려대는 투로 지청구를 했다. 아침에 떠난 구룡사가 멀지 않았는데 올라갈 때는 보지 못했던 웬 화전민 집이 나타났고, 마루에 앉았던 아주머니가 어디 아이들인데 이렇게 젖어 내려오냐면서 빨리 집으로 들어오라고 손짓을 하는 것이 아닌가. 우리는 긴가민가했지만 염치 불고하고 아주머니를 따라 집 안에 들어섰다.

젖은 옷을 벗고 방에 앉으니 잠시 후 아주머니가 밥상을 넣어 주었다. 놋쇠 밥그릇에 고봉으로 담긴 흰 쌀밥이었다. 아침 이후로 먹은 것이 없었던 터라 우리는 사양하지 않고 아귀아귀 밥을 먹어치웠다. 밥상을 내 가기 무섭게 식곤증이 몰려왔다. 아주머니는 풀을 빳빳하게 먹인 두툼한 광목 이불을 펴 주고 자기는 이웃에 라면 추렴을 하러 간다면서 편하게 자라는 것이었다. 그러고 보니 그 집엔 아주머니 외에 다른 사람이 없는 듯했다. 우리는 이대로 잠이 들었다가 어떻게 되는 것 아닌가 하며 서로 얼굴을 쳐다보았지만 곧바로 곯아떨어졌다.

다음 날 아침은 늦게까지 잤던 것 같다. 역시 아침밥을 얻어먹었고 구덩이도 없이 돌 두 개만 놓인 화장실에서 일을 보았다. 바닥에 떨어진 대변을 막대로 재 무더기에 굴려 넣어야 하는 화장실이었다. 우리는 이제 필요 없게 된 통조림 두어 통으로 감사의 뜻을 표했고 아주머니는 심상하게 우리를 배웅했다.

가끔씩 생각해 보면 화전민 아주머니가 우리를 불러 재워 준 것이 꿈을 꾼 것처럼 여겨지기도 한다. 그러나 솜을 두둑하게 넣은 광목 이불의 새물 냄새가 코끝에 생생하고, 재 무더기에 농기구들까지 걸려 있어 창고라고 해야 맞을 화장실의 모습이 세세하게 떠오르는 것을 보면 그것은 꿈이 아니었다. 서울로 돌아오며 꼭 이곳을 다시 오르자고 친구와 다짐을 했다. 이후 여러 번 치악산과 구룡사를 찾았지만 친구와 같이 하지는 못했다. 친구는 이미 대학 때 등산을 할 수 없게 되었다. 나와 같이 산에 갔다가 암벽에서 미끄러져 발목이 부러졌고, 조각난 뼈를 맞추는 수술을 해야 한다고 했지만 비용 때문에 그저 석고 붕대로 처치를 해, 나은 후에도 발을 절게 되었던 것이다. 친구를 다치게 한 것은 지금까지도 미안하고 후회가 되는 일이다.

친구는 대학 때부터 '운동'을 한다고 분주했다. 대학 졸업 후에는 취직은 생각도 않고 빈민탁아운동에 열심이었고 또 농장을 구해 공동 경작을 하는 농민운동을 벌인다고 했다. 우리는 몇 년에 한 번씩 만났다. 50 중반을 넘겼을 때쯤엔 목사로서 해외 선교활동을 한다고 들었다. 무슨 후원금이 필요한 것 같았지만 친구도 내게 말을 하지 않고, 왜 그러했는지 모르겠으나 나 역시 그럴 생각이 들지 않았다. 그러곤 점차 만남이 뜸해졌다. 친구의 목소리를 들은 지도 벌써 여러 해가 지났다. 잘 지내고는 있는지.

## 12. '세레피아' 선생님

아무리 발버둥을 쳐도 사태를 바꿀 수 없다고 낙담하는 고비에서 나름대로 힘들게 산 사람의 얼굴을 떠올릴 수 있다는 것은 고마운 일이다. 문제를 해결하고 극복하는 길을 가리켜 주어서가 아니라 고통을 견디는 모습을 보여주기 때문이다.

# '세레피아' 선생님

　간혹 예전의 선생님들을 생각하면 웬일인지 송구한 마음이 앞선다. 가르침이란 그만큼 실천하기 힘든 것인 때문일까? 나 역시 40년 가까이 교사로 살았지만, 가르치고 배운다는 관계가 부담스럽게 느껴질 때도 여러 번이었다. 배움이란 교사와 학생이 서로 협력하여 이루어가는 것이다. 그러지 못하면 가르치고 배우는 일은 고역이 된다.
　교육현장의 문제는 다양하겠으나 교사가 학생의 입장을 이해해야 학생 또한 교사를 믿고 따르는 법이다. 특히 학교라는 제도는 아무래도 드러나는 성과에 치중하게 마련이어서, 가르치고 배우는 관계를 일방적인 것으로 만들고 말기 십상이다. 학교나 교사가 학생을 억누르려 할 때 교육은 강압적인 훈육의 일환이 된다. 내 또래의 한국인들이 경험한 학교는 한편으로 수용소나 훈련원의 면모를 갖는 것이기도 했다. 학교에 대한 회색빛 기억 속에서 선생님들의 모습 역시 밝기만 할 수는 없다. 아마도 선생님들을 향한 송구한 마음은 그 때문이 아닐지-.

이른바 사제관계가 퍽 밀접할 수 있음을 경험한 것은 대학교에 입학해서다. 매우 권위적인 교수님도 계셨지만, 대학교에서는 학생이 무엇을 배울지 선택할 수 있는 등 상대적으로 자유와 권한을 갖기 때문인지 선생님들을 살피고 평가했던 것 같다. 그러다 보니 어떤 분에게는 가까이 다가가게 되어서 강의실에서 들을 수 없는 가르침을 얻기도 했다.

학교를 다닐 당시엔 그렇지 않았지만, 나이든 지금에 와서는 중, 고등학교 때라는 질풍노도의 시절에 잔뜩 억압적인 분위기 속에서 배운 은사 분들을 떠올리면 외람된 표현이나 무슨 전우애 같은 친근감이 앞서곤 한다. 젊었을 때는 예전처럼 선생님들이 교무실에 앉아 계시려니 해서 한번 불쑥 찾아뵐까 하는 생념을 했던 적이 있다. 이제 자리를 지키고 계신 분은 없겠으나 만약 지금 그 은사들을 뵙게 된다면 뭘 하면서 어떻게 살았는지 좀 더 솔직하게 말씀을 드릴 수 있을 것 같다.

대개 동창생들과의 모임에서는 자신이 좋아했거나 특별한 사연이 있는 선생님들의 소식을 묻고 공유할 만한 사건을 돌이키는 것으로 추억을 나누게 마련이다. 삶의 쓰고 단 맛을 웬만큼 보고 나서는 한때 원망스럽게 여겼던 선생님들의 처사에 대해서도 그렇게 하게 된 속내를 이해하게 되었다. 가르침을 주고받는 관계란 결코 사무적일 수 없는 것이어서, 선생님들이 부지불식간에 풍겼던 인간적 체취랄까 격조는 오랜 시간이 지났음에도 불구하고 오히려 더 구체적으로 느껴지는 경우가 있다. 나만 그런 것은 아니겠지만 무엇을 배웠는지는 기억이 나지 않더라도 선생님들의 유니크한 풍모만은 생생하게 되살아나기도 한다.

생각이 고등학교 시절로 돌아갈 때 가장 먼저 꼽게 되는 분은 세레피아 선생님이다. 아는 사람은 알 터인데 세레피아는 당시에 텔레비전과 라디오에서 선전하던 신경안정제, 즉 수면제의 이름이다. 1970년대 초에 벌써 수면제의 대중적 수요가 컸던 모양인지 불안과 걱정을 떨치고 평온한 잠에 빠지게 하는 주문이라도 되는 양 잔잔한 음악을 배경으로 세레피아라는 약명을 속삭이는 광고는 어디서든 꽤 잦게 들을 수 있었다. 선생님의 별명이 세레피아가 된 것은 물론 수업이 그만큼 졸렸기 때문이다. 말씀을 차근차근 하시는 편이었는데다가 우리말 문법 전공자여서 학생들이 따분해 하는 내용을 가르치셨다는 것도 그런 별명이 붙은 까닭일 것이다.

게다가 선생님은 꾸벅대는 학생을 분필 토막으로 저격하거나 하지 않고 그저 못 본 척하셨다. 선생님의 '관용적' 태도가 교실을 나른한 분위기로 채워서, 어떤 때는 상당수가 책상에 엎드려 코를 고는 장면이 연출되기도 했다. 그런데 수업이 시작되자마자 약에 취한 듯 잠에 빠진다는 학생들의 호소가 그저 과장된 것이 아니라면, 선생님이 흩뿌리는 세레피아의 약효는 좀 더 본질적인 데서 비롯되었던 것일 수도 있다.

내 생각엔 선생님이 종종 말씀을 혼잣말하듯 하셨다는 점이 문제이지 않았나 싶다. 강의에서도 본격적인 내용으로 들어갈라치면 선생님의 목소리는 오히려 더 내밀해지곤 했다. 선생님은 스스로 확인을 하고 다짐을 하듯 문장 하나하나를 마무리 지었다. 이따금 한껏 진지해진 선생님의 안중에 오히려 학생들은 없는 듯해 보였다. 딱히 그런 화법을 따라갈 의욕이 없는 학생들로선 졸릴 것이 당연했다. 그러나 학생들 사이에 자자했던 세레피아 선생님의 '명성'은 수업보다는 다른 데 연유한 것이었다.

    선생님에 대한 뒷담화는 대개 황당하고 별난 행적을 전하는 이야기로 채워지게 마련이다. 세레피아 선생님의 경우도 그러했다. 고등학생이 되고 들은 내용은 세레피아 선생님이 간혹 학생을 '드리볼' 한다는 것이었다. 드리볼, 즉 드리블(dribble)이란 학생의 뺨을 치고 밀면서 앞으로 나아가는 매우 '육체적인' 행위를 가리켰다. 선생님이 드리블에 나설 경우 교탁에서 시작하여 교실 뒤편까지 가는 것은 보통이고, 심할 경우엔 교실을 한 바퀴 돌기도 한다고 했다. 그런데 마구 드리블을 당하는 학생이 도저히 못 견딜 지경에 이르러 '로프, 로프!'를 외치면 선생님은 드리블을 멈춘다는 황당한 전언도 있었다.

    '로프'란 당시에 유행하던 프로 레슬링 시합에서 공격을 당하는 선수가 링을 에운 로프를 잡거나 그곳에 다리를 걸치면 상대가 공격을 중단해야 하는 규칙에서 나온 말이었다. 즉 '로프, 로프!'는 프로 레슬링에서처럼 얻어맞는 학생이 중지를 요구할 수 있는 일종의 자위 수단이었던 셈이다. 그런데 시작부터 로프를 외치면 안 된다고 했다. '죄질'에 따라 어느 정도 드리블의 시간이 지나 로프를 외칠 만할 때 외쳐야지, 섣불리 로프를 요구하면 선생님은 '아니야 로프 아니야' 하면서 더 강하게 드리블을 한다는 것이었다.

    세레피아라는 별명이 상기하는 느슨함에 비해 드리블 이야기는 너무 엽기적이었으므로 설마하니 그러랴 하는 생각도 들었다. 복도에서 처음 마주친 선생님은 키가 컸지만 근육이라곤 없이 마른 데다가 수심이 가득한 얼굴이어서 맹렬하게 드리블을 할 수 있을 것 같지 않았다. 하늘을 향해 아무렇게나 뻗쳐 올라간 머리카락들이며 넓고 흰 이마 역시 고뇌의 그림자가 잔뜩 어린 듯했거니와, 덩달아 길게 늘어진 턱 때문에 전체적으로 모딜리아니가 그린 인물처럼 몽롱한 인상이었다고 할까.

어쨌든 선생님에게서는 순식간에 학생의 복장이나 두발에서 잘못을 찾아내는 감독자의 면모가 없었다. 오히려 딴생각에 빠져 있거나 무언가로 이미 허탈해 보이기도 해서 막연히 페이소스의 감정이 느껴질 정도였다. 선생님의 명성을 확인하게 된 것은 2학년이 되어서다. 새로 반 배정을 받아 교실에 들어가자 세레피아 선생님이 교단에 서 계셨다. 우리 반 담임 선생님이었다.

선생님은 두 팔로 교탁 모서리를 짚고 서서 긴장한 우리들을 내려다보며 말씀을 시작하셨다. 대체로 학교생활에서 지켜야 할 바와 그에 대한 담임교사로서의 생각을 밝히는 내용이었던 것 같다. 그런데 말씀이 계속되었다. 벌써 이곳저곳에서 아이들이 주리를 참아내듯 몸을 비비 꼬고 있었지만, 선생님은 아랑곳 않고 훈화를 이어 갔다. 학과 수업이 더 이상 없었던 터라 우리는 한 시간을 훨씬 넘겨 겨우 풀려났다. 밖으로 나오니 다른 반 아이들은 다 사라져 복도가 휑하니 비어 있었다.

알고 보니 선생님의 종례는 길기로 유명했다. 조례야 곧 1교시 수업이 있기 때문에 길게 하실 수 없었으나, 그날 수업을 다 마친 뒤에 시작하는 종례는 한 시간을 넘기기가 예사였다. 종례의 내용은 다양했다. 역시 학생의 본분을 이르고 인간의 도리를 일깨우는 말씀을 하다가도, 예전의 자신이 한 경험담이나 퍽 사적인 술회로 넘어갈 때도 있었다.

어느 날은 갑자기 두 팔을 만세 부르듯 올린 채 반동을 주며, "우리 아들이 그러는데 이게 쏠이래"라고 외쳐서 학생들을 깜짝 놀라게 했다. 나 역시 무슨 영문인지 몰랐지만 곧 그 '쏠'이 음악 장르인 '소울'임을 알게 되었다. 선생님이 의식적으로 소울을 들어보았을 리는 만무했다. 평소의 말씀처럼 부박한 유행에 휩쓸려 벌이는 행동거지를 혐오한 선생님에게 소울은 여지없이 그러한 대상으로 치부되었을 것이다. 결국 선생님은 아들이 당신의 기대를 벗어난 지 오래임을 드러낸 셈이었다.

선생님의 아들은 방송국의 탤런트가 아니면 탤런트 지망생이었다는데 그런 아들을 영 못마땅해하신다고 들었다. 소울을 우스꽝스럽게 시전한 선생님의 몸짓은 낯선 외래문화에 대한 비아냥일 뿐 아니라 자신의 바람과 어긋난 아들을 어찌하지 못하는 자조적인 무력감의 표시이지 않았나 생각된다.

때때로 선생님은 무언가로 힘겨워 보였다. 심지어 강의 중에도 허공에 시선을 둔 채 무언가를 골똘히 생각하는 듯 한동안 멈춰 서 계신 적이 있었다. 그럴 때는 말씀하시는 내용을 스스로 되새기는 것이라고 생각할 수밖에 없었다. 그렇다고 선생님이 수업에 소홀하셨던 것은 아니다. 선생님은 다른 어떤 선생님보다도 진지하고 수업에 충실하셨다.

교사들 가운데는 학생들과 거리를 두고 무심히 수업만 하시는 분이 있는가 하면, 농조로 심한 말까지 하면서 살뜰하게 곁을 주는 분도 계셨다. 세레피아 선생님은 그 어느 쪽도 아니었다. 선생님은 여느 사무적인 선생님들과 달랐지만, 누구도 선생님에게 다가가기는 쉽지 않았다.

선생님은 원칙주의자였다. 특히 문법을 가르치실 때 그런 면을 더 드러내셨다. 문장의 구조를 그림으로 풀어내는 구문 도해(圖解)를 칠판에 적어 보이고는, 선 하나도 허투루 그려서는 안 된다고 여러 번 타이르듯 경계하셨다. 본인의 선생님이 그렇게 가르치셨다고 했다. 선생님은 국어학자로 이름 높아 고등학생인 우리도 성함을 익히 들었던 자신의 은사 이야기에 이르면, 대단한 학자의 제자라는 자부심을 숨기지 않았다. 마치 행복했던 배움의 시절을 떠올리기라도 하는 듯 얼굴엔 은근한 미소가 번져 한결 밝은 표정이 되었다.

    선생님이 생각하는 문법은 모든 사유의 바탕이 되는 논리이자 질서를 가닥 잡는 것이어서, 에누리가 있을 수 없는 고상한 규범이었다. 이 규범을 다루고 획정하는 문법학자는 곧 국어와 그 정신의 제정자일 터였다. 선생님이 당신의 은사를 마음속 깊이 우러르는 데는 그런 생각도 크게 작용한 듯했다.

    마침 당시는 고명한 은사님이 타계한 지 얼마 되지 않은 때였다. 선생님은 한 유명 여가수가 은사의 장례식에 와서 노래를 부른 사실을 알리며 무안해하는 웃음을 보였다. 생전의 은사가 그 여가수를 너무 좋아했기 때문에 특별히 그가 초청되었다는 사정도 변명 같이 덧붙였다. 연예인이 노래를 부르는 장례식은 아무래도 드물 것이다. 이야기를 듣던 당시에는 가수를 초청한 파격에 대해 선생님이 언짢은 감정을 드러냈다고 생각했지만, 그런 것은 아니지 않았던가 싶다. 좋아하는 가수의 육성이 울려 퍼지는 가운데 삶을 끝내는 세리머니를 갖는다면 얼마나 멋진 일이겠는가. 말씀은 그렇게 하셨어도 선생님은 은사를 부러워했던 것이라고 외람한 추리를 해 본다.

    선생님은 자신이 가치를 두는 영역과 그렇지 않은 부분을 적대적으로 가르는 입장을 자주 보였다. 때로 그 입장이 과격해서 머리를 갸우뚱할 때도 있었다. 이를테면 어느 학부모가 양식(洋式)을 대접한다고 해서 갔더니, 음식을 찔끔찔끔 주기에 그럴 게 뭐 있냐 한참에 다 달라고 해서 휘휘 저어 드셨다고 말씀하셔서, 다른 학생들을 따라 웃긴 했어도 마음속으로는 수긍이 어려웠다. 그저 양식 먹는 예절을 무시해서였는지 아니면 그 학부모에게 어떤 메시지를 전하려 한 탓인지 자세한 사정은 알 수 없었지만, 어쨌든 선생님의 말씀이 실망스러웠던 기억이 있다.

그러나 세레피아 선생님이 별난 행동을 일삼는 기인의 풍모를 가졌던 것은 아니다. 오히려 선생님에게서는 나름의 신조를 지키며 살기 힘든 현실에 지쳐 실망한 사람의 피곤함이 묻어났다. 그런 선생님이 드리블을 한다는 게 정말인가 의아하기도 했다. 그러던 어느 날 우리 반 학생 모두는 드디어 선생님의 드리블을 생생하게 목격할 수 있었다.

그 학생이 무슨 잘못을 했는지는 기억에 없다. 특별히 반에서 호가 난 문제아도 아닌, 저 친구도 있었나 싶었던 한 학우가 교단 앞에 서 있었다. 세레피아 선생님이 교단 위에서 그 아이의 얼굴을 향해 천천히 뭔가를 캐묻고 있었고 학생은 대답을 하는 둥 마는 둥 해 보였다. 심상한 장면이어서 누구도 특별히 주의를 기울일 만하지 않았다. 그런데 갑자기 "인간이 아니야!"라는 새된 절규와 함께 선생님이 날라 학생을 덮쳤던 것이다. 놀란 급우들 전체의 시선이 집중된 속에서 곧장 드리블이 시작되었다. 선생님의 팔은 마치 물에 빠진 사람의 그것처럼 허우적대면서 학생의 얼굴과 어깨로 떨어졌다. 주먹질이라고 하기엔 전혀 타격이 있어 보이지 않았고, 게다가 슬로비디오이기나 한 듯 전체적인 동작이 느리기도 해서, 이 갑작스러운 활극은 다소 우스꽝스럽기도 했다. 그러나 헐렁한 양복이 연하여 펄럭일 만큼 선생님은 흐느적거리는 팔과 다리로 학생을 몰아갔다.

잠시 멈춘 상태로 가쁜 숨을 몰아쉬는 선생님의 얼굴은 희게 질려 뼈가 다 드러난 양 굳어 보였다. 인간이 아니라고 외치는 입가엔 침 거품이 일었는데, 동작 사이사이 이를 악물기도 하고 입안으로 알아듣지 못할 무슨 말인가를 중얼거리기도 했다. 불의의 공격에 놀랐을 그 동급생은 그래도 적절히 드리블을 감당하며 뒤로 한 발짝씩 물러서다가 바닥에 놓인 다른 학생의 가방에 발이 걸렸고, 마침 선생님의 두 팔이 학생의 가슴팍을 밀자 '로프'를 외칠 새도 없이 뒤로 나뒹굴었다. 전진하던 관성 때문에 선생님은 넘어진 학생을 밟을 뻔했지만, 한동안 넋이 나간 듯 그 자리에 우두커니 서 계시다가 시나브로 돌아섬으로써 짧은 촌극은 끝났다. 교단으로 돌아가며 산발이 된 머리칼을 쓸어 올리는 선생님의 굳은 뺨은 푸들푸들 떨렸다. 얻어맞은 아이는 벌겋게 된 얼굴로 옷을 털고 있었고 누구 하나 입도 뻥긋 않는 가운데 선생님은 교실을 떠났다.

폭력이 행사되고 나면 당한 사람은 물론, 모진 악당이 아닌 한 가해자 또한 참괴(慙愧)한 마음이 일게 마련이다. 아무리 그럴 만한 정황이었다 하더라도 남에게 위해를 가하는 순간 가해자의 인격은 무너지고 파탄을 연출한 장본인이 되기 때문이다. 피해자가 즉각적인 반격에 나서기 힘든 이른바 훈육의 관계에서 가해자는 일방적으로 폭행을 합리화하려 들기도 한다. 그러나 폭행으로 이미 정당성을 잃은 가해자의 말이 유효할 리 없다. 그렇기에 가해자와 피해자 모두 마치 바닥에 팽개쳐져 산산이 깨진 유리조각들을 응시할 때처럼 어찌할 바를 모르는 상태가 지속되기도 한다.

드리블을 마친 선생님의 표정은 허탈한 듯 멍해 보였던 것 같다.

참사를 목격한 학생들 역시 놀란 양 떼처럼 침묵했다. 앞서도 말했지만 그 학생이 무슨 잘못을 했는지, 또 선생님이 쏟아낸 단말마적인 분노가 어떤 연유에서 비롯된 것인지 알지 못한다. 다만 오랜 시간이 지난 지금 와서 돌이켜 볼 때 선생님의 드리블을 단지 가학적인 것으로만 여기면 안 되지 않나 하는 생각도 든다. 물론 맞는 입장에 처하면 어떨지 모르겠으나, 팔과 다리를 어지러이 내두르던 선생님의 모습은 왠지 안쓰러운 절망적 몸부림같이 느껴지기도 했다. 도대체 선생님을 그렇게 분노하게 만들고 또 허둥대도록 한 배경에는 무엇이 있었던 것일까.

세레피아 선생님이 듣던 대로 거친 드리블러일 수 있음을 확인한 학생들에게 선생님은 새삼 경원시해야 할 대상이 되었다. 이미 종례는 거의 고문에 가까웠던 데다가 수업에서도 선생님은 학생들의 마음을 돌릴 만큼 인기 있는 교사가 아니었다. 다른 선생님들과의 관계도 그다지 돈독하지 않았는지 출석부를 끼고 혼자 복도를 걸어가는 선생님은 외로워 보였다. 중년을 한참 넘긴 연세였음에도 불구하고 선생님에겐 모든 것이 여전히 낯선 듯했다. 이제 생각해 보면 내가 선생님에 대해 가졌던 막연한 관심은 세상과 불화한 아웃사이더를 향한 본능적인 연민의 표현이 아니었던가 싶다.

사실 고등학생이 된 이후 내 머릿속은 점점 어지러워지고 뒤죽박죽이 되는 느낌이었다. 부조리라는 말을 알게 된 데다 종종 그전에는 느끼지 못했던 요령부득의 격렬한 분노에 휩싸이거나 별 이유 없이 절망감에 짓눌리기도 해서, 며칠을 침울하게 지낸 적도 있었다. 마치 좌표를 잃고 표류를 하듯 혼돈에 빠져 허우적거리는 상태는 꽤 오랫동안 지속되었던 것 같다. 그 이유가 현실 문제 때문만은 아니었을 텐데, 제대로 되는 것이 드물어 보이는 현실을 외면하고 비웃는다고 데카당한 흉내를 내기 일쑤였다.

간혹 담배를 피우기 시작한 것은 그 무렵부터였다. 산에 다니고 매일 운동을 하면서도 마음이 쓸쓸하고 피폐해지는 때가 잦았던 것이다. 당연히 기성세대는 혐오의 대상이었다. 어른들이란 뻔뻔하고 역겹다고 단정하고 있어서 내가 할 일은 반항밖에 없다고 믿었다. 그런 내가 드리블의 장면을 목격하고도 세레피아 선생님에 대해 부정적이지 않았던 것은 역시 아웃사이더에 대한 일종의 동류의식 같은 것을 가졌기 때문일 것이다.

2학년 가을에는 비상계엄의 선포와 더불어 이른바 '10월 유신'이 발표되었다. 몇몇 아이들은 곧 무슨 일이 일어날 것처럼 술렁댔지만, 그렇고 그런 일상의 변화는 없었다. 나의 처지에서 정치는 감히 생각하거나 손대기 어려운 문제였거니와, 기왕의 법을 일거에 정지시키고 '한국적 민주주의' 운운하며 자기 마음대로 새로운 법을 공포한 '지도자'의 횡포 같은 것 역시 딱히 놀랍지 않았다. 도처에 박정희의 분신들이 널려 있어서 이미 말 한마디 못 하는 군상으로 사는 삶에 익숙했기 때문이었다.

그러나 때때로 검고 무거운 공기가 온몸을 내리누르는 듯 답답해지는 느낌을 받기도 했다. 마침 친구들과 어떻게 마흔 너머까지 살 수가 있느냐 30대에는 꼭 죽어야 한다고 희떠운 소리를 하곤 했는데, 기분으로는 나의 장래도 암울할 것이 분명해서 벌써 마음이 상하고 맥이 풀리는 듯했다. 뒷날 나는 예외상태(state of exception)에 관한 슈미트(C.

Schmitt) 와 아감벤(G. Agamben) 등의 논의를 읽다가 푸릇푸릇한 시절의 나를 사로잡았던 우울증을 상기한 적이 있다. 언제나 세세한 규율을 따를 것이 강제되었지만, 동시에 마땅한 규칙이나 인과율이 작동하리라는 기대를 가질 수 없는 것이 현실임을 그때 이미 나는 깨닫고 있었다. 내가 경험한 예외상태는 어떤 법도 제대로 작동하지 않으면서 여전히 자의적인 규제에 속박된 상태였다. 인생을 옳게 시작도 하기 전에 이미 끝을 본 듯한 우울증은 나의 삶이 내가 결정하고 만들어갈 수 있는 것이 아니리라는 막연한 절망감의 표현이었을 것이다.

그 무렵 동급생들이 스스로 목숨을 끊는 안타까운 일이 있었다. 한 친구는 해사한 얼굴에 행동거지가 조용했고 또 한 친구는 건들건들하면서도 생각이 많아 보였다. 그들이 성적이나 다른 이유로 그런 선택을 한 것은 아니었다. 학교폭력이라는 말은 듣기 힘든 시절이었다. 내가 아는 한 이 젊은이들의 자살은 삶의 이유를 찾을 수 없다는 판단에 따른 것이었다. 즉 삶이 무의미한 이상 스스로 중단해야 한다는 나름의 선택을 한 것이었다. 두 친구의 결단은 지지부진한 인생에 매달려 살다 보면 혹시나 주어질지도 모르는 기회와 가능성조차 자발적으로 내던져버렸다는 점에서 충격적이었다. 그러나 그들을 좇을 생각이 들지는 않았다. 나의 경우, 그런 결단을 하기엔 삶에의 미련이 훨씬 컸기 때문이다.

마지막으로 덧붙일 이야기는 세레피아 선생님께 요청을 하여 선생님 대신 내가 한 시간 동안 수업을 진행했던 일에 관한 것이다. 교과서의 "현대문학의 이해"라고 하는 단원을 강의하는 선생님의 수업내용이 영 부실하다고 생각해서 수업을 마친 후 선생님께 내가 혹시 보충하는 수업을 할 수 있을지 여쭈었고, 선생님은 약간 놀라면서도 흔쾌히 허락을 해 주셨다. 준비를 해서 강단에 올라 떠들긴 했는데 횡설수설했던 것 같다. 약간 놀랐던 동급생들이 그래도 호의적으로 들어 줘서 한 시간을 꼬박 채웠다. 선생님도 현대문학의 여러 배경과 특성을 잘 지적했다고 칭찬을 해 주셨다. 그러면서 장차 '평론가'가 되라는 말씀을 덧붙이셨다.

고등학교를 졸업하고는 오랫동안 선생님을 찾아뵙지 못했다. 대학원 석사 과정을 마치고 사관학교 교관으로 근무할 때 처음으로 내 글이 인쇄된 학술지를 들고 선생님 댁을 찾은 적이 있다. 먼저 책을 보냈는지 아니면 뒤에 다시 찾아뵌 것인지 기억이 불분명한데 어쨌든 문장이 훌륭하다고 격려를 해 주셨다. 잘못 쓴 단어나 틀린 어법을 지적하는 데 추상같았던 선생님이라 적이 걱정을 했는데 칭찬을 받아 얼떨떨했다. 그리고는 선생님을 뵌 기억이 없다. 첫 직장에 다닐 때 선생님의 부음을 들었지만 지방에 있어 문상도 하지 못했다.

이제 나 역시 살아온 시간을 눈앞에 펼쳐내는 나이가 되었다. 인생 한바탕을 돌이킬 때 아무래도 시선은 모든 일에 유들유들한 사람보다 세상과 불화한 사람들의 간고한 모습에 머물게 된다. 살면서 배움을 얻는 길은 여러 가지가 있을 터인데, 꼭 훌륭한 가르침이 있어야 일깨움을 받는 것은 아니라는 생각을 해 본다. 아무리 발버둥을 쳐도 사태를 바꿀 수 없다고 낙담하는 고비에서 나름대로 힘들게 산 사람의 얼굴을 떠올릴 수 있다는 것은 고마운 일이다. 문제를 해결하고 극복하는 길을 가리켜 주어서가 아니라 고통을 견디는 모습을 보여주기 때문이다.

제멋대로 곡해한 것인지 모르지만 나는 세레피아 선생님을 괴팍

225

하고 모가 났어도 자신의 원칙을 따라 산 분으로 기억한다. 여러 은사들 가운데서 세레피아 선생님을 추억하게 되는 것은 내가 어떤 점에서 선생님과 닮았기 때문일 수 있다. 역시 교사로서 가르치고 공부하며 긴 세월을 보낸 나지만, 이제와 돌이켜 보면 이리저리 휩쓸리며 어영부영 살아왔다는 자평을 하지 않을 수 없다. 이른바 학문적 성과라는 것은 밀쳐놓더라도 성급한데다가 조포하기까지 한 성정이 다듬어졌다고 말하기 어려우니, 인격적으로 훌륭한 사람이 되지 못한 것은 분명하다. 만약 선생님을 다시 뵙고 이런 고백을 하게 되면 선생님은 뭐라고 하실까? 아마 그저 빙그레 웃고 마실 듯하다.

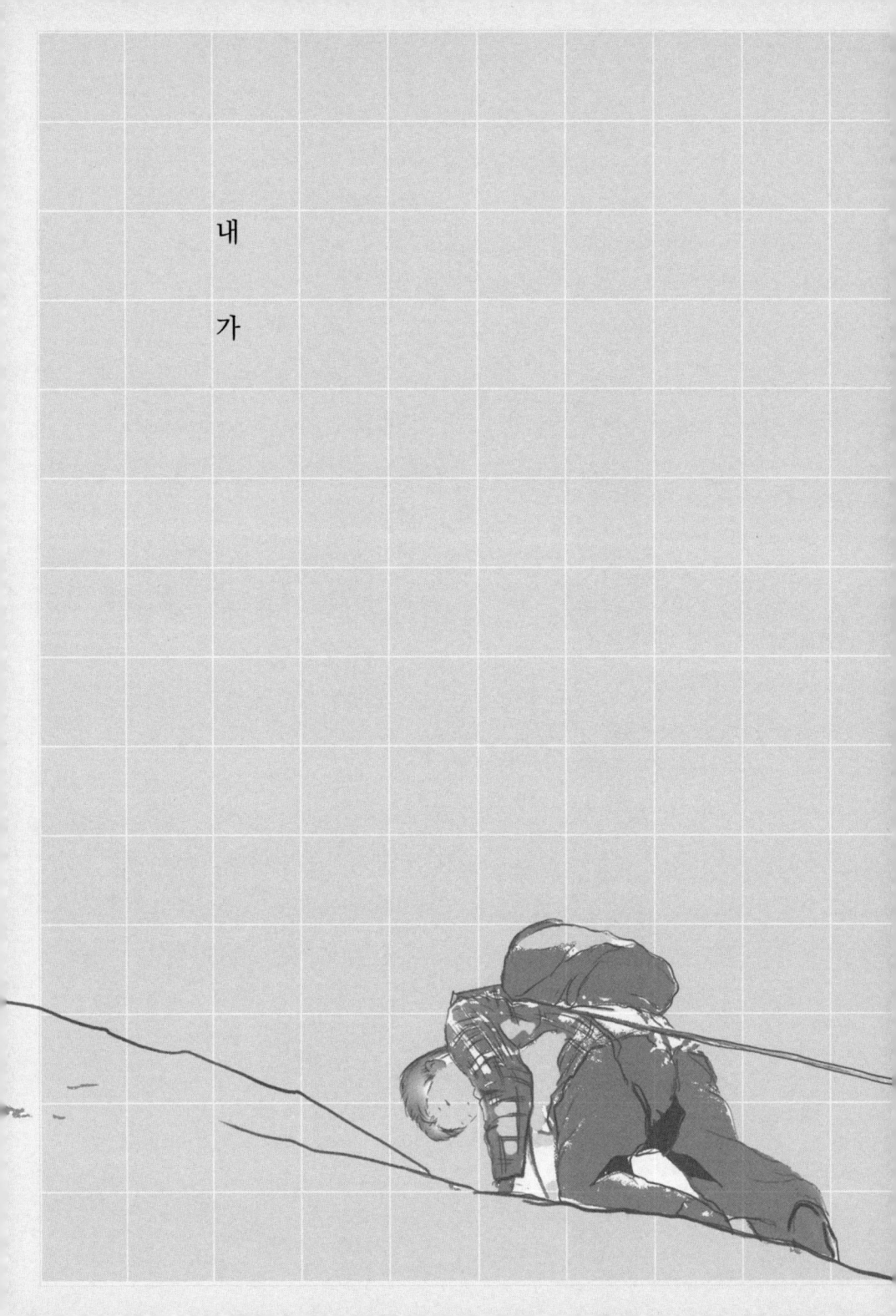

내

가

살 아 온

이 야 기

3부
# 청춘

## 13. 대학 초년생이 되어

대학생이 된다는 것은 새로운 문을 열고 기왕엔 잘 모르던 성인의 세계로 발을 디뎌 나아가야 한다는 점에서 여러 가지 의미의 비약을 요구하는 일이었다. 바야흐로 그 문 앞에 선 나로선 문 너머가 자못 궁금하지 않을 수 없었다.

# 대학 초년생이
# 되어

다행스럽게 대학교 입시에 합격했다. 내가 원했던 대학교이고 원했던 학과였다. 잠시지만 갑자기 행운아가 된 기분이었다. 더구나 매일같이 아침 일찍 일을 나가는 아버지 덕분에 등록금을 걱정할 처지도 아니었다. 합격 소식을 알리자 아버지는 나를 데리고 시내에 나가 유명제화점 구두 한 켤레를 사 주시기까지 했다. 그러고는 함께 즉흥적으로 근처 영화관에 갔는데, 자신은 언제 영화를 보았는지 모르겠다면서 모두가 자신 같았으면 극장이 다 망했으리라는 농담 같지 않은 농담을 해서 순간 미안하고 잠시 마음이 거북했던 기억이 난다.

입학을 앞두고 빈둥대며 두어 달을 지내는 동안 기대해 마지않았던 것은 고등학교와는 크게 다를 대학생활의 이모저모였다. 앞으로 누리게 될 자유를 미리 맛볼 권리라도 있는 것처럼 친구들과 술집이며 당구장을 드나들기도 했다. 곧 머리를 빗어 넘길 수 있게 될 터여서 성인 대접을 받을 생각에 마음이 들떴다. 그간 뜸했던 산행 역시 내키는 대로 할 수 있었다. 집 뒤편 아카데미하우스 너머에 있는 폭포며, 수락산 이곳저곳의 폭포로 빙벽등반 연습을 다녔다. 고등학교 졸업 전이었지만 산에서 만난 악우(岳友)들에게 대학생인 척한 적까지 있었다. 이제 대학생이 되면 무엇이든 할 수 있을 것 같았고 도전해 볼만한 일도 많은 듯해서 이런저런 상상이 즐거웠다.

　야간자율학습 같은 것은 시행하지 않을 때고 학원에도 다닌 적이 없어 공부에 시달렸다고 말하기 어렵지만, 고등학교 생활은 여러 가지로 갑갑했다. 한번은 하루가 순식간에 지나가는 경험을 한 적이 있었다. 주위가 밤처럼 컴컴할 정도로 잿빛 하늘이 무겁게 내리누르는 아침이었다. 언제나처럼 버스로 등교를 하던 중 나는 깜빡 졸았던 듯하다. 그러다가 눈을 뜬 순간 어쩐 일인지 하루가 이미 다 지나갔다고 생각했다. 당연히 버스는 집 방향으로 가야 하는데 자꾸 반대로 가고 있는 것이 아닌가! 버스를 내려야 하나 어쩌나 하며 어리둥절한 상태로 있다가 잠시 후 내가 아직 등교 중이라는 사실을 깨달았다. 그날 내 머리가 학교에서 보낼 몇 시간을 건너뛰었던 것은 기계적으로 되풀이되는 일정에 대한 부정적 반응이었으리라. 누군가 학교와 감옥 사이의 공통점을 설파한 적이 있거니와, 어떤 선택도 가능하지 않은 생활이 이어질 때는 대개 절망적인 권태감에 빠지게 마련이고, 그런 상태에선 시간도 엉클어질 수 있었던 것이 아니었나 진단해 본다.

　인생의 과정에서는 질적인 변화를 맞는 성장과 전환의 국면이 있게 마련이다. 초등학생에서 중학생이 될 때도 그러했지만, 대학생이 된다는 것은 새로운 문을 열고 기왕엔 잘 모르던 성인의 세계로 발을 디뎌 나아가야 한다는 점에서 여러 가지 의미의 비약을 요구하는 일이었다. 바야흐로 그 문 앞에 선 나로선 문 너머가 자못 궁금하지 않을 수 없었다. 과한 비유이겠으나 빠르게 나는 비행기가 밀도 높게 압축된 공기를 돌파할 때 커다란 폭음을 내는 것처럼 대학생이 되는 데서 역시 큰 충격파를 감당하는 특별한 입사(入社)의 의례가 있을 것도 같았다. 그러나 이런 예감까지 싫거나 두렵지 않았다. 만약 그런 순간이 다가온다면 순순히 받아들이고 거침없이 뚫고 나가리라 생각했다. 그만큼 뭔가 굉장한 것이 나를 기다리고 있다고 믿었기 때문이었다.

여전히 바람이 차고 겨우 버드나무의 늘어진 가지가 노릇노릇해져 가는 3월 초였지만 새봄을 맞은 교정은 아름다웠다. 어릴 적부터 여러 번 와서 놀고 한 곳이어서 낯선 곳이 아니었음에도 불구하고, 신입생의 눈에는 모든 게 새로웠다. 정문을 지나 거인이 엎드린 듯한 학교 뒷산을 바라보며 긴 진입로를 걸어 올라가는 기분마저 상쾌했고, 그 길 끝에 버티고 선 하얀 둥치의 큰 플라타너스 두 그루 역시 우호적인 수문장인 양 친근하게 느껴졌다. 돌계단을 올라가면 철쭉과 목단이 심긴 유럽식 정원이 있고, 둘레로는 담쟁이 줄기가 정맥처럼 퍼져나간 오래 된 석조건물들이 자리하고 있었다. 이 중에서도 문과대학이 쓰는 정중앙의 본관은 가장 눈이 갔다.

본관은 어디에서나 볼 수 있는 직육면체의 콘크리트 건물이 아니었으며, 내가 다녔던 중고등학교의 붉은 벽돌로 된 화양식(和洋式) 건물과도 달랐다. 화강암 축대 위에 짙은 흙빛의 돌로 벽체를 쌓아 올린 3층

규모의 이 건물은 얼핏 서양의 성(城)을 떠올리게 했지만, 거창하거나 위협적이지 않으면서 단아하고 또 진중한 인상을 주었다. 역시 화강암 틀을 두른 짙은 초콜릿색 목재 창호들은 대부분 굳게 닫혀 있었는데, 어느 한 유리창 너머로는 책이 가득 꽂힌 서가의 귀퉁이가 보였다. 책이 가득한 책장을 익히 보아왔음에도 불구하고 나는 기왕에 몰랐던 무언가 새롭고 특별한 세계를 일별(一瞥)한 듯했다. 아직 새잎이 나지 않아 흑갈색으로 말라 있는 담쟁이넝쿨은 마치 미지의 세계로 들어가는 액자(額子)라도 되는 양 비밀스러웠다. 한 해 동안의 교양학부를 마치면 본관에서 공부하게 된다고 들어 알고 있었기 때문인지 벌써 건물이 선 공간 전체가 익숙하다는 느낌이었다.

　신입생이 된 그해에서 20년쯤 뒤 첫 안식년을 맞아 미국의 프린스턴 대학교를 방문했을 때, 교정 여기저기에 버티고 선 성채(城砦)처럼 고풍스러운 건물들 사이를 거닐며 감탄을 연발하다가 문득 가볍게 놀란 적이 있다. 그 중의 한 성채가 내가 왕년에 공부했던 본관과 흡사했기 때문이었다. 두 건물은 돌계단 위에 화강암으로 깎은 고딕식 아치를 인 정문부터, 또 전면 중앙이 망루(望樓)처럼 솟고 지붕 앞으론 톱니 모양의 성가퀴를 이어낸 것이 꼭같았다. 다만 모교의 건물이 축소된 미니어처인 듯 전자에 비해 반도 안 되는 규모였다. 그러나 규모가 작다고 해서 내가 본관에 대해 품고 있던 감정이 손상되었던 것은 아니었다. 오히려 나는 크기를 줄였기 때문에 선이 복잡하지 않고 비례가 안정된 모교의 건물을 마음속으로 다시 그려보았던 듯하다.

　모교에서 가르치게 된 이후 한동안 같이 근무했던 노시인은 종종 교정의 오래된 나무들이야말로 대학의 정신과 품격을 지켜주는 토템이 아니겠느냐는 말씀을 하곤 했는데, 훌륭한 건물 역시 마땅히 그러할 것이다. 신입생으로서 처음 조우한 본관은 내게 대학이 어떤 곳인지 넌지시 알려주었던 것 같다. 대학과 대학원 시절 동안 나는 그 건물의 돌계단을 수없이 오르내렸으며, 지하층과 1, 2층 교실에서 수업을 들었고, 뒷마당 벤치에서는 멍을 때리거나 낮잠을 잤다. 그러는 과정을 통해 나는 일찍이 유리창 안으로 본 학문의 세계를 향해 조금씩 다가섰던 셈이다. 지금 와 돌이켜 보면 대학 입학 후의 나의 인생행로는 신입생 때 마음에 새긴 이미지를 좇아 온 것이 아닐까 하는 생각도 하게 된다.

어느 집단에서든 신입생이란 표가 나는 존재이기 마련이다. 교정 곳곳엔 딱 보아도 신입이 분명한 차림의 학생들이 서성이며 두리번거리고 있었다. 수업이 비는 시간이면 딱히 갈 곳도 없고 아는 친구도 드물어 어색한 표정으로 주변을 살피는 것이었다. 나 역시 예외는 아니었지만 새내기처럼 보이지 않으려 애썼다. 한껏 여유 있는 척하며 이곳저곳을 기웃거리다가 들른 구내 서점에서 내가 처음으로 산 책은 김윤식, 김현 공저인 <한국문학사>였다. 책을 뽑아 첫 장을 펼쳐 몇 구절을 읽는 순간 머리를 치는 충격을 받았다.

나를 놀라게 한 내용은 한국문학을 유럽문학이 이식(移植)된 변방의 모조품으로 보는 관점에서 벗어나야 한다는 주장이고 선언이었다. 문학사 서술에 대한 어떤 의견도 갖고 있을 리 없었지만, 한국문학을 거론할 때 흔히 입에 올리게 마련인 리얼리즘이며 낭만주의가 서구에서 온 말이라는 것 정도는 알고 있었던 터라 이 주장은 파격적이고 그만큼 신선하게 여겨졌다. 책의 행간에서는 이제 한국문학을 그 안의 내적인 연관성과 계기들을 통해서 새롭게 읽고 연구하리라는 나름의 포부와 결의가 묻어났다. 일개 대학 신입생에 불과했지만 나 역시 이런 움직임에 동참해야 할 것 같은 기분이었다.

　이후로 나는 이 책을 표지가 너덜거리게 읽고 항상 쉽게 손이 가는 눈앞의 서가에 두었다. 이 책이 제시한 과제, 즉 근대 이전과 이후를 단절된 것으로 보는 기왕의 관점을 넘어서 한국문학사 나름의 연속성을 찾아야 한다는 주장은 당시 역사학계의 일각에서 제시한 이른바 내발적(內發的) 근대화론을 수용한 결과인데, 지금의 눈으로 보면 아무래도 지나치게 의욕적이었다는 비판이 불가피할 듯싶다. 그러나 저자 김윤식 선생님은 철저히 실증적인 입장에서 출발하여 한국문학 연구의 초석을 놓은 분이다. 공부를 하는 내내 나는 여전히 선생님의 그림자 안에 있음을 깨닫고는 했다. 대학원 시절부터 간간이 뵈면서 말씀도 듣곤 했는데 이제 돌아가신지 벌써 5, 6년이 흐르고 말았다.

　교양학부의 수업 가운데 크게 기억에 남는 것은 없다. 다만 이채롭다고 여겼던 바는 선생님들의 스타일이 너무 제각각이었다는 점이다. 눈을 맞추며 조곤조곤 말씀하시는 분이 있는가 하면 머리를 숙인 채 한 시간 내내 책을 읽듯 입안으로만 중얼대는 분도 계셨다. 뒷날 학계의 거목임을 알게 된 선생님들의 개론 수업도, 이해를 할 만한 능력이나 준비가 없어서인지 그저 좀 따분했다.

　다만 젊은 강사 선생님이 가르친 '대학수학'을 들으며 처음으로 수학에 흥미를 갖게 되었다. 미분(微分)과 적분(積分)이라는 말의 뜻과 원리를 비로소 깨우친 것도 이 수업을 통해서였다. 고등학교 시절 내가 왜 그토록 수학을 피해 다녔는지 후회가 되었다. 대학입학시험에서도 수학은 거의 0점을 받았는데 어떻게 합격이 되었는지 가끔 궁금해 한 적도 있다.

아마도 동의하겠지만 대학생활이란 교실에서만 이루어지는 것이 아니다. 대학생이 되어 좋았던 것은 시간에 구애되지 않고 여러 사람들을 알아갈 수 있다는 점이었다. 대학은 그런 장소 같았다. 나로선 생각과 살아온 내력이 다른 동료나 선배와 이야기를 나누는 것이 적잖이 흥미로웠다. 모두가 성인이거나 최소한 성인 흉내를 내고 있었으므로 자신들의 개성을 드러내는 데 거침이 없었다고 할까? 특히 저녁이 되어 몰려간 술집에선 취기가 오르며 일행 중의 몇은 눌러두었던 속마음을 드러내게 마련이었고, 때론 독창적이고 과격한 행동으로 자신의 고민이나 아픔을 펼쳐보여서 매번의 술자리가 마치 한 편의 드라마같이 여겨졌다.

신입생티가 가실 때쯤에는 몇몇 서클에도 가입을 했다. 워낙 단체의 일에 나서려는 열의는 없어 건성으로 들락거렸지만, 이곳저곳에서 만났던 사람들 여럿은 퍽 특별하고 그만큼 매력적이었다. 사람들이 서로 상당히 다를 수 있다는 것, 내가 전혀 생각하지 못했고 경험하지 않았던 바를 듣거나 겪어 알게 되는 것이 못내 신기했다. 누구나 고민을 안고 있고 상처가 깊었다. 아버지를 죽도록 증오하는 이가 있었는가 하면, 죽음에 대한 트라우마로 마음의 병을 앓는 이도 있었다. 한심한 속물이어서 오히려 귀여워 보이는 이도 없지 않았다. 그에 비하면 나는 단조롭고 너무나 상식적인 인간이었다. 어쨌든 그렇기 때문인지 사람들의 이모저모를 발견하는 일은 자못 경이로웠다.

사람들과 어울리다 보니 어느덧 수업은 뒷전이 되었다. 대학생활을 제대로 시작한 것도 아니었는데 강의실보다 술집에 가야 더 재미있고 또 배울 게 많다는 생각이 들었다. 중간고사인지 학기말고사인지 날짜와 시간을 몰라 시험을 흘려보낸 적도 있었다. 때때로 방자한 마음이 들어 지금은 말하기조차 창피한 기행을 여러 차례 벌이기까지 했다. 술을 잘 마시지 못하는 체질에다가 항상 무일푼 상태였는데 어떻게 된 영문인지 만취가 되지 않는 날이 드물었다.

통금이 가까운 시간엔 학교 앞도 황량하게 변한다. 가게란 가게는 죄 문을 닫고 인적이 드문 포도엔 황망히 귀가를 서두르는 사람들과 밤이 늦어야 활동하는 야행성 인류만이 어슬렁거릴 뿐이었다. 나에겐 그런 밤풍경조차 신기했다. 그러나 막차를 놓치면 잘 곳을 찾아 헤매야 했다. 여관에 들 돈은 없었으므로 파출소를 찾아가 아예 통금이 해제될 때까지 앉아 있겠다고 자수를 하지 않으면 학교 서클룸에 몰래 잠입해 밤을 새우거나, 그때만 해도 노천에 있던 세브란스 병원 장례식장에 가서 아무 빈소나 골라 절을 하고 술상을 받아먹으며 새벽이 되기를 기다린 적도 있었다. 하루하루가 모험 같았다. 그러면서 내 딴에는 세상을 알아간다고 생각했다.

내가 대학에 입학한 시기는 월남전이 끝나가던 무렵이었다. 월남전을 통해서 사람들은 6·25 이후 처음으로 미국이 아닌 다른 나라를 구체적으로 구경하고 경험했던 것이나, 월남 특수의 열기는 이미 식은 뒤였다. 한국인들에게 외부 세계로 열린 창은 여전히 닫혀 있었다. 나 역시 유럽에서 68운동이 있었다는 이야기를 듣기는 했어도 그 내용이 무엇인지 잘 몰랐다. 다른 나라의 사정이나 지구적 이슈에 대한 정보가 매우 제한되어 있었기 때문에 그에 대해선 아예 관심을 둘 수조차 없었던 면도 있다. 예를 들어 대학생이 되고 몇 년 뒤 <8억 인과의 대화>를 처음으로 읽었을 때 기왕에 가졌던 '중공(中共)'에 대한 예상과 책 내용이 너무 달라 당황스러웠던 기억도 난다.

 그럼에도 불구하고 세상이 더 이상 기왕의 방식대로 굴러가서는 안 된다는 생각은 막연하게나마 하고 있었던 것 같다. 어느 때가 안 그랬으랴만 한국사회와 정치는 소용돌이 속으로 빠져들고 있었다. 무엇보다 박정희 정권이 누대의 가난을 벗어나야 한다는 캐치프레이즈 아래 펼쳐 온 정책의 성과뿐 아니라 문제점들 역시 드러났다.

 한 예로 경제개발이 진행되면서 그 연료 역할을 한 노동 역군(役軍)의 존재가 이미 계층적으로 대상화('공돌이, 공순이'처럼)되었거니와, 한국사회는 드디어 생산 활동에서의 기여와 분배라는 쟁점에 부딪혔던 것이다. 알다시피 기여와 분배는 체제와 관련된 문제다. 박정희 정권은 '군사파쇼'답게 사회가 더 큰 파이를 만들어낼 때까지 모두 곁눈 팔지 말고 노력해야 한다고 강압했지만, 전태일의 죽음 이후 이에 맞서는 항거는 점점 구체화되고 있었다.

 그러나 한국의 경우, 노동문제가 경제적 '발전'에 대한 대중적 기대를 재고하게 했던 것은 아니었다. 풍요를 이룩할 발전은 어느덧 누구도 거스르지 못할 신앙이 되어 있었기 때문이다. 나 역시 '긴급조치'가 남발되고 노동문제가 들끓어 오르는 가운데서도 어쨌든 오늘보다 내일이 더 풍족할 것이고, 그래야 한다는 희망적 예상을 회의하지 않았다. 물론 사람들은 발전을 약속하는 권력이 노동자들의 일방적 희생을 당연시하면서, 뒤로는 비판의 목소리를 억압하고 말살하려 하는 모습을 매일같이 목격할 수 있었다. 그럼에도 불구하고 가난을 극복하기 위해서는 어떻게든 발전을 해야 한다는 데 대해서는 이견이 없었다. 발전이라는 주술에 매였다는 점에서 대중은 박정희 정권의 볼모이자 공모자였다.

아노미(anomie)는 사회에서 작동하는 규범 내지 가치가 서로 충돌하거나 일치하지 않아 비롯되는 무질서를 뜻한다. 누구나 '가난을 극복하고 풍요를 이룰' 발전을 희망하지만 그 절차와 방법이 사회적으로 합의되지 못한 상황은 아노미한 것이었다. 모두가 발전을 바라더라도 생각하는 목표와 행로는 크게 다를 수 있었던 것이다. 박정희 정권은 자본이며 기술이 태부족한 처지에서 선진국을 따라잡기(catch up) 위해서는 비상한 각오와 노력이 필요함을 역설했다. 발전이 웬만한 마음가짐으로 달성될 수 있는 목표가 아니므로 기왕의 생각이나 관념 같은 것은 과감히 떨쳐내야 한다는 주장이었다. 의식과 생활의 쇄신(刷新)은 박정희 정권이 줄곧 외쳤던 바다. 그러나 상황에 대한 합리적인 이해가 애당초 불가능했던 가운데 과거를 일거에 부정하는 쇄신의 요구는 오히려 내면의 혼란을 초래할 수 있었다.

나는 이런 상황이 '혼란의 활력'을 생성해 냈다고 생각한다.('혼란의 활력'은 일찍이 내가 만들어 썼던 용어로 모든 규범을 무효화하고 뒤집는 힘으로서의 활력이다.) 자신들의 목표를 이루기 위해서는 무슨 짓이든 서슴지 않는 혼란의 활력이 지배하는 세상에서, 발전은 곧 자신이나 자신이 속한 집단의 이익이 증진되는 것으로 해석되기 십상이었다. 목표를 위해서는 모든 수단방법을 동원하는 아노미한 사회는 폭력적이고 야비한 곳이 될 수밖에 없다.

이런 사회에서는 또 극단의 부정(否定)과 극도의 무기력이 조장되게 마련이다. 개인적인 경험이지만 기왕의 체제를 옹호하든 혹은 그에 맞서든 간에 '정치'적 입장을 논하게 되면 흔히 과격한 전망이 앞서고 논리가 단순화되는 경우들을 보아왔는데, 이 역시 박정희 시대가 남긴 유산 가운데 하나가 아닐까 싶다. 어쨌든 주변에서 벌어지는 사태를 선명하게 정리해 낼 수 없었던 나와 같은 애송이 대학생은 내면의 혼란을 어쩌지 못하는 어정쩡한 상태였던 듯하다. 아무런 행동도 취하지 않으면서 간간이 세상을 거부한다는 제스처를 해 보이는 것이 다였던 것이다. 매일 같이 이어지는 술자리가 재미있었던 것 같지만, 실상 그렇게 스스로에게 무력감을 시위했던 것은 아닌지 하는 생각을 하게 된다.

대학생이 되고 나서 남으로부터 들었던 말 가운데 지금까지 가끔씩 떠올려 보는 것은 당시 대학생이 또래 젊은이의 5% 정도밖에 안 된다는 언급이었다. 맞는 통계인지 아닌지 모르겠으나 그 5%는 뽑히고 혜택을 입었다는 뜻이자 동시에 그만큼 남다른 책임이 있음을 의미하는 숫자였다. 4·19 이후 대학생 숫자는 폭증하여서 나 역시 아무나 대학생이라는 식의 핀잔을 들은 기억이 있지만, 그래도 대학생은 여전히 상대적으로 드문 존재였던 것이 분명하다. 통금을 위반하여 파출소에 끌려가서도 예상치 않은 우대를 받기도 했다. 사회적으로 대학생은 곧잘 선망의 대상으로 여겨졌기 때문에 당시 전례 없이 확산되던 소비문화는 대학생을 특별한 프리미엄을 갖는 아이콘으로 제시하기도 했다. 즉 대학생 하면 낭만이라는 말이 따라붙었고, 통기타며 청바지가 액세서리로 동원되었다. 대학생은 멋진 양복을 입고 미팅을 하거나 주말에는 남녀 여럿이 자전거를 타고 교외의 한적한 길을 달려야 할 것 같았다.

그러나 나는 매일같이 학교 앞 주점거리를 헤매는 생활을 하고 있었다. 낭만 운운은 나로선 간지럽고 욕지거리를 솟게 하는 말에 불과했다. 기대하던 '미팅'도 두어 차례 나가보았지만 과연 '솜사탕 축제'라는 누군가의 규정처럼 허망했다. 그렇다고 나에게 뭐가 다른 목표가 있었던 것도 아니었다. 공부를 단단히 해 보겠다는 결심 따위를 한 적은 없었으므로 강의실을 멀리하는 것이 크게 놀랄 일은 못 되었다. 결국 이도 저도 아닌 파락호 비슷한 생활을 하고 있었을 뿐이었다.

사람들과 휩쓸려 다니며 한 학기를 보내고 보니 갑자기 허방다리를 짚은 듯했다. 어떻게 뭘 해야 할까 하는 물음이 공중에 떠 버려서 팔을 휘저어도 검부러기 하나 잡히지 않는 느낌이었다. 내가 애당초 디디고 선 입지가 부실했기 때문이라는 생각과, 과연 그런 것이 있었던가 하는 자조적인 회의도 일었다. 나는 방황을 하고 있었고 이를 벗어날 계기나 이유를 찾지 못한 상태였다.

학년을 넘기고도 나의 사정은 크게 달라진 것이 없었다. 그러나 첫 학기 중반을 넘기면서 교내 시위는 점점 거세어지고 있었다. 교정에 학생들이 운집하여 누군가 선창하는 구호를 따라 외치다가 이내 정문 쪽으로 우르르 나서 최루탄 세례를 받으며 검은 갑옷을 입은 경찰 진압대를 향해 돌을 던지는 것으로 시위는 진행되었다. 돌팔매라면 나도 섭섭지 않은 실력이어서 손수건으로 얼굴을 가리고 열심히 투석을 했다. 시위가 끝나면 학교 용원들이 물을 뿌려 최루탄 가스를 씻어냈지만 정문 언저리에만 가도 여전히 매캐한 것이 기침이 났다. 저녁 무렵엔 꼭 그래야만 하는 듯 학과 친구들과 단골 다방으로 몰려갔다. 채 흥분이 가라앉지 않은 상태에서 격한 논쟁도 벌였던 것 같다. 그러던 어느 날이었다. 한 친구가 뭔가를 좀 도와달라고 했다. 어느 선배가 만든 UP(underground paper)를 시위 전에 학생들에게 배포해야 한다는 것이었다.

우리는 다음날 만났다. 나 말고 또 한 친구가 있어 모두 셋이었다. 뿌려야 할 유인물은 '가리방'으로 긁은 예닐곱 쪽 분량의 얄팍한 소책자였다. 첫 페이지 왼쪽 위 작은 박스 안에 '횃불'이라고 쓰여 있었는데, 이 소책자의 제목 같았다. 첫 쪽부터 '박정희 군사파쇼' 등의 말들이 눈에 들어왔다. 내용을 짐작하기는 어렵지 않았지만 서둘러 내용을 훑어본 다음, 우리는 유인물 덩어리를 삼분하여 배포를 위해 흩어졌다. 나는 이곳저곳에 모여 있는 학생들에게 아무 말 없이 책자를 건네기도 했고, 또 사람들의 왕래가 빈번한 계단의 난간이나 벤치에도 몇 부씩 내려놓았다. 그럴듯한 장소 같아 화장실에도 몇 부 두었다.

그러고는 어찌된 영문인지 내가 청중이 가득 들어찬 대강당 단상에 태극기를 들고 서 있었다. 웬만한 이불 크기의 태극기여서 다른 학생들과 함께였다. 웅웅거리는 통에 제대로 귀에 들어오진 않았지만, 바로 옆에는 누군가 마이크를 쥐고 힘주어 연설을 하고 있었다. 나는 태극기의 한쪽 모퉁이를 들고 있었는데 잡은 천의 귀 부분을 눈앞까지 끌어올려 얼굴을 가렸다. 얼떨떨한 상황에서도 주목을 피하는 것이 좋겠다는 생각이었던 것 같다. 그날의 기억은 여기서 멈추어 더 무슨 일이 더 있었는지는 알 수가 없다.

그날 일이 그렇게 마무리되고 한두 주는 지났을까 하는 어느 날 아침, 나에게 유인물을 나누자고 부탁했던 친구가 다급한 목소리로 전화를 했다. 형사들이 자신을 잡으러 집에 들이닥쳤으니 너도 몸을 피하라는 것이었다. 조금은 놀랐지만 두렵지는 않았다. 더구나 나에겐 언제든 도망칠 곳이 있었다. 준비되어 있는 배낭을 지고 산으로 가면 그만이었다. 어느 경찰이 산속까지 나를 잡으러 올 수 있겠느냐는 생각이었다. 당시만 해도 산이 그만큼 깊고 은밀한 곳일 수 있었는지, 아니면 나의 생각만 그랬는지는 모르겠으나 하여튼 나는 망설임 없이 바로 그날 산으로 향했다. 안 그래도 한 번 가 보려 했던 월악산이었다. 마침 동행할 친구도 있었다. 게다가 마늘 박은 고추장에 쌀도 충분히 챙겨서 마음은 든든했다.

　　마장동에서 버스를 타고 내려 물굽이가 이어지는 달천(達川)을 걸어 들어가자 해는 기울고 있었다. 이십 리 넘는 길을 가는 동안 지게를 지고 가는 영감님 한 분과 마주쳤을 뿐 주위는 고요하다 못해 괴괴했다. 산 밑에 이르니 땅거미가 내려앉는 가운데 문득 마른 가시풀에 웃자란 관목들로 뒤덮인 성(城)이 나타났다. 어둑신한 숲을 배경으로 육탈(肉脫)된 뼈대처럼 흩어진 성은 유령도 머물기 싫어할 만큼 피폐해 보였다. 길을 찾지 못해 우리는 빽빽한 넝쿨을 뚫으며 산을 향해 올라갔다. 비까지 내리고 있었다.

　　비탈에서 텐트를 뒤집어쓰고 밤을 보내고 새벽에 일어나니 비가 그친 대신 바람이 세차게 불었다. 구름 사이로 새파란 하늘이 드러나는데도 어디선가 밀려온 흰 가스 덩어리가 능선 위에 선 나무들 사이로 빠르게 빠져나가고 있었다. 비구름이 걷히자 정상인 '영봉' 앞쪽으로 길게 드리워진 암벽이 드러났다. 제법 여러 피치는 될 것 같은 만만치 않은 크기였다. 우리는 아침을 해 먹고 암벽을 몇 피치 올랐다. 바위는 모가 서 있었고 확보용 쇠못을 박느라 망치질을 하니 짓찧어진 돌에서는 조개 타는 냄새가 났다. 석회암이었다.

 뒷날 나는 달천이 유명한 오석(烏石) 산지여서 탐석하는 이들이 즐겨 찾는 곳임을 알게 되었다. 그러나 지금은 충주댐으로 인해 수몰되어 찾아갈 수조차 없는 곳이다. 몇 해 전 오랜만에 월악산을 찾았던 적이 있다. 폐허로 보였던 산성은 멀끔하게 복원이 되어 덕주산성이라는 이름이 붙었는데, 도저히 옛날 기억과 맞지 않아 당황스러웠다. 영봉의 암벽에서 조개 냄새가 났던 것은 오래 전 그곳이 바다 밑이었음을 뜻한다. 바다 밑이 산봉우리가 되었는데 한갓 산성의 변신이 대수이랴.

 쌀과 고추장이 떨어져 산을 내려 와 집에 다다르니 가족들이 범상하게 맞아주었다. 누가 전화를 하지도 않았고 나를 찾아온 사람도 없었다는 것이었다. 왠지 맥이 빠졌지만 먼저 잡혀간 친구가 굳게 입을 닫은 덕택일 터여서 고맙다 못해 감격스럽기까지 했다. 제법 한두 달이 너머 지난 어느 날 구금되었던 친구가 드디어 풀려난다는 소식을 들었다. 친구가 나온다는 종로경찰서 앞에는 그의 연만한 부모님과 학과 동기 여럿이 정문 쪽을 향해 서 있었다.

 문득 친구가 해쓱한 얼굴로 나타났고, 우리들과는 짧게 눈인사를 나눈 후 부모님과 함께 택시를 타고 떠났다. 실컷 산을 헤매고 와서 그동안 유치장에 갇혀 고초를 겪었을 친구를 보니 미안할 뿐이었다. 더구나 친구는 이미 강제로 제적을 당한 상태라고 했다. 검거된 학생들은 재판에 넘겨지거나 군대로 끌려가야 했는데, 친구는 시력이 너무 나빠서 도저히 군대생활을 할 수 없다는 군의관의 소견 덕분에 그나마 징집은 면했다는 소식이었다. 이제 대학을 들어온 지 얼마 안 된 학생이 유인물을 작성한 것도 아니고 그저 배포했다는 이유로 제적을 당해야 하는 현실에 화가 났지만 어쩔 도리가 없었다.

친구는 제적이 되었어도 종종 학교에 나타나 동기들과 어울렸다. 어느 날 나는 그동안 궁금했던 것을 친구에게 물었다. 어떻게 내 이름을 대지 않았느냐면서 고맙다는 이야기를 해야 할 것 같았기 때문이었다. 질문이 내 입에서 떨어지기 무섭게 친구는 눈을 동그랗게 뜨면서, "잡혀가자마자 다 불었지 인마!"하고 화난 듯 되받았다. 나는 의외여서 순간 입이 벌어졌다.

친구로부터 들은 사정은 다음과 같았다. 나머지 둘의 이름을 확보한 형사가 검거를 위해 막 출동을 하려는데, 이제 수사를 중단하고 마무리하라는 윗선의 지시가 떨어졌다는 것이었다. 벌써 유인물 작성자와 관련된 인물들은 다 잡아 놓은 상태여서 우리 같은 조무래기들까지 손을 댈 필요가 없다는 판단이었던 것 같다. 여하튼 간발의 차이로 고초를 면하고 제적도 피한 셈이었다.

친구의 답은 의외였지만 조금이라도 버틸 생각을 하지 못한 그가 원망스럽지는 않았다. 아마도 나 역시 그러했을 터였다. 그보다는 뚜렷한 목표나 입장이 있었던 것도 아닌데 별 생각 없이 한 행동으로도 신상에 큰 변화가 닥칠 수 있다는 사실이 새삼 놀라웠을 뿐이다. 도망을 친다고 산으로 내뺀 행동도 장난 같은 짓이었다. 대학생이 되면 자유를 누릴 수 있을 것이라고 기대했지만, 그런 처분을 당한 친구나 나 역시 닭장 안의 닭과 다를 바 없었다. 뻔한 철망 안에 갇혀서 언제든 주인이 가리키면 잡혀 비틀림을 당할 수 있는 신세였기 때문이다. 대학생이 되었다는 감격은 이미 사라진 지 오래였다. 술이나 퍼마시고 다니는 주제에 뭐라도 된 듯 우쭐거렸던 자신의 모습이 너무 부끄러웠다.

## 14. 산에 빠져 살다

나를 산으로 이끈 것은 단연코 산의 위대함이었다. 산에서 나는 부재한 것을 향한 막연한 그리움이랄까 삶과 우주의 바탕으로서의 근본적인 무의미라고 해야 할까 하는 것을 얼핏 느끼는 순간들이 있었다.

# 산에
# 빠져 살다

　　대학생이 되어 가장 좋았던 것 하나는 마음이 이는 대로 산에 갈 수 있다는 점이었다. 중학생일 적에 이미 산에 발을 들였고 고등학교 시절 내내 산에 다닌다고 껍적였지만, 암벽이며 빙벽을 제대로 장비를 갖추어 오를 수 있게 된 것은 이때부터였다. 각자 개성이 뚜렷하고 여러 모로 훌륭한 선배들을 만났기에 가능한 일이었다.
　　산행을 즐겁게 하기 위해서는 역시 배워야 할 것이 많다. 산길을 읽고 그에 맞춰 체력을 안배하는 일부터, 어떻게 바위를 딛고 잡아 몸의 균형을 잃지 않고 올라야 하는지를 비롯하여, 갖가지 도구를 바르게 써서 등반자 서로의 안전을 기하는 다양한 확보의 방법 등 알고 익혀야 할 것이 한두 가지가 아니다. 나로선 매번 새로운 지식을 쌓는 산행을 마칠 때마다 뿌듯한 마음이었다. 더구나 대부분이 초행길이어서 경이롭고 재미났다. 대학생이 되었다고 남들은 여자 친구와 만나고 이런저런 취미 생활도 하는 모양이었지만, 나로선 그런 데 쓸 시간이 없었다.

산은 별개의 세계다. 세속의 가치가 통용되지 않는다는 점에서 우선 그러하다. 예를 들어 사회적으로 아무리 지위가 높더라도 산에선 별반 소용이 없다. 산은 오르는 능력과 마음가짐 여하에 따라 운신의 폭이 정해지는 곳이다. 요즘은 우리나라에서도 산을 오르고 돈벌이를 하는 경우가 있다지만, 설령 그런 경우일지라도 오직 경제적인 이유로 등산을 한다는 것은 상상이 어렵다.

숨이 목 밑까지 차오를 때 다른 친구들과 더불어 '꼭대기 가면 밀가루 배급 주냐?'는 우스갯말을 하곤 했는데, 보상이 전무한 일에 그토록 애를 쓰는 경우는 드물 것이다. 전문적인 등산은 역사적으로 근대의 산물이고, 한때는 원정(遠征) 운운하며 고산 '정복'을 국가적 사업으로 여겼던 시절도 있었지만, 산을 오른다는 것은 외부적인 의미부여를 일절 거부하는 행위임이 분명하다. 일단 산에 발을 들인 한 그는 기왕의 사회적 관계들에서 벗어나 오직 산에 속할 뿐인 때문이다.

산에서 며칠 지내다 보면 자신이 이러저러한 취향을 갖는 사람이라고 여겨 온 이른바 정체성이랄까 하는 것이 흐려지는 때가 있다. 우선 생각과 감정을 뒷받침하는 여건이 보장되지 않는다. 여느 아침과 달리 얼굴조차 씻지 못하는 상황이 계속될 수 있고, 대개는 격식을 차려 밥 먹기가 어렵다 보니 행동까지 쉬 달라진다. 극한의 상황에서는 자연 포기해야 할 것이 많거니와, 사소한 동작이라도 생각 없이 하다가는 다른 이들까지 위험에 빠트릴 가능성이 있어 각별히 조심성 있는 태도가 요구되기도 한다. 아마도 등산의 목적 하나는 모든 멤버가 성한 상태로 정상을 밟고 내려오는 것이리라. 그러나 어디에 초점을 맞추느냐에 따라 선택은 달라질 수 있다. 분명히 무리인데도 난관을 돌파하려는 경우가 의외로 많다는 뜻이다.

한 산행을 두고 너무 모험적이었다는 비난과, 영웅적이었다는 찬사가 엇갈리기도 하는 만큼 그때 어떻게 했어야 했는가, 요컨대 무엇이 더 낫고 불가피한 선택이었는가를 놓고 벌어지는 논쟁은 간단히 정리되기 힘든 것이다. 극단적이긴 하나 동료가 죽었는데 시신을 밀어 놓고 등반을 계속한 것 같은 사례를 두고 과연 이를 비난하는 것이 옳은가 하는 물음이 고산(高山) 등반사에서는 종종 제시된다.

산행의 기억을 돌이키다 보면 여러 얼굴들이 떠오른다. 산 벗들은 이른바 사회 친구들과 뭔가 다른 점이 있었던 듯도 싶다. 사실 산에서는 사람들이 쓰는 꺼풀들이 이내 벗겨지게 되어 있으므로 그 내면과 본질이 쉬 드러난다. 절박한 처지에서 상대의 진면목을 볼 수 있다고 하거니와, 위험하거나 힘들 때를 같이 겪으면 그가 어떤 사람인지 알게 되는 것이다. 산은 그런 점에서 사람을 보는 다른 눈을 갖게 하는 곳이다.

내가 지금까지 고맙게 생각하는 것은 살아온 내력은 다르지만 서로 양해를 할 수 있는 여러 친구를 산에서 만났다는 점이다. 사실 같이 줄을 매고 깎아지른 벽을 오르며 서로의 숨을 느낀 동료와는 많은 말을 하지 않아도 속내를 아는 가까운 사이가 되는 게 당연하다. 그 같은 연대는 아무런 보상도 없는 일에 시간과 노력뿐 아니라 때로 목숨까지 거는 설명하기 어려운 무모함을 공유하는 데서 또한 비롯하는 것이 아닐까 한다.

내 경험으로도 산에 들어 보내는 시간은 대개 꿈결같이 지나가서 다른 데 신경을 쓰는 것이 불가능했다. 요컨대 산에서는 속세와는 다른 산의 시간 속으로 빠져드는 것 같았다. 그래서인지 산에 오래 다닌 선배들 가운데는 직장생활이 안 되거나 결과적으로 생업을 등한시하는 경우가 드물지 않았다. 산에 더 익숙한 이는 혼잡한 저잣거리에서도 방금 산에서 내려온 듯해 보였다. 이미 산에 속해 있어 어디를 가나 산을 등에 지고 있는 사람에게 '산에 미쳤다'고 말하는 것은 잘못된 표현일 것이다. 모르는 사람들에겐 형편이 넉넉해서 그렇게 사는 것처럼 보일지 모르지만, 내가 여태껏 만나고 아는 산꾼들 가운데 여유가 있는 이는 한둘 꼽을까 말까 하다. 반면 각박한 세상을 피해 산을 벗어나지 못하는 경우는 여럿 보았다.

산에 다니는 사람들이 흔히 스스로를 '산거지'라고 부르는 것도 격식을 생략해 거칠기 마련인 삶의 스타일을 인정하는 표현이겠으나, 또 아예 돈이나 그런 문제에 대해서는 아무런 생각이 없는 방심상태임을 자인하는 나름의 호명(呼名)이 아닌가 싶다. 내 기억 속의 산꾼들은 스포츠맨과는 거리가 멀고 취미 서클의 구성원은 더더욱 아닌, 어떤 이름으로도 분류하기 어려운, 세상의 어디에도 속하지 않는 일종의 무숙자(無宿者)들이었다. 아마도 나는 이 정신적 무숙자들 가운데 하나가 되는 데 큰 매력을 느꼈던 것 같다. 배낭을 메고 나서면 복잡한 머릿속의 생각들이 말끔히 사라져가는 것을 느낄 수 있었다. 과연 등산은 육체뿐 아니라 정신적 거처를 산으로 옮기는 데서 시작하는 것이었다.

주말은 물론이고 주중에도 형편에 따라 나는 산을 향했다. 인수봉 바로 발치에 있는 수덕암이라는 조그만 암자가 우리 클럽의 아지트였다. 수덕암 뒤쪽 너럭바위에 앉아 올려다보는 인수봉의 전경은 매일같이 대면하는 것인데도 시선을 끌어들여서 그 구석구석을 더듬게 만들었다. 간단한 구수회의 끝에 장비를 챙겨 지고 암벽을 향하면 오늘 오를 코스에 대한 기대로 가슴이 벅찼다.

인수봉 전면이 조망되는 대 슬랩 출발점에서는 거대한 화강암 둥치와 마주섰다는 사실이 새삼 실감되었다. 중생대 백악기에 형성되었다는 이 바윗덩어리의 감촉은 가늠할 길 없이 오랜 시간의 깊이가 응축된 것인 양 단단하면서 매끄러웠다. 맨손으로 바위 모서리나 턱을 잡고 끌어당기며 또 그 안으로 몸을 부벼 넣을 때는 알지 못할 희열 같은 것을 느끼기도 했다. 그렇게 한두 피치를 오르느라 씨름하고 나면 땀이 한소끔 나고는 손발이 바위에 척척 감기는 느낌이 드는 상태가 된다. 등반이 자연스럽고 순조로워지는 순간이다. 마치 등반자가 바위의 일부분이 되는 것 같아서 어떤 상념도 일지 않고 허공에 매달려 있다는 사실조차 심상하게 여겨지는 것이었다.

정상에서는 가끔 담배를 피우기도 하면서 한동안 멍하니 아래 세상을 내려다보았다. 우이동을 건너 창동에 이르는 널따란 평지 너머로 도봉산이며 수락산이 어깨를 겯고 있었다. 아파트는 드물던 시절이었으므로 군데군데 성냥갑 같은 집들이 따닥따닥 붙어 옹송그린 모습이 눈에 잡힐 따름이었다. 멀리 시내로 이어지는 길에도 딱히 랜드마크라고 할 만한 것은 없었다.

백운대 오른편 삼송리 쪽은 군부대며 무슨 창고 같은 건물 몇 채뿐 죄 산등성이고 논밭이었다. 일산과 파주로 이어지는 들판을 긴 칼처럼 빙 에돌아 나가는 한강 줄기가 지평선에 잇닿으며 은빛으로 빛났다. 날이 좋을 때는 서해 바다와 북한도 보였다. 점점이 떠 있는 섬들이 마치 신기루 같았다. 정상에선 힘들게 올랐다는 성취의 쾌감보다는 갑자기 낯선 곳에 선 호젓함을 느낄 때가 더 많았다. 저 밑바닥에서 사람들은 그저 아웅다웅하고 있으려니 생각하면 세상일 또한 한껏 멀어지는 기분이었다.

박두진(朴斗鎭)의 시 <도봉>은 아마도 이런 감정을 표현한 것이리라. "산새도 날아와/ 우짖지 않고/ 구름도 떠가곤/ 오지 않는" 산은 정적의 공간이다. 오직 무심한 천체의 운행만이 있을 뿐이어서("황혼과 함께/ 이어 별과 밤은 오리니") 억겁을 깎여온 암봉에 서린 세월에 비출 때 찰나의 삶이 얼마나 허망한 것인지 실감이 되었다("생은 오직 갈수록 쓸쓸하고/ 사랑은 한갓 괴로울 뿐"). 나는 고작 스무 살이었지만 문득 말문이 닫히는 관조의 순간을 경험했다. 더불어 왠지 앞으로 살아가야 할 시간에 대해 섣부른 기대를 접어야 한다는 깨달음이랄까 각오랄까 하는 것을 다지는 마음이었던 것 같다.

산에 다니는 우리들에게 북한산의 인수봉이나 도봉의 선인봉이 도심 가까이 있는 소도(蘇塗)였다면 버스로 한나절은 좋게 가야 했던 설악산은 샹그릴라이고 양산박(梁山泊)이었다. 설악을 향해 나설 때는 벌써 몸이 달떴다. 마장동 터미널에서 탄 버스는 망우리고개를 넘어 한강을 끼고 한 시간쯤 달려 한적한 양평 읍내에 들어선다. 이내 포장길은 끊어져서 마른 날에는 꽁무니로 먼지구름이 길게 이어졌다. 홍천을 지나 구불구불 산허리를 따고 이어지는 군축령(軍築嶺)부터는 진짜 강원도다. 왼쪽으로 골짜기에 차오르기 시작한 소양댐 물이 짙푸르고 우쭐우쭐 산은 점점 높아간다.

끊임없이 덜컹대는 버스가 급하게 꺾인 길 가장자리를 돌 때는 바로 물속으로 빠질 것같이 아슬아슬하다. 특히 겨울에 눈이라도 왔을 때는 버스를 타고 달리는 것만으로도 스릴이 넘쳤다. 한식경쯤 걸려 마침내 고개를 넘으면 인제다. 인제에선 기사가 점심을 먹느라 삼사십 분 쉬어 가서 우리도 소머리국밥이나 막국수 한 그릇 먹고 돌아온다.

다시 출발한 버스 차창에 가득 담기는 정경은 이제 사뭇 달라진다. 청청한 옥수수밭이 시골처녀들처럼 수줍게 섰는데, 굽은 길 끝의 외딴집은 사람이 사는가 싶게 괴괴해 보인다. 인제 너머는 원통으로 설악산을 앞두고 큰 산 덩어리들 사이에 자리한 이곳은 '인제 가면 언제 오나 원통해서 못 살겠네'라는 푸념처럼 자못 유배지의 분위기가 났다. 유산객이 드물던 때여서 차부엔 휴가나 외출을 나온 병사들만 오갔다.

원통을 넘어 남교리와 용대리를 향하는 버스는 길이 좁아 일방통행을 해야 하기에 한참을 섰다가 다시 가고 하면서 한 발 한 발 설악의 품으로 들어선다. 차창 밖 경치는 이제 사뭇 예사롭지 않다. 능선 끝에 선 위태로운 바위 탑에다가 청록색 물굽이를 만들며 세차게 흐르는 계곡물은 멋들어진 산수화 그 자체다. 십이선녀탕 계곡 입구를 지나쳤나 싶자 용대리다. 아주머니들이 삶은 옥수수를 대야 가득 이고 나와 차창을 열어젖힌 승객들 코앞에 들이댄다. 크고 알이 실한 옥수수는 한두 개만 먹어도 배가 찼다. 몇 호 안 되는 용대리는 백담 계곡으로 들어가는 내설악의 관문이다. 버스를 계속 타고 진부령을 넘어 일껏 내려가면 길게 이어지는 백사장에 바다가 날뛰는 속초에 닿게 된다.

설악에 대한 내 기억의 사진첩은 몇몇 선배 및 동료와 여름에 용아장성(龍牙長城)을 답파한 산행의 장면들부터 시작한다. 날이 좋았던 듯한

데 우리가 용대리에서 버스를 내리자마자 비가 몇 방울 듣다가 여름 같지 않게 바람이 세차게 불었다. 용대리에서 백담사에 이르는 이십 리 가까운 길은 웬만한 수영장만큼씩 넓고 깊은 소(沼)에, 폭포들이 이어지는 절경의 계곡을 따라 오르는 것이어서 번번이 걸음을 멈추고 탄성을 연발해야 했다. 언덕 모퉁이를 돌자 갑자기 나타난 백담사는 마치 버려진 절인 양 인적이 없었다.

간간이 나무 터널이 이어지는 평탄한 백담 계곡을 걷던 일행은 싸리 울타리 안으로 조그마한 밭을 안고 있는 이 초사(이씨 성을 가진 분이 사는 초가라는 뜻)에 들러 토종꿀을 발효시킨 꿀술을 한 잔씩 얻어먹었다. 선배와 교분이 있는 집주인이 우리를 대접한다고 내놓은 것이었다. 달면서 톡 쏘는 향내가 대단했던 기억이지만 그 이후로 나는 다시 꿀술을 먹어보는 기회를 갖지 못했다.

우리 일행은 한국전쟁 때 타버렸다는 영시암(永矢庵)이 있던 자리에 텐트를 쳤다. 영시암터 앞으론 내달리던 계곡물이 멈춰 서 둥그렇게 깎인 바위를 떠올려 내는 고즈넉한 풍경이 펼쳐져 있었다. 수면은 거울 같아서 주변의 나무며 관목 숲을 비춰내는 한편, 모래가 곱게 말려들어 간 물 가장자리부터 바닥의 돌들이 또한 투명하게 드러나 보였다. 과연 세상을 피해 숨어 살 요량으로 암자를 지을 만한 곳이었다. 이후 여러 차례 그 앞을 지나다녔는데 그때마다 나는 물과 돌, 그리고 나무가 완벽한 조화를 이룬 이 최고의 자연정원을 예찬해 마지않았다. 우리는 저녁을 지어 먹은 후 모두 계곡물에 몸을 담근 채 키 높은 소나무 숲이며 물가의 집채만 한 돌들이 어둠 속으로 사라지는 것을 보았다.

다음날 용아장성의 출발점이 되는 옥녀봉을 올랐다. 이른 아침부터 햇빛이 뜨거워 한바탕 땀을 쏟고 나서야 말 그대로 용의 이빨같이 이어지는 암봉들이 눈앞에 펼쳐졌다. 계획은 암봉을 일일이 다 타넘는다는 것이었지만 막상 그러려 하니 암봉의 규모가 모두 만만치 않아서 며칠로 될 일이 아니었다. 결국 큰 봉우리들은 우회하지 않을 수 없었다. 배낭에 가득 지고 온 암벽등반 장비들이 더 무겁게 느껴졌다. 그러나 용아장성에서 보는 내설악의 전경은 대단했다. 눈앞에는 가야동 계곡을 사이에 둔 공룡능선이 우람하게 솟았고 반대편을 향하면 멀리 병풍처럼 이어지는 서북주능이 굳건하게 하늘을 받치고 있었다. 그리고 우리의 진행방향으로는 간혹 밋밋한 피라미드 같은 대청봉의 윤곽이 푸르스름하게 드러났다. 어디에도 사람의 흔적 같은 것은 없었다. 거대한 산괴를 누비는 우리들뿐이었다.

둘째 날은 한 암봉 꼭대기에서 잤는데 한밤에 벼락 치듯 하는 굉음에 놀라 깨기도 했다. 다음 날 아침에 일어나니 맞은편 암봉에 커다랗게 바위가 쪼개져 뜯긴 부분이 보였다. 집채보다 큰 바윗덩어리가 떨어져 내리면서 엄청난 굉음이 났던 것이었다. 당시만 해도 용아장성은 사람들이 발 디디는 곳이 아니어서 마치 처녀지 같았다. 바윗길을 지나가자면 낙석 더미를 특히 조심해야 했다. 우리는 그날 저녁 봉정암에 닿았다. 이튿날 청봉을 거쳐 하루 종일 천불동 계곡을 내려가는 길도 초행인 만큼 매우 인상적이었다. 기암절벽이 병풍처럼 선 사이로 옥류가 휘돌아 흘러 모퉁이를 돌 때마다 입이 벌어졌다. 여태껏 보지 못한 풍광을 펼쳐내는 설악산의 굽이굽이는 이 세상의 것 같지 않았다. 설악산에 든 첫 경험이었지만 나는 결코 거부할 수 없는 세례를 받은 기분이었다.

용아장성 이후 나는 손가락으로 다 꼽기 힘들 만큼 설악산을 찾았고 곳곳을 돌아다녔다. 되짚어 보면 갖은 장면들이 떠오르고 지금은 만날 수 없는 여러 사람들의 얼굴이 눈앞을 스쳐간다. 당장 그해 겨울도 선배 동료들과 양폭산장을 거점으로 설악산에 파묻혀 지냈다. 대청봉에서 동해 쪽을 외설악이라고 부른다. 양폭산장은 외설악의 중심부에 위치한 만큼 겨울에도 산꾼들이 북적거려서 어떤 때는 과연 숨겨진 산채(山砦)같았다. 밤이 되면 천정이 낮아 허리를 펼 수 없는 온돌방에 죽 둘러앉아 흐릿한 램프 불빛 속에서 이야기꽃을 피웠다.

양폭산장에서 지내던 여럿과 함께 이른바 죽음의 계곡을 치고 올랐던 날도 기억에 남는다. 어찌나 눈이 왔는지 나무들이 끄트머리만 남긴 채 묻혔고 계곡 첫머리에 있는 백미폭(백 미터 되는 폭포라고 해서 붙여진 이름) 중간까지 눈이 차올라 마치 올라야 할 성벽에 공성탑(攻城塔)을 갖다 댄 것 같았다. 대청봉에 이르니 짧은 겨울 해가 기울어 그 아래 있는 벙커에서 밤을 보냈다. 한국전쟁 때 지었을 벙커는 노천이나 다름이 없었다. 그러나 뚫린 창문으로 들이친 냉기가 천정까지 하얗게 성에를 깔아 놓아 얼음왕국이 된 듯 나름대로 정취가 있었다.

일본의 산학동지회(山學同志會) 멤버들과 함께 찾았던 토왕성 폭포의 모습도 잊을 수 없다. 인적 끊긴 길을 일껏 걸어 들어가 마주친, 고개를 완전히 꺾어야 끝이 보이는 아마득한 검은 벽 위로 삼백여 미터에 이르는 얼음덩어리가 곧추선 모습은 너무나 비현실적이었다. 이 폭포를 초등하려던 전설적 산꾼이 안타깝게 사고를 당했다는 소식을 고등학교 때 등산장비점에 갔다가 들은 바 있어 마치 역사적인 유적지를 찾은 것처럼 경건한 마음이기도 했다.

산에서는 놀랍고 안 된 일이 생기기도 한다. 다음 해 여름 나는 친구와 함께 한 선배를 좇아 천불동의 지류인 설악골이며 잦은바위골을 헤맸다. 사연이 깊은 암릉인 석주길을 답파한 다음에는 칠형제봉을 지나 천화대와 범봉을 누비는 식이었다. 멀리 있는 약초꾼들을 본 것 빼고는 며칠씩 사람이라곤 없는 산속을 짐승처럼 헤매다 보니 후각이 예민해져서 온갖 냄새가 느껴질 정도였다.

그러던 하루, 정오가 지난 때쯤이었을까 잦은바위골에 들어 물가에 앉아 쉬고 있는데 다급한 발자국소리가 들렸다. 서너 악우가 무엇인가를 들고 질벅거리며 계곡을 내려오고 있었다. 일어나 다가가니 급조한 담가에 한 친구가 피투성이가 된 채 누워 있었다. 서울 치대 산악부라고 했다. 입에는 나뭇가지를 물렸는데 간혹 땅을 훑는 듯한 신음과 함께 숨을 몰아 쉴 때마다 피가 울컥 목구멍에서 솟아 뺨으로 흘러내렸다. 햇빛이 쨍쨍해 붉은 피가 번쩍이듯 더욱 선명했다.

얼굴을 살피니 수일 전 희운각 아래 무너미 고개서 만나 이야기도 나눈 친구였다. 초면이었지만 산을 사랑하는 동료로서 산행 계획을 묻고 서로를 격려했던 것인데, 그가 별안간 참혹한 모습이 되어 있었다. 칠형제봉을 시작하다가 떨어졌다고 했다. 산길을 정신없이 내려온 그의 동료들이 지쳐 있었으므로 선배들이 담가를 대신 들고 뛰어갔다. 나는 차마 그 얼굴을 다시 볼 수가 없었다. 한참 만에 돌아온 선배는 길을 가던 중 그 친구의 숨이 끊겼다고 했다. 입에 물려 둔 나뭇가지가 목구멍 속으로 쑥 들어 가 있더라는 것이었다.

이미 산에서 여러 차례 남의 죽음을 보았고 나 역시 아슬아슬했던 적이 여러 번이었지만 정작 죽음과 대면하면 슬프다거나 두렵지는 않았다. 사고란 문턱 너머에 있다가 갑자기 닥치는 것이어서 다만 낯설 따름이었다. 아무리 철저하게 대비한다 하더라도 어이없게 교묘히 일이 벌어지거나 불가항력인 경우도 얼마든지 있다. 어쩌겠는가. 그런 부분은 운명으로 받아들이는 수밖에-.

나의 설악산 사진첩에 남겨져 있는 장면들은 대부분 그래도 웃음을 짓게 하는 것들이다. 늦겨울 습설로 러셀조차 힘든 십이선녀탕 계곡을 사흘이나 걸려 오른 대승령 안부(鞍部)의 잣나무 숲에서, 녹초인 상태로 겨우 밥을 해 막 숟갈을 뜨려는 순간, 갑자기 생전 처음 듣는 울부짖음과 함께 무언가 거대한 것이 철벅철벅 눈을 밟으며 우리 쪽으로 다가오는 것이 아닌가! 곰이었다. 반사적으로 옆에 꽂아두었던 픽켈을 잡아들었으나 너무 놀랐는지 떨리지도 않았다. 밤새 모닥불이 꺼지지 않도록 나무를 넣으며 자는 둥 마는 둥 하던 끝에 날이 밝아 발자국을 살피니 곰 역시 밑에서 올라오다가 우리를 보고 방향을 틀었는데, 엇비슷이 능선을 넘어가느라 꼭 우리에게 달려드는 것처럼 느껴졌던 것이다.

겨울 용아장성을 완주하다가 얼어 죽을 뻔한 일도 떠오른다. 닭털 침낭에 비닐 봉투를 씌워 갔는데 새벽 추위 속에서 자꾸 잠이 깨 맞은 편 공룡능선의 윤곽이 드러날 때까지 이를 악물고 버텨야 했다. 누구는 용아장성의 한 구석에서 해골을 보았다고 했지만 내가 목격한 것은 팔뚝만큼씩 한 포탄 더미였다. 그런데 같이 갔던 후배가 픽켈 끝으로 그 포탄 하나를 콩콩 쪼고 있는 것이 아닌가! 며칠 동안 얼고 칼바람을 맞아 정신이 나간 모양이었다. 설악산도 한국전쟁을 피해가지 못해 큰 싸움이 벌어진 적이 있다는 이야기를 나이든 약초꾼들에게서 들은 바 있다.

실소를 머금게 하는 해프닝도 없지 않았다. 한번은 웬 체대생과 우연히 동행을 해 가야동 계곡을 넘어가는데 그가 소(沼)를 에돌다가 물에 빠졌고 지갑에 있던 돈까지 젖어 지폐를 바위에 널어놓은 채 잠시 낮잠을 자고 나니 그새 마른 돈이 모두 바람에 날아가 버려 황당해했던 일, 선배 몇과 양폭 앞 고깔봉을 오르다가 너무 날이 무더워 장난삼아 옷이란 옷은 죄 벗고 하네스만 한 채 서로를 보며 낄낄댔던 일 등이 두서없이 떠오른다. 다 꿈속에서 겪은 일처럼 아득해서 어떤 때는 정말 그런 일이 있었나 싶기도 하다.

설악산이 나의 것으로 느껴지면서 산에 머무는 날도 점점 길어졌다. 얼마나 되었나 꼽다가 한 달 가까이여서 놀란 적도 있었다. 주로 양폭산장에 머물렀는데 여름에는 산장에서 파는 소주며 잡화를 짐차가 닿는 와선대부터 지게로 져 날라 주는 것으로 체재비를 대신했다. 그도 그럴 것이 소주 한 병에 소매가가 백 원가량 할 때 산장에서는 오백 원 정도 했으니까. 한나절 품이 드는 일이었지만 노역이라고 생각하지는 않았다.

옳게 영양가 있는 음식을 먹지 못하고 땀만 흘려 기름기가 너무 빠졌다 싶으면 속초 시장에 가서 돼지고기를 먹거나 쥐치같이 싸게 파는 횟감을 사 오기도 했다. 산 닭을 줄에 묶어 데리고 와 가마솥에 삶은 적도 있었다. 겨울엔 명태가 많이 잡혀 속초 시내가 온통 덕장이었다. 수송이 힘들 때라 용대리 등으로 옮겨 황태를 만드는 경우는 별로 보지 못했다. 비라도 추적추적 내리는 날엔 어중간하게 마른 명태가 쌌다. 그것을 나뭇불을 땠던 아궁이 속 재 속에 넣어 구워 내 초장을 찍어 먹으면 쫀득하니 참 맛이 있었다.

산속에 오래 있다 보면 산이 집처럼 느껴진다. 주변의 나무며 바위와 계곡물에 익숙해져서 특별한 감흥이 일지 않는 심상한 상태가 된다. 그러다가 일이 있어 설악동 여관촌에라도 내려가면 왠지 마음이 불편해 서둘러 산속으로 돌아오고 만다. 한여름 해수욕 철에 친구들과 몇 번 바닷가를 찾은 적이 있었다. 바닷물에 몸을 담그고 좋은 구경(?)도 해 보자는 심사였지만 하룻밤을 넘긴 적이 없었다. 우선 피부에 달라붙는 끈끈한 소금기가 성가셨던 데다가 무엇보다 곳곳이 너무 지저분해 청량한 산이 당장 그리워졌기 때문이었다.

나는 산에서 지내는 것이 본업같이 되어서는 안 된다고 여겼다. 등산은 어디까지나 취미일 뿐이라고 가까운 선배에게 토로한 적도 있었다. 그러나 산속에 있는 한 세상일은 물론 앞으로 무엇을 어떻게 할 것인지 등의 문제는 머릿속에 오래 머무르지 않았다. 부당한 현실에 대해 가졌던 의분 같은 감정도 연기처럼 사라지게 마련이었다. 머리가 비는 만큼 마음은 한가로워지는 것이다.

누가 산악인이냐고 물으면 그렇다고 대답해야 했겠지만 남들이 하지 못하는 엄청난 도전에 나설 의사는 별로 없었다. 기록을 남기려는 '선수'를 백안시하면서도 첨예한 등반에 욕심을 내는 것이 산꾼의 일반적인 태도였다고 한다면 내 경우는 조금 달랐다고 말해야 할 것이다. 산행의 즐거움 속에서 내가 더 찾았던 것은 무심한 방랑자로서의 모습이었다. 요컨대 아무데도 거칠 것 없는 자유롭고 무애한 상태를 바랬다고 할까.

아직 세월이 얼마나 빠른지 모를 나이였고 현실적으로 무엇에 쫓기는 상태도 아니었던 만큼 나는 설악산을 드나드는 생활이 마냥 계속되기는 어렵다는 생각을 하지 못했다. 그래서 더 이상 방랑자인 척하며 시간을 보내는 것이 불가능해지고 그래서도 안 되는 때가 되었을 때 나는 마음뿐 아니라 몸까지 중병을 앓듯 크게 힘들었다.

    나를 산으로 이끈 것은 단연코 산의 위대함이었다. 산에서 나는 부재한 것을 향한 막연한 그리움이랄까 삶과 우주의 바탕으로서의 근본적인 무의미라고 해야 할까 하는 것을 얼핏 느끼는 순간들이 있었다. 그 느낌은 이런저런 일에 매달려 조바심쳤던 시간이며 집착했던 대상들을 단번에 하찮게 만들어버리는 강력하면서 예언적인 것이었다. 살아오면서 간간이 산행의 추억을 돌이킬 때마다 나는 그 이끌림의 언저리를 하릴없이 헤매곤 했다. 마치 궁극적인 계시나 수수께끼와 마주하듯 말이다.

## 15. 자포자기의 영웅주의

산은 우리들에게 훌륭한 도피처였다. 그러면서 동시에 어떻게 앞으로의 인생을 꾸려가야 할 것인가를 계속해서 묻게 하는 공간이었다. 산 속에 있는 한 잔인하고 야비한 세상을 잠시라도 등질 수 있고, 매혹적인 야성의 부름을 따르는 것도 가능했다. 산이 세상에서의 생활을 유예시켜 주는 만큼 우리는 자유로웠다.

# 자포자기의
# 영웅주의

　　대학 3학년을 마친 겨울, 나는 학생으로선 어울리지 않는 일에 매달려야 했다. 아버지가 사기를 당한 것 같은데 어떻게 하면 좋겠냐는 어머니의 걱정을 듣고 내가 알아보겠노라고 나섰던 것이다. 떼인 돈이 당시로선 적지 않은 수백만 원이라고 했고, 남의 말을 쉬 믿는 아버지 때문에 매번 속을 태우는 어머니를 보기가 안쓰러웠기 때문이었다. 사건의 내용은 아버지가 모 사학재단의 공사를 따내려고 관계자라는 사람에게 공탁금 명목의 돈을 건넸으나 공사는커녕 돈도 돌려받지 못했다는 것이었다. 일을 풀어내기 위해서는 먼저 그 관계자를 아버지께 소개한 브로커부터 만나보아야 했다.
　　아버지에게 접근했던 브로커는 중부(仲父)의 옛 친구라는 사람이었다. 연락처가 시끄러운 다방의 전화번호였는데 겨우 통화가 되어 약속한 시간에 나가 아무리 기다려도 그는 나타나지 않았다. 몇 차례 그런 끝에 곧 그 변두리 다방이 브로커가 종일 죽치는 사무실 같은 곳이라는 점, 그러나 나와 만나기로 한 시간이면 그가 몸을 피했다는 사실을 알게 되었다. 아, 사기꾼들은 이렇게 사는구나 싶어 놀랍기도 하고 한심하다는 생각이 들기도 했다. 마침내 맞닥뜨린 그는 과연 나를 그저 손아래 사람 취급하면서 왜 소개만 한 자신을 들볶냐고 곧바로 역정을 냈다. 한참만에야 그로부터 재단 관계자라는 이의 전화번호를 받을 수 있었다.

처음으로 대면하게 된 이른바 관계자는 적어도 오십 줄에 들어선, 인상이 나쁘지 않으나 울긋불긋한 원색 옷을 입은, 행동거지나 말이 어딘지 허랑하고 우스꽝스러워 보이는 사람이었다. 그는 잠시 난감한 표정을 짓는가 싶더니 순순히 아버지 일은 참 미안하게 되었다고 자백했다. 자신이 이사장의 가까운 친척인 것은 맞지만 재단 일을 본다고 한 것은 거짓말이었다는 것이다. 이내 그는 머지않아 돈이 들어올 텐데 그러면 최우선으로 변제를 할 테니 걱정마라고 시원시원하게 장담을 했다.

약속 장소를 나오자 그가 같이 밥이나 먹자고 했다. 자기 때문에 내가 이렇게 찾아왔으니 그래야 하지 않겠냐고 살갑게 굴어 거절할 수 없었다. 나는 그와 함께 기사가 운전하는 그의 낡은 고급 승용차에 올라 충무로 어디쯤의 소내장탕집에 갔다. 식당에서 그는 자신이 영화 관계 일을 하고 있고 내 또래라는 자기 아들도 영화배우로 활동하고 있다고 자랑을 늘어놓았다. 헤어질 때는 이런 사정으로 만나게 되어 유감이지만 너무 나쁘게는 생각하지 말았으면 좋겠다는 말을 덧붙였다.

그러나 약속한 날짜가 되어도 그로부터는 아무런 연락이 없었다.

나는 또 그를 찾아갔고 그의 여유 넘치는 변명을 들어야 했다. 그러기를 수차례 반복했던 것 같다. 어느덧 계절은 바뀌어 봄이 되었으니까. 만날 때마다 그는 밥을 사며 살뜰하게 굴었다. 한번은 자신이 단골이라는 술집에도 나를 데려갔다. 여급에겐 나를 동생으로 소개했고 정말 친한 동생하고 같이 술을 마시는 듯 즐거워했다. 나는 슬슬 화가 났다. 아무래도 여태처럼 해서는 돈을 돌려받기 어려울 것이 분명해졌으므로 다른 방법을 찾아야 했다.

 나는 주변의 자문을 받아 그의 주소지인 용산경찰서에 가서 형사 고소를 하는 절차를 알아보았다. 고소를 하겠다는 사실을 전하기 위해 찾아간 그의 주소지는 한남동에 있는 한 공중목욕탕 2층의 여관방이었다. 살림살이가 가득한 방안에는 갓난아기를 안은 젊은 여성이 앉아 있었다. 불쑥 찾은 나에게 놀란 그가 함께 사는 여자라고 소개했지만, 여성은 이런 일을 벌써 겪어 본 듯 고개만 숙인 채 말이 없었다. 그런 상황은 나 역시 전혀 예상치 못했던 것이어서 놀랍기도 하고 미안하기도 했다. 알리고 싶지 않은 남의 사생활을 들여다본 셈이었으니까. 어쨌든 여관방에 장기투숙하고 있는 처지에 그가 돈을 갚을 능력이 없다는 것은 분명했다. 나는 고소를 않느냐 그래도 하느냐를 두고 선택을 해야 했다.

 며칠 뒤 그가 나에게 연락을 해 돈을 마련할 길이 생겼으니 만나자고 했다. 약속장소에는 그뿐 아니라 부동산업자라는 웬 사람도 나와 있었다. 그의 젊은 부인이 유산으로 받은 땅을 내놓아 부동산업자가 그 땅에 연립주택을 짓기로 했다는 것이었다. 업자는 소유주로부터 토지사용 허가를 받는 즉시 문제의 금액을 대신 변제하겠다고 했다. 나로선 마다할 이유가 없어 그렇게 일은 일단락되었다. 돌이켜 보면 그는 분명히 악당은 아니고 전문적인 사기꾼도 못 되는 축이었던 것 같다. 오래 전이라 기억이 흐린 부분도 있지만 돈을 받고 나니 아버지뻘 되는 사람에게 너무 무례했던 것은 아닐까 하는 자책도 했던 듯하다. 어쨌든 나로선 만나기 어려운 사람들을 만나 해 보지 않은 일을 한 셈이었으므로 머릿속이 혼란스럽고 대단히 피곤했다. 그러던 차에 선배들과 만나 설악산을 가게 되었다.

벌써 6월 달이었다. 학교는 이미 휴교를 한 상태였다. 시내에서 산에 다니는 두 선배 H형과 Y형을 만났는데, 이야기 중에 즉흥적으로 설악산에 가자는 의견의 일치를 보았다. 두 선배 역시 산에 머무는 시간이 더 좋을 때였고, 게다가 모두 마음이 지친 상태였다면 산으로 가야 했기 때문이다.

다음날 만난 우리는 좀 늦게 마장동에서 버스를 탔다. 점심때가 되어 닿은 홍천에서 H형은 막국수를 먹으러 가자고 했다. 그런데 가자고 한 집이 차부에서도 꽤 멀었다. 아무리 기사가 식사를 한다 하더라도 정차 시간이 30분을 넘지는 않을 터여서 버스를 놓칠까 걱정되었다. 태평한 H형은 걱정마라면서 우리가 안 탔는데 어떻게 버스가 떠나느냐고 호언을 했다. 서둘러 국수를 먹고 뛰어갔지만 버스가 섰던 자리는 휑하니 비어 있었다. 주변에 있는 사람들 말로는 떠난 지 좀 되었다는 것이었다. 배낭 세 개가 다 차에 실려 있었으므로 하는 수 없이 근처에 있던 택시를 잡아타고 버스를 뒤좇아야 했다.

택시운전수는 임무를 완수하려는 듯 속력을 내서 비포장길을 죽기 살기로 내달렸다. 울퉁불퉁한 곳을 지날 때는 차에서 당장이라도 부서질 것 같은 소리가 났다. 택시는 철정검문소를 일껏 지나서야 버스를 따라잡을 수 있었다. 택시 안에서 Y형은 버스를 잡기만 하면 기사를 도륙이라도 낼 듯 별렀지만 막상 버스를 타니 그럴 수는 없었다. 늦은 것은 우리 잘못이었으니까. 평탄치 않은 여정 끝에 와선대의 쌍처녀집에 이르니 이미 깜깜한 밤이었다. 양폭산장으로 짐을 져 올리는 출발점이기도 한 쌍처녀네서 감자전으로 요기를 한 뒤 허위허위 올라 귀면암(鬼面岩)의 토굴을 찾아들었다.

귀면암에는 성씨가 유가인 약초꾼이 살고 있었다. 오가며 안면을 익혀 형님이라고 불렀지만 중년을 넘긴 그는 단풍철이면 귀면암 마루턱에서 당귀차를 끓여 팔았다. 귀면암이 청봉으로 오르는 길목이어서 유산객의 왕래가 잦은 편이었기 때문이다. 보통 땐 돈이 될 만한 물건을 찾아 골짜기를 뒤지고 버섯을 따는 여느 약초꾼과 다름없었다. 그러나 그는 산사람답게 때때로 나름의 철학을 피력하곤 했다. 예를 들어 모든 동물이 발자국 소리를 크게 내지 않는데 왜 사람만 소란스러운 것이냐며 새를 꼬아 만든 풀신을 신고 다녔다.

몸도 다부져서 언젠가 당귀 뿌리를 캐러 나선 그를 따라나섰다가 걸음이 어찌나 빠른지 애를 먹은 적이 있었다. 그의 말로는 산에 좀 다닌다는 이들도 이틀은 잡는 귓때기청봉을 자신은 하루에 다녀온다는 것이었다. 한번은 보통 독사보다 훨씬 독이 세다는 칠점사에 손가락을 물려 팔은 물론 어깨까지 통통 부은 것을 보았는데, 병원 근처도 가지 않고 며칠 만에 멀쩡하게 나아 모두를 놀라게 한 적도 있었다.

그의 문제는 아마도 외로움이었던 것 같다. 당귀차를 팔아 모은 돈으로 겨울엔 설악동의 노름판을 찾는 눈치였거니와, 또 속초 시내 색주가에서 버려지다시피 한 여성을 데리고 와 살림을 차린 적이 몇 번이었다. 만신창이가 되어서 그런지 눈도 제대로 못 뜨던 여성이 갖은 약초를 먹은 덕에 부옇게 살이 오르면 어김없이 그의 금고인 양철통을 털어 사라지는 것이었다. 여자가 보이지 않아 "형수님은 어디 갔수?"하고 물어도 그는 심드렁하게 "갔지~" 하곤 더 말이 없었다. 그럴 줄 다 아는 일인데 왜 묻느냐는 식이었다.

밤이 꽤 이슥했지만 유 형님은 토굴을 나와 우리를 반갑게 맞아 주었다. 집채만큼 큰 바위 밑을 파고들어간 그의 토굴은 비록 허리를 펼 수 없게 천장이 낮았지만 안에선 귀면암을 돌아 흐르는 계곡물 소리만 희미하게 들릴 뿐 퍽 아늑했다. 게다가 바닥의 온돌은 찜질방 이상이었다. 뭔가를 먹었던 것도 같지만 그날 밤엔 무릎을 맞대고 정담을 나눌 겨를도 없이 우리 일행은 자리를 폈다. 목침을 베고 드러누우니 램프 불빛이 희미한 가운데 온통 신문지로 도배를 해서 오래전 기사와 광고가 덕지덕지 붙은 벽이며 천장이 마치 굴속처럼 나를 에워쌌다.

방 한구석에는 건전지를 줄로 동인 낡은 라디오 하나와 망원경이 매달려 있었다. 원래 쌍안경이었으나 한쪽이 떨어져 나가 외눈이 된 망원경은 약초를 찾을 때 건너편 비탈에도 뭐가 있나 살필 수 있어 아낀다는 집주인의 재산목록 1호였다. 나는 마치 고향집을 찾은 듯 오랜만에 깊은 잠을 잤다. 눈을 뜨니 벌써 작은 창이 훤했다.

유 형님 아지트의 명물은 단연 화장실이었다. 토굴 앞에서 조금 떨어진 후미진 구석에는 다리를 벌려 앉게끔 일부러 깎은 것인 양 바위 두 짝이 가지런히 놓였는데, 그 사이를 내려다보면 깜짝 놀라게 십여 미터가 넘는 허공이고, 밑으론 흘러온 계곡물이 거세게 소용돌이치는 여울

목이었다. 토굴 터가 귀면암 밑 급경사의 돌너덜을 메워 올려 만들어진 것이어서 그 끄트머리 쪽은 벼랑이었던 것이다. 하여튼 이 엄청난 규모의 수세식 변소에서 일을 볼 때는 밑에서 솟아 올라오는 계곡의 차갑고 웅장한 물 기운 탓에 자못 경건한 기분이 들기도 했다.

유 형님은 우리를 위해 당귀와 작약 뿌리에 삼지구엽초까지 넣은 약초차를 한 주전자 끓이고 있었다. 몸이 좋지 않았던 것은 나뿐이 아니어서 우리 일행은 틈틈이 약초차를 마시고 물에 불려 쓴 내를 뺀 곰취를 볶아 먹다가 하면서 아무 일도 않고 하루이틀을 더 묵었다.

일행은 며칠 만에 기운을 차려 양폭산장에 올랐다. 아직 여름방학이 멀었기 때문에 유산객이 드물어 산은 한산했다. 특별히 일이 있었던 것도 아니었으므로 우리는 빈둥빈둥하며 시간을 보냈다. 아침을 먹고는 근처 봉우리들을 답사하고 돌아와 계곡 옆의 평상에서 낮잠을 자거나 장기를 두거나 하는 식이었다. 하루는 천화대 능선을 내려오다가 멀리 산양인지 늑대인지 분간이 가지 않는 산짐승이 바위능선을 넘어가고 있는 것을 보았다. H형은 늑대일 거라고 했지만 확인할 수는 없는 노릇이었다. H형 말대로 그것이 늑대였다면 아마도 설악산의 마지막 늑대였을 것이다. 지게를 지고 와선대에 내려가 짐을 져 올린 날도 있었다. 산장에서 자고 먹는 값을 치르고 서울 가는 차비도 얻어야 했기 때문이다.

이제 내일쯤은 내려갈까 하는 날이었다. 한 바퀴 하고 와 계곡에서 목욕을 하고 평상에 앉았는데 웬 할머니가 구르듯 황급히 내려오고 있었다. 위에 사람이 다쳤다고 했다. 서둘러 희운각을 향해 올라가니 길가엔 중년 사내 하나가 기진해 널브러졌고 다친 할머니 역시 나무둥치에 허리를 대고 앉아 신음소리만 내고 있었다. 무너미 고개에서 굴러 다리가 부러졌다는 것이었다. 경사가 급해 겨울에 눈이 쌓이면 썰매장이 되는 곳이었다. 할머니를 업고 내려오다가 지쳐 쓰러진 사내는 여행사 가이드로 일행 중 유일한 남자였다.

나중에 보니 모두 이삼십 명은 되어 보였던 할머니 구락부의 성원 가운데는 허리가 굽어 지팡이를 짚은 이에, 고무신을 신은 이조차 있어 백담사를 거쳐 설악산을 넘어왔다는 말이 곧이 믿기지 않았다. 그러나 할머니 구락부의 무모함을 탓할 계제는 아니었다. 다친 할머니를 지게 위에 들어앉히고 몇 걸음을 떼니 아무래도 할머니가 굴러떨어질 것 같아 바위를 오를 때 쓰는 밧줄로 칭칭 동여 묶어야 했다.

부러진 다리가 아래로 늘어진 채여서 걸음을 옮길 때마다 할머니는 새된 비명을 질렀다. 그런데 해가 지기까지 시간도 얼마 없었으므로 서둘러 설악동으로 내려가야 했다. 다친 할머니는 체구가 있는 편이라 지게 멜빵이 어깨를 조여 왔다. 할머니를 내려다 주고 다시 양폭으로 올라올 수 없어서 우리 일행의 짐도 챙겼고 번갈아 가며 할머니를 지고 산을 내려갔다. 고통에 겨운 할머니가 훌쩍거릴 때마다 H형은 할머니를 도닥이며 달랬다. 오랜 세월 동안 할머니가 겪었던 힘든 일에 비하면 다리가 부러진 것 정도는 아무 일도 아니라는 내용의 위로 아닌 위로였던 것으로 기억한다.

간신히 시간에 맞춰 설악동에 닿자 할머니는 어진 젊은이들을 만나 살았다고 무수히 치하를 하면서 꼬깃꼬깃 싼 손수건을 펼쳐 지폐를 몇 장을 내밀었다. 놀러 가서 쓰라고 아들이 준 돈인데 이제 더 이상 쓸 수도 없게 되었으니 고기라도 사 먹으라는 것이었다. 우리는 돈 받으려고 한 일이 아니라고 극구 사양을 했지만 옆에 섰던 할머니들까지 돈이 적어 그러냐고 하면서 제가끔 지갑을 열어 할머니의 돈에 보탰다. 도저히 거절을 할 상황이 아니었다. 병원으로 향하는 할머니들과 헤어져 우리는 할머니가 바란 대로 이른바 영양보충을 하러 갔다.

이미 양폭산장에서 차비를 받아 온 데다 생각지도 않은 할머니들의 격려금까지 생겨 저녁자리가 길어졌던 것 같다. 다들 취한 상태로 나오니 벌써 통금이 가까운 시간이었다. H형의 발의로 우리는 낙산해변으로 가려 했다. 그런데 택시도 눈에 띄지 않았다. 그러자 Y형은 밤을 도와 달리는 짐차를 타면 낙산으로 갈 수 있다는 의견을 냈다. 그래서 해변도로에 화물차들이 쉬어 가는 곳으로 가서 부탁을 했던 듯하고, 이내 어떤 기사가 낙산해변까지 태워주겠다고 해서 우리는 냉큼 적재함에 올랐다.

트럭은 해변 길을 달리는데 보름 때였는지 캄캄한 바다 위로 비친 긴 달그림자가 우리를 따라왔다. 적재함에서 이리저리 쏠리느라 취기는 한껏 올랐지만 휘영청한 달빛 아래 부드러운 바닷바람을 가르며 Y형이 챙겨온 소주 병나발을 부는 맛은 그만이었다. 어디까지라도 그렇게 갈 수 있을 것 같았다. 그러다가 낙산이라는 기사의 말에 허겁지겁 내리기는 했으나 어디가 어딘지 통 알 수가 없었다. 밭으로 들어갔다 논으로 들어갔다 헤매다가 문득 '나라사랑 국어사랑'이라고 쓰인 블록 담장이 나타나 그 담장에 기대 침낭을 펴고 잤다.

아침에 일어나니 소똥이 온몸 이곳저곳에 발려 있었다. 어젯밤에 얻어 탔던 화물차가 소를 실어 날랐던 것이 분명했다. 적재함 바닥에 드러눕고 뒹굴었으므로 소똥 칠갑을 할 수밖에. 그건 그렇고 숙취로 머리

273

가 멍하고 두들겨 맞은 듯 나른했다. 겨우 몸을 일으키니 H형이 보이지 않았다. 잠을 깬 Y형과 나는 침낭을 뒤집어쓴 채 H형을 찾아 바다를 향했다.

H형은 민물 개천이 바다 쪽으로 흐르다가 고인 저습지에 엎드려 무언가를 잡고 있었다. 다가가 보니 깨진 병에 작은 물고기 몇 마리를 잡아 두었는데 더 잡아서 우리들에게 매운탕을 끓여주겠다는 것이었다. 크기가 새끼손가락만큼도 안 될뿐더러 눈이 퀭하고 껍질에 각이 서서 작은 갑옷을 입은 것 같은 물고기였다. 뒤에 도감을 보고 알게 된 그 물고기는 가시고기로, 한 소설가가 <내 그물로 오는 가시고기>라는 소설에서 가난한 노동자를 가시고기로 부른 바 있거니와, 뼈만 앙상해 도저히 먹어서 될 것 같지 않았다.

여전히 고개를 숙인 채 물속에 섰는 H형을 마지못해 기다리고 있는데 멀리 웬 할아버지가 투망을 어깨에 메고 바다로 나가고 있는 것이 눈에 들어왔다. 소리쳐 물으니 고기를 잡으러 간다면서 오라고 손짓을 했다. 우리는 서둘러 할아버지를 뒤쫓았고 나는 할아버지의 주문대로 가게로 뛰어가 소주와 고추장을 사 들고 따라 붙였다.

해변엔 바람만 한 번씩 휘몰아칠 뿐 아무도 없었다. 이미 해가 높이 떠 백사장은 눈이 시리게 희었다. 할아버지는 익숙한 손놀림으로 투망을 펴서 어깨에 두르고 살금살금 슬쩍이면서 해변을 따라 걷다 밀려오는 파도가 날을 세우는 쪽을 노려보는가 싶더니 번개처럼 그물을 뿌렸다. 첫 그물에 걸려 올라온 것은 팔뚝만큼씩 한 숭어들이었다. 믿기지 않는 광경이었다. 무릎을 겨우 적실 깊이에서 펄떡이는 물고기가 잡혀 올라오다니!

바람이 심해 입안이 모래로 서걱거릴 정도여서 제대로 회를 뜨거나 할 형편이 아니었다. 우리는 숭어를 부둥켜안고 이로 껍질을 벗겨가며 살을 뜯어 먹었다. 다음은 전어새끼들이었다. 바다에서 끌어낸 투망 끝머리에는 은으로 만든 잎사귀같이 반짝이는 전어들이 가득했다. 그리고 또 멸치들이 잡혔다. 연한 녹청색의 등이며 몸피가 날씬했다.

우리는 코펠을 꺼내 물을 채워 모랫바닥에 나뒹구는 고기들을 주워 담아 놓고 전어새끼며 멸치를 번갈아 건져 내 고추장에 찍어 먹었다. 살아 파닥이는 생명을 다짜고짜로 씹어 삼키자니 미안한 마음이 들었는지 Y형은 꺼낸 물고기를 쥐고 마치 양해를 구하려는 듯 '이번엔 네가 열반할 차례다'며 눈인사까지 했다. 해변에서의 생선회 대향연은 늦은 오후가 되어서야 끝났다.

할아버지는 그냥 헤어지기가 아쉬웠는지 자기 집에 가자고 했다. 우리는 할아버지를 따라 모래와 파도를 막는 둑방 너머에 자리한 단출한 시멘트 블록 집 마당으로 들어섰다. 저녁에는 할머니가 매운탕을 한 냄비 끓여 내어왔다. 그날은 시멘트를 바른 할아버지 집 마당에서 잤다.

이튿날 아침 짐을 싸며 우리는 할아버지께 다음번을 예약했다. 할아버지도 언제든 오면 투망을 들고 나가면 되지 하며 심상하게 답했다. 딱히 드릴 것이 없어 H형이 해먹을 꺼내자 할아버지는 새를 잡는 그물이냐면서 흡족해하던 것이 기억난다.

설악산을 향해 갈 때도 해프닝이 있었던 것처럼 서울로 돌아오는 길도 간단치는 않았다. 셋 모두 아무 요량이 없어서 서울 갈 차비까지 다 쓴 상태였다. 신용카드 같은 것은 없던 시절이라 현금이 없으면 꼼짝할 수 없었다. 제가끔 주머니를 터니 겨우 강릉까지 갈 차비가 되었고,

275

H형이 강릉의 시장에서 닭집을 하는 자신의 먼 친척이 있다며 그곳을 찾아 돈을 꾸어 보자고 해서, 무작정 시장의 닭집을 전전하며 탐문을 했던 것도 사건이라면 사건이었다. 다행히 오래지 않아 친척을 찾았고 차비를 얻어 서울로 돌아올 수 있었다.

　왜 이렇게 한심하고 착실치 못한 산행기를 길게 적는지 이해할 수 없는 사람도 있으리라. 그러나 세월이 오래 흘렀는데도 천방지축으로 계획이나 생각 같은 것 없이 그저 발 닿는 대로 움직였던 그 며칠이 유난히 기억에 새로운 것은 무슨 일일까? '더러운' 돈 문제로 마음을 데였던 끝에 그런 일들로부터 도망치듯 떠났던 산행이었기 때문일지 모른다. 가내수공업 형태의 양말 공장을 경영했던 H형도 자신이 입 밖에 낸 적은 없지만 고민거리가 한두 가지는 아니었을 것이다. 전주에서 '독립운동'을 했다는 Y형 또한 신간이 편치 못한 눈치였다. 여러 여건이 여의치 않은 가운데 무엇을 하며 살아야 할지에 대한 고민이 많은 듯했다.
　산은 우리들에게 훌륭한 도피처였다. 그러면서 동시에 어떻게 앞으로의 인생을 꾸려가야 할 것인가를 계속해서 묻게 하는 공간이었다. 산 속에 있는 한 잔인하고 야비한 세상을 잠시라도 등질 수 있고, 매혹적인 야성의 부름을 따르는 것도 가능했다. 산이 세상에서의 생활을 유예시켜 주는 만큼 우리는 자유로웠다. 그러나 마냥 그렇게 지낼 수는 없는 노릇이었다.
　세상을 살기 위해 해야 하고 갖추어야 할 것들을 외면했기에 우리는 남들의 눈에 그럴듯한 인생을 포기한 사람들처럼 비쳤을 것이다. 대체로 행색부터가 허술하고 여물어 보이는 구석이 없었으므로 더 그러했으리라. 아니 오히려 우리들 자신이 집요한 세상의 요구를 피하려 마음의 끈을 풀어 놓은 무심한 상태를 연기하며 즐겼는지도 모른다. 왜냐하면 어디에도 구애되지 않으려는 자포자기한 기분을 내는 한 입을 벌리고 있는 일상 속 낭떠러지 앞에서도 자못 초연할 수 있었기 때문이다. 대신 권세는 물론 어떤 결핍이나 장애도 두려워 않는 점에서 우리는 보들레르의 표현으로 "구름을 호령하는 왕자"인 양 굴 수 있었다. 그 지극히 자족적인 영웅주의가 현실적 문제를 해결할 능력은 전혀 없었지만.

낙산의 투망 할아버지 집은 다시 찾아가지 못했다. 그런 산행을 재차 할 기회도 없었을뿐더러, 생각뿐이었지 마음을 내어 굳이 방문을 하게 되지 않았다. 시간이 흐르고 낙산도 크게 바뀌었다. 언젠가 한번 가보니 해수욕장 입구가 넓어지고 상가가 즐비하게 들이차 H형이 가시고기를 잡던 물웅덩이며 풀만 무성하던 저습지는 주차장으로 변해버렸다. 물론 할아버지와 할머니가 기거하던 오막살이집도 흔적을 찾을 수 없었다.

귀면암의 유 형님은 그 뒤로 몇 년쯤 지나 여름 계곡물에 휩쓸려 죽었다. 장마가 져 계곡물이 불면 귀면암 바로 아래 병풍교에도 급류가 몰아치는데 난간을 놓친 웬 젊은 여자를 구하려다 그리되었다는 소식이었다. 여성을 귀히 여겨야 한다고 입버릇처럼 말하던 유 형님이었다. 역시 페미니스트다운 죽음이어서 조의를 표하면서도 미소가 지어졌다. 다만 특이한 약초나 야생화를 찍어 보고 싶다고 사진기 하나 갖기를 원했는데 왜 그것 하나 마련해 주지 못했나 후회가 되었다.

그로부터 십수 년이 지나 첫 안식년을 미국에서 지내게 되어 나는 처자식과 함께 LA 근교에 사는 Y형 집을 찾아간 적이 있었다. 1980년대 초 미국으로 이민을 간 Y형은 고생도 많았다지만 채소와 과일 농장을 경영하는 성공한 농사꾼이 되어 있었다. 농장의 규모가 어마어마했다. '독립운동'을 하다가 산에만 다녔던 이가 어떻게 농사 전문가에 유능한 경영인으로 변모했는지 놀라웠다. 돌이켜 보니 꼼꼼하고 집요하며 아이디어가 넘치던 Y형의 모습이 떠올라 그럴 만하다는 생각이 들었다.

우리 가족은 Y형 집에 일주일이나 머물렀다. 집이 크고 일하는 이들이 있어 마음 부담은 덜해 그럴 수 있었지만, 사실 저녁마다 Y형과 옛이야기를 나누느라 쉽게 이별을 할 수 없었기 때문이기도 했다. 멕시코 아주머니가 큰 잔에 만들어 주는 테킬라 칵테일을 마시면서 이야기를 나누기 시작하면 옆에서 잠시 듣는 척하던 가족들은 사라지고 어느덧 자정이 되곤 했다. 조슈아트리 공원에 가서 하루 아이들과 야영을 한 것 빼놓고는 일주일을 그렇게 보냈다. Y형이나 나나 서로의 기억을 확인하며 새삼 그때로 돌아가는 추억여행이 절실했던 것 같다. 막국수를 먹느라 버스를 놓친 데서 시작해 투망 할아버지의 해변에 동참했던 것으로 마감되었던 한심한 산행 역시 세세히 되감아 보았던 것은 물론이다.

H형은 이후 양말 공장을 그만두고 천주교의 성물(聖物)을 만드는 전문가가 되었다. 이탈리아와 한국을 오가는 긴 과정이 있었고, 어느덧 명망 있는 제작자가 되어 이곳저곳의 성당으로부터 많은 주문을 받는 모양이었다. 모태신앙의 독실한 천주교 신자에, 무슨 일에든 전념하는 스타일인 데다가 손재주가 좋은 공과대학 출신이었으므로 그런 성공이 당연했다.

그러나 가정 문제가 편치 못했던 것 같다. 악의 없이 엉뚱하고 때로는 문제를 성급히 해결하려는 경향도 있지 않았나 싶은데 하여튼 어쩐 일인지 얼마 전 외롭게 세상을 뜨고 말았다. Y형도 그렇지만 H형 역시 언제나 나에게 고맙게 해 준 사람들이다. 더 자주 소식을 묻고 자리를 같이 하지 못한 것이 미안하고 아쉽다. 지금도 H형을 생각하면 빙그레 웃는 장난기 어린 얼굴로 금방 알아듣지 못할 농담을 던지며 다가오던 젊은 시절의 모습이 떠오른다.

### 16. 기억에 남는 사람들

무연히 앉아 기억의 갈피들을 들추다 보면 예전 친구와 선후배들이 떠오르고 그동안 생각 않던 사연들까지 되살아나 내심 신기한 마음이 들기도 한다.

# 기억에
# 남는
# 사람들

    이렇게 저렇게 여러 사람들을 만나고 또 헤어지는 것이 인생이다. 혼자 있는 시간이 많아져서인지 무연히 앉아 기억의 갈피들을 들추다 보면 예전 친구와 선후배들이 떠오르고 그동안 생각 않던 사연들까지 되살아나 내심 신기한 마음이 들기도 한다. 그러나 어떤 이는 이름이 영 가물가물할뿐더러 얼굴까지 흐릿하다. 반면 몇몇 경우는 지난 세월이 무색하게 순간에 짓던 표정이며 속내의 특징 같은 것들이 도리어 더 생생하고 구체적으로 떠올라 안타까운 그리움에 젖게 한다. 헤어진 지 오래일 뿐 아니라 거개는 벌써 세상을 떠난 인물들이지만 나는 그들과 인생을 같이 살아왔다. 나의 기억 속에 이미 한 부분을 차지한 이상 가히 내면의 동반자라고 불러야 할 것이다. 그 가운데 대학 시절에 만났던 사람들 이야기를 해 보려 한다.

조형은 고등학교 1년 선배다. 대학 입시를 치르기 전 예비소집에 응해 고사장을 확인하고 정문을 향해 내려가는데 멀리서 누군가가 손을 흔들며 웃는 얼굴로 다가왔다. 모르는 사람이었다. 단추를 잠그지 않아 펄럭거리는 쑥색 바바리코트 안으로 베이지색 터틀넥 스웨터가 깔끔했고, 찰랑거리는 더벅머리에 안경을 썼는데 앞니가 토끼 같은 귀여운 얼굴이었다. 그는 의아해하는 나를 향해 과장된 목소리로 내가 다니던 고등학교의 교명을 길게 연호했다. 그제서야 나는 그가 나의 교복을 보고 나름대로 후배를 환영하는 선배임을 알아차렸다. 그는 초면인 나를 학교 앞 중국집까지 데려가 짜장면을 사 주었고, 시험 잘 치라는 격려와 함께 합격한 뒤 보자며 밝게 웃었다. 그는 퍽 유쾌한 사람 같았다. 어둡거나 힘들어 보이는 구석이 없이 건드러져서 더불어 공연히 즐거워지는 듯했다

다음번 그를 만난 것은 문과대학 계단 앞에서였다. 이번에는 대학교 교복을 입은 나에게 그는 역시 고등학교 교명을 외쳤다. 그의 모습은 지난번 만날 때와 다름이 없어서 금방 알아볼 수 있었다. 우리는 반가워 악수를 굳게 했고 다시 서로의 이름을 알렸다. 그는 한여름을 빼놓고는 항상 그 쑥색 바바리코트 차림이었다. 기억 속에서 그가 다른 옷을 입은 모습이 떠오르지 않는 것을 보면 말 그대로 '단벌 신사'였던 듯하다.

학과는 달랐지만 같은 문과대학이었으므로 오가며 만나고 또 술자리도 같이 하면서, 나는 그가 영화에 관심이 있을 뿐 아니라 영화감독이 되고 싶어 하는 것을 알게 되었다. 영화에 대한 지식도 이미 상당해서 나 같은 문외한에겐 이미 새 세대 영화인 같아 보였다. 과연 그는 곧 명칭도 그럴듯한 '영상미학회'라는 교내 서클을 만들었으므로 나는 물론

학과의 동기들이 대거 회원으로 가입했다. 그는 회원들을 모집하며 검열되기 이전의 외국 영화를 감상하는 자리도 마련하겠다는 허황한 공약을 내 걸기까지 했다. 우리는 환호하는 일방 반신반의했지만 이후 한 번도 그런 영화를 보았던 적은 없고, 한두 번 회합을 갖고 아예 서클 활동 자체가 흐지부지되고 말았다.

어쨌든 그는 밝고 재치 넘치는 사람이었다. 무슨 경쾌한 분위기를 이끌고 다니는 것처럼 조형이 나타나면 자연 웃음이 먼저 나오고 무엇이라도 한마디 농담을 하게 되었다. 나는 그의 화난 모습을 본 적은 있어도 심각하거나 우울해하는 그를 보았던 기억은 없다. 그의 재치는 기본적으로 순수함에 근거한 것이어서 전혀 과하거나 풍자적이지 않았다. 우리가 겪는 익숙한 상황을 다르게 읽어내는 모습이 마치 성장한 '어린 왕자' 같았다고 할까. 예를 들어 다음과 같은 식이었다. 당시 조형의 집은 개봉동이어서 영등포 역전에 내려 버스를 갈아타려 기다리는데, 웬 여성이 놀다 가라고 잡아끌더라는 것이었다. 갑작스러웠지만 같이 손을 맞잡고, '놀려면 우리집에 가서 놀자'고 했더니 입을 삐죽이며 가버리더라고 했다. 상경하는 백부를 맞으러 서울역에 나갔다가 역시 호객하는 여성에게 시달린 바 있었던 나로선 그의 여유 있는 대처가 재미있고 부러웠다.

조형과는 편하게 만나는 그저 좋은 사이가 되었다. 술자리에 앉았다가 같이 조형의 집에 가서 잔 적도 여러 번이었다. 집에 가니 동생이 있었는데 나와 초등학교를 같이 다닌 동기여서 잠깐 놀랐다. 남자아이 치고 유난히 빨간 입술에 예쁘게 생긴 얼굴이 예전 그대로일 뿐 아니라 어렸을 때처럼 말수가 적었다. 조형은 기타를 치면서 노래를 불렀다. 내

귀로 듣기엔 퍽 잘하는 노래였다. 오페라 애호가를 자처했지만 노래라 곤 부를 줄 몰랐던 나에게 이마로 소리를 내는 법을 가르쳐준다고 두 형 제가 애를 쓰기도 했다.

아침에는 한복 치마저고리에 하얀 앞치마를 한 조형의 어머니가 둥근 상에 9첩은 실히 될 것 같은 아침밥을 차려 손수 방에까지 들고 들어오셨다. 어머니의 모습이 너무 단아하여 그림 속에서 나온 조선 여인 같다는 인상이었다. 역시 말씀이 없었는데 어쩌다 들은 짧은 대화에서는 남도 사투리의 억양이 맛깔졌다. 차려 주신 반찬도 예사롭지 않았거니와, 그중에서 보라색 갓물김치가 너무 시원했던 기억이 있다. 우리집과 크게 다를 바 없는 평범한 중산층 가정이었지만, 조형의 집은 차분하니 왠지 더 규모가 있어 보였다. 당연한 일이지만 나는 집집마다 이른바 가풍이라는 것이 사뭇 다를 수 있다는 점을 새삼스레 실감했다.

이듬해인가 개봉한 한 영화에서 조형은 단역으로 출연했다. 군사 정권에 맞서는 데모가 한창인 때였는데 대학생을 주인공으로 장난끼 섞인 연애담을 펼친 그 영화 또한 장안의 화젯거리가 되었다. 나는 수년이 지난 뒤 우연히 그 영화를 보았지만 주인공의 학과 친구들이 여럿이어서 누가 조형인지는 알아보지 못했다.

하여튼 그 무렵 어느 날 조형은 명동의 한 맥주홀에서 자신이 출연한 영화를 찍은 감독을 만나려는데 같이 가겠냐고 물었다. 마다할 이유가 없어 학교를 내려가 명동으로 향했다. 흰 석고 같은 것을 치덕치덕 발라 동굴 분위기를 낸 지하 맥주홀은 영 조명이 어두웠다. 우리가 들어갔을 때는 초저녁쯤이었던 것 같은데 저쪽 구석에 혼자 앉은 감독은 이미 술에 취했는지 스탠드에 바짝 얼굴을 댄 채 웅크리고 있었다. 우리가 다가가도 알아보는 둥 마는 둥 했다. 이미 말을 할 만한 상태가 아닌 듯했지만 왠지 외롭고 슬픈 모습이었다. 헝클어진 머리칼에 눈빛까지 흐릿해서인지 선이 뚜렷해 음영이 짙은 얼굴에서는 불운한 분위기가 풍겼던 것 같다.

조형과 나는 잠시 그 옆에서 맥주만 몇 잔 들이켜야 했다. 사람을 오라고 했다면 이럴 수 있는가 하는 생각에 잠시 황당해 하면서, 나는 영화감독이라는 직업에 대해 가졌던 예상을 수정했다. 영화감독 역시 갖가지 장애와 부딪혀야 하는 힘겨운 일일 터였다. 몇 년이 흐른 어느 날 나는 신문을 펼치다가 그날 저녁 지하 맥주홀에서 옆얼굴만 보았던 감독이 요절했다는 기사와 맞닥뜨렸다. 대화를 나눈 것도 아니었으므로 그 사람에 대한 기억은 없었지만, 대단히 안 되었고 아쉽다는 생각에 잠시 마음속으로 명복을 빌었다.

조형은 꿈꾸던 영화감독이 되지 않았다. 이유를 물어본 적은 없지만 아무래도 영화계에 투신하기 위해서는 많은 것을 감수해야 하는 시절이었다. 대신 당시의 여느 대학 졸업자들처럼 그는 일로 성장하고 있는 한 대기업에 입사했다. 조형을 따라 입사 시험의 합격자 명단을 내건 그 회사의 사옥(社屋) 앞에 갔던 기억, 합격을 확인하고 기뻐하던 조형의 모습에 잠시 의아해했던 기억도 난다. 조형이 들어간 곳은 '특수 물자', 곧 군사용품을 해외에 파는 부서라는데, 고객이 주로 아프리카 쪽이라고 했다. 라디오에서 나오는 샹송의 가사를 그대로 적어내던 프랑스어 실력으로 조형은 이제 제3세계 바이어들을 상대하게 된 것이었다.

몇 번 조형의 회사가 있는 서울역 앞에서 만나 회사 생활에 대한 불평을 들은 적도 있다. 바이어들의 환심을 사려고 희한한 술집을 드나드는 것은 물론, 성적인 접대까지 주선해야 한다고 했다. 본디 성정이 밝고 순수한 그로선 계속하기 힘든 일일 터여서 적이 걱정이 되었지만, 성과를 내기 위해서는 무슨 일이든 무릅쓰는 것이 당연시되던 때였으므로 어서 직급이 높아지거나 보직이 바뀌기를 기대하는 수밖에 없었다.

조형과의 만남은 이후 뜸해졌다. 군복무를 하는 동안 내가 무엇을 얻느라 그의 직장으로 찾아가 잠깐 본 적은 있어도 차분히 이야기를 나누는 자리를 가졌던 적은 없는 것 같다. 더구나 제대를 하고 부산의 한 대학교에 취직을 해 지방살이를 하게 되면서 10년 넘게 나는 그를 잊고 지냈다. 누군가 왜 통 연락이 없냐며 조형이 섭섭해한다는 소식을 전했을 때도 잘 지내겠지 하며 차일피일 전화를 미루다가 또 세월이 가고 말았다. 그의 근황을 알게 된 것은 모교로 직장을 옮긴 후였다. 인편에 들은 소식은 조형이 다니던 회사를 그만두고 나와 한 선배와 사업을 시작했는데 영 잘못되고 말았다는 것이었다. 그 선배는 나도 몇 번 보았지만 같이 일을 벌일 만한 인물은 아니었다. 과연 조형은 그 선배에게 사기를 당했다고 했다.

수소문 끝에 고등학교 동기가 한다는 술집에 기거하는 조형을 찾아가 만났지만 겉모습부터 예전의 그는 아니었다. 찰랑거리던 머리칼은 부스스했고 부은 듯 형편없이 된 얼굴에, 토끼같이 귀엽던 앞니는 하나가 깨져 삼각형이 되어 있었다. 그러나 그는 예전처럼 잔잔히 웃으며 선뜻 입이 떨어지지 않는 나를 이끌고 자리에 앉았다. 서로가 딱히 할 이야기는 없었다. 그는 맥주를 내오고 안주를 만들어 주었다. 무슨 맛인지도 모르고 맥주를 몇 잔 마신 뒤 나는 바쁜 일이 있는 사람처럼 일어섰다. 역시 그는 심상하게 미소 띤 얼굴로 나를 배웅했다. 이제 가끔씩 보자면서-.

　내가 아는 한 그는 욕심이 많거나 허황된 사람이 아니었다. 그러나 자신이 남에 대해 선의를 갖는 만큼 남의 선의를 기대하고 믿는 편이었다. 나는 그가 무슨 생각으로 회사를 그만두고 나왔는지, 또 어떤 사업을 벌였는지 묻지 않았다. 다만 그에게 잘못이 있었다면 남의 선의를 믿는 데서 일이 어긋나기 시작했으리라는 혼자만의 짐작을 했던 듯하다.

　이후로 나는 주변에 몇 번 그의 소식을 물었지만 다시 그를 찾아가거나 만난 적은 없다. 조형이 생각날 때마다 한 번 그를 보는 자리를 만들까 하다가도 서로가 불편하기만 할 수도 있으리라는 생각에 계획을 접곤 했다. 젊디젊은 날 쑥색 바바리코트를 펄럭이며 밝은 얼굴로 다가오던 어린왕자 같던 그의 모습과, 바닥에 맥주 쉰내가 깔린 충충한 술집에서 진이 빠진 허깨비가 되어 만난 그의 모습이 겹쳐져 안되고 괴로운 마음이었다. 그렇게 세월이 흘러 이제 그의 생사도 알지 못한다. 미안하고 아쉬울 따름이다.


　누구나 그럴 터인데 대학교에서 만난 친구와 선후배들 가운데는 동업자가 되어 오래 친교를 맺어 온 이들이 여럿 있다. 중고등학교 동창이 어느 때든 스스럼없이 서로 예전의 까까머리가 될 수 있는 관계인데 비해, 대학에서 알게 된 사람들 사이는 아무래도 전공(專攻)에 따른 전문성이 관여되기 때문일 것이다.

　내가 어렴풋이 이야기의 구조나 효과에 관심을 갖기 시작한 것은 대학교 2학년 1학기를 넘기면서다. 흔히 하는 말로 공부는 혼자 한다지만 주변으로부터 적절한 자극과 필요한 일깨움을 받을 때 그 지평을 넓

혀갈 수 있는 것이다. 나의 경우 역시 공부에 뜻을 두게 된 데는 다른 이들로부터의 끼침이 컸다. 다행스럽게도 일찍이 나에게 큰 영향을 준 선후배들 가운데 몇 분과는 여태껏 변함없이 의지하며 배움을 얻는 관계를 유지해 오고 있다. 항상 고맙게 생각하는 바다. 그런데 과거로 돌아가 오래 잊고 있었던 얼굴들을 좇다 보면 아무래도 이미 세상을 떠났거나 연락이 끊긴 사람들 앞에서 발걸음을 멈추게 된다. 그들과 나누었던 대화의 조각들이 떠오르고 그때의 기분이 되살려지기도 하는데, 그들은 여전히 젊은 모습 그대로인 것이 신기하다.

이형은 그 가운데서도 가장 생각나는 선배다. 입학을 하고 얼마지 않아 본관 계단을 오르다가 웬 사람과 시선이 마주쳤다. 밝은 회색 봄잠바에 깡똥하니 짧은 바지를 입은 품이 어딘지 코믹하다는 느낌이었다. 나도 모르게 가벼운 눈인사를 했고 그도 희미하게 아는 체를 했다. 문과대학 건물 뒤편의 벤치 주변은 학생들이 대화를 나누거나 담배도 피우는, 당시로선 퍽 한적한 공간이었다. 내 기억에 이 선배와 처음으로 대화를 나눈 것은 그 벤치에서가 아닌가 싶다.

그의 목소리엔 묘한 콧소리의 울림이 있었다. 그는 한참 이야기를 펼치다가 자기 말에 동의를 구하는 반문을 하면서 갑자기 깔깔 웃기도 했다. 일단 나를 놀라게 한 것은 그의 박식함이었다. 항상 들고 다니던 낡은 가방에서 꺼내 드는 묵직한 책들뿐 아니라, 어떤 주제든 관련한 내용을 꿰고 있는 듯한 그의 언변은 나로 하여금 지식의 세계에 대한 경외심을 불러일으키게 했다. 그에게선 이미 자신이 해 나갈 공부의 가닥을 잡은 독학자의 자신감과 진지함이 묻어났다. 체소한데다가 건강도 썩 좋아 보이지 않았지만 말문이 터지면 입가에 거품이 모일 정도로 열정적인 면도 있었다.

　그는 나보다 한 학년 위였으나 나이는 다섯 살이 많았다. 선천적으로 문제가 있는 심장 때문에 쉬고 놀고 했다는 것이었다. 아마도 그러한 휴지(休止)의 시간 또한 그가 독학자로서 공력을 쌓는 기회가 아니었을까 싶다. 필요 이상으로 건강했던 나에겐 그러한 핸디캡까지 특이하게 여겨졌다. 더구나 한참 뭘 배워 나가는 시절의 5년은 큰 차이여서 그를 통해 주변과 세상을 바라보는 다른 관점을 목도하는 것이 일단 흥미로웠다. 그와 대화를 나누면 딱히 지적인 내용이 아니라도 기지가 넘치고 때로는 적절하게 풍자적인 언급이 귀에 남았다.

　심오한 사상이나 대단한 이론을 다룰 때 역시 그는 지레 주눅 들기보다 나름의 입장에서 그 의미랄까 의의를 판단하고 정리하려는 것 같았다. 아직까지 생생하게 기억나는 것은 후썰(E. Husserl)의 현상학이 제시한 노에마(noema)와 노에시스(noesis)의 개념을 쉽고 독창적으로 풀어낸 위에, 왜 시(詩)가 무엇에 대한 진술이 아니라 그 자체로서의 사물(존재)이 되는가를 설명하던 모습이다. 언젠가는 내가 이런저런 소설이 흔히 중요 인물의 죽음으로 끝나는 이유를 물었더니 과연 나로선 생각조차 못했던 답변을 해 주었다. 병든 세상에서 죽음이란 연기(緣起)의 필연적인 매듭점이면서 또 다른 시작의 방식이라는 것이었다.

　이 선배와의 관계에서 나는 어쩔 수 없이 배우기만 하는 처지였다. 사소한 대화를 통해서도 읽어야 할 책이나 살펴볼만한 내용에 관해 시사를 받는 적이 많았다. 그런 시간이 오래되면서 신뢰와 애정도 쌓여 갔다. 어느 날은 같이 술을 마시다 자기 집에 가자고 해서 따라나섰다. 버스를 타고 하염없이 가는 것 같았다. 망우리 고개를 넘어 교문리 어딘가에 내리니 주위는 칠흑 같았다. 어둡고 취한 탓에 이 선배는 자기집을 가는데도 들어가는 골목을 못 찾아 이리저리 헤매며 허둥대기도 했다.

길은 이내 가팔라져서 돌을 차며 오르다가 무심코 옆으로 고개를 돌리자 밤이 얼마나 깊었는지 휘영청 밝은 달빛 아래 과수원의 배꽃이 환했다. 돌아서 본즉 경사진 산자락에 배나무가 가득했고 만개한 흰 꽃이 소복하게 이랑을 이루고 있었다. 등에 땀이 날 만큼 한참을 걸은 끝에 문득 조그마한 일자집이 나타났다. 이형의 집이었다. 늦은 시간이었는데도 이형의 부모님과 동생들이 나와 우리를 맞아주었다. 오래된 기억이어서 그런지 달빛에 빛나던 배꽃은 꿈속처럼 환상적인데 조촐한 모습으로 아들과 동행을 반기던 부모님의 실루엣은 무슨 엽서 속의 장면인 듯 아련하다.

이형은 퇴계의 후손이라고 했다. 그렇다는 것을 알게 된 사정은 다음과 같다. 2학년에 올라 한학의 대가로 여겨지던 선생님의 강의를 듣게 되었다. 개강 후 두세 주는 지나 처음으로 교실에 들어오신 선생님께선 이번 학기부터 자신이 매번 목소리를 내지 않아도 되는 새로운 방법으로 강의를 진행하겠다는 선언을 하셨다. 과연 뒤따라온 조교가 들고 온 것은 도시락만 한 녹음기였다. 녹음기 트는 시범을 보이게 한 뒤 선생님은 당신이 이미 강독 내용을 다 녹음해 두었으니 재생되는 음성을 좇아 읽는 연습을 하면 되리라고 하셨다.

다른 말이 없자 선생님이 끄응 하며 자리에서 일어나 출입문을 향해 몇 발을 내디뎠을 때 누군가 그의 등을 향해 소리쳤다. "선생님, 어떻게 그러실 수 있습니까?" 갑작스런 항의에 걸음을 멈춘 선생님은 돌아서며 마치 준비라도 되어 있었던 듯 곧장 '자네 아버지 뭐 하시나?' 하고 물었다. 질문자 또한 즉각 '장사하십니다'고 답변했다. 선생님은 잠시 시선을 허공에 두는가 싶더니 혼잣말처럼 "그러면 그렇지" 하며 육중한 몸을 돌이켜 나가셨다. 자리에 앉아 이 사태를 지켜보던 학생들 사이엔 일순 정적이 흘렀고 질문자 역시 말문이 막혔는지 조용했다. 선생님의 시대착오적 발언은 너무나 당당해서 이 해프닝은 일방의 승리로 끝나고 말았다.

한학의 대가이신 선생님이 퇴계의 후손임은 알려진 바였다. 그런데 그 사건이 있었던 때쯤일까 이선배는 자신도 퇴계의 후손이지만 고향에서는 논을 가는 농부조차 예사로 그 선생님의 이름을 대며 '아무개가 서울의 대학선생이라며-' 한다고 했다. 선생님을 깎아내리는 말이라기보다 그 지역에서는 농부도 웬만한 한학자 못지않다는 이야기였을 것이다. 어쨌든 녹음기 해프닝이 인상적으로 기억에 남았기 때문인지 그 이후로 어디서 퇴계라고 하면 선생님의 모진 말씀과 이 선배가 깔깔대며 한 우스갯소리가 겹쳐 떠오르기도 했다. 이 선배가 다시 자기 집안의 내력을 들먹인 적은 없었던 것 같다. 부친 역시 한학을 했고 붓글씨를 쓰신다는 이야기 정도가 다였다. 밤늦게 한 번 뵈었던 이형 부친의 얼굴은 잘 기억나지 않지만 세상의 풍파에 파인 조그마한 얼굴이 유난히 창백했던 듯하다.

이형은 불문과를 다니던 여학생과 사귀었다. 프랑스 상징주의 시에 특별한 관심을 갖는 재원이었다. 나는 둘과 종종 어울렸다. 같이 커피도 마시고 술집에도 갔다. 1학년 때부터 공부한 불어 실력이 조금 늘어 2학년 들어서는 이것저것을 뒤적이기 시작했는데, 두 사람을 보면 왠지 한 쌍의 고양이 같다는 생각을 하곤 했다. 두 사람이 모두 아담한 크기에, 서로 가만히 붙어 앉아 얼굴을 마주하고 속삭속삭 대화를 나누는 편이었기 때문이거니와, 아마도 그런 모양이 내가 그즈음 읽은 보들레르의 <고양이들Les Chats>을 떠올렸기 때문일 것이다.

특히 고양이를 관능(volupté)과 학문(science)의 친구라고 한 부분이 그러했다. 보들레르는 '열정이 무르녹은 연인과 원숙한 경지에 이른 근엄한 학자들 또한 자신들처럼 움직이는 것을 싫어하고 추위를 꺼리는 고양이를 사랑한다'고 썼다. 과연 이형 커플은 따듯하고 안락한 장소만 제공된다면 웅그린 상태로 언제까지든 이야기를 나눌 것만 같았다. 물론 그들은 학문적 동반자이기 이전에 의심할 바 없이 뜨거운 사이였다. 나로선 지적 주제의 대화가 관능의 교류로 이어질 수 있다는 것이 신기했다.

또 보들레르는 자기만의 생각에 빠진 듯한 고양이의 '귀족적 태도'를 '끝없는 꿈속에 잠들어 있는 듯해 보이는 고독한 스핑크스'의 모습에 비겼는데, 이형 커플이 풍기는 분위기도 마침 그러했다. 주변에는 긴급조치 몇 호가 선포되곤 하던 현실을 개탄하는 사람이 여럿 있었지만, 이형 커플이 그런 문제에 적극적으로 반응하는 것은 보지 못했다. 둘이 만나 서로를 쳐다볼 때는 엷은 미소가 흘렀고 시선은 차분하면서도 몽롱했다. 그들은 자신들이 관심을 갖고 탐구하려는 세계에 충실했고 이미 그 안에 빠져 있었다. 나의 눈에도 그들은 행복해 보였다.

그러나 그들의 행복한 시간은 이어지지 않았다. 이형의 짝은 학부를 졸업하고 프랑스로 유학을 간다는 계획이었는데 그 시간이 다가왔던 것이다. 이형 자신도 같이 공부를 하러 가는 길이 열리지 않을까 막연히 기대하는 듯했지만, 정작 결정을 해야 할 때가 되자 다른 방법이 없는 것을 깨달아야 했다. 유학은커녕 자신이 가족의 생계를 책임져야 할 상황이었다. 크게 표는 내지 않아도 그가 괴로워하는 기색은 역력했다.

연인이 떠난 뒤 그와 나는 팔당(八堂) 수계를 한나절 걸은 적이 있다. 내 딴에는 그의 마음을 달래느라 이 이야기 저 이야기를 했다. 도중에 있는 주막에서 늙은 주모가 무심히 따라주는 막걸리도 한 잔 마셨다. 심장 때문에 그냥 걷기도 힘겨워하는 편인 그가 그날은 상당한 거리를 가는데도 그만두자는 말을 하지 않았다. 물가에 앉았다가 청록색 강심(江心)을 향해 물수제비도 띄웠던 게 기억난다.

졸업 후 그는 고등학교 교사가 되었다. 전혀 다른 스타일의 여성과 결혼도 했다. 그러면서 어쩐지 예전과는 달라진 듯도 했다. 가끔씩 만나 술자리를 가지면 매번 혀가 꼬부라지고 걸음도 옳게 내딛지 못할 상태가 되어야 겨우 일어섰다. 그는 곧 학원으로 자리를 옮겼는데, 유명 강사가 되어 학원을 차렸다거나 작은 빌딩을 샀다는 소식도 들려왔다. 군복무를 마치고 학위논문을 준비하면서 취직을 하느라 나 역시 정신이 없을 때라 상당한 기간 동안 이형을 만나지 못했다. 첫 직장에서 근무한지 몇 년이 채 안 되었을 어느 날 저녁, 갑자기 그가 집으로 전화를 했다. 술이 억병으로 취해 무슨 소리를 하는지 알아듣지 못할 정도여서 처음엔 깜짝 놀랐다. 전화에 대고 그는 소리 소리를 질러대고 있었다.

내가 공부를 어떻게 하고 있느냐고 묻는 것인지 자신이 이제 공부를 하겠다고 하는 것인지 명확하지 않았지만, 어쨌든 그런 내용이었다. 그리고 얼마 안 가서 그의 부음을 들었다. 과로와 잦은 음주로 문제가 있는 심장이 멈추었다는 것이었다. 그가 떠난 지 십여 년이 지나 나는 서울에서 이형의 옛 연인을 찾아가 만났다. 상징주의 시를 공부하고 프랑스에서 돌아온 그가 서울의 한 대학으로 초빙되었다는 기사를 읽고서였다. 우리는 엊그제 헤어진 사람들처럼 심상하게 이런저런 이야기를 나누었다. 그리고 서로 헤어지기 전 잠시 어색하게 이형을 추모했다.

나는 지금까지 이 선배가 여건만 되었으면 훌륭한 연구자가 되지 않았을까 하는 생각을 해 본다. 아마 그렇게 일찍 죽지도 않았을 것이다. 별 능력도 없고 서두르기만 하는 나에 비해 그는 여러모로 훨씬 나았다. 그러나 이제 와서 아무리 애도를 한들 부질없는 일일 뿐이라 현실의 여건이라는 운명이 얼마나 가혹한 것인가를 다시 되뇌게 된다.

"학이불사(學而不思)면 곧 망(罔)이요 사이불학(思而不學)이면 태(殆)"라는 경구가 있다. 공자가 <논어>에서 공부하는 태도에 대해 이른 말이다. 요즘 식으로 풀어 보면 학(學)은 이미 나온 남의 연구물이나 자료를 읽는 일이고 사(思)는 읽은 바를 마음에 새겨 독창적인 궁리로 나아가는 것이라 할 수 있다.

학이불사면 망이라고 했으니 남의 책만 그저 읽으면 얻거나 남는 게 없고, 반대로 자기만의 생각이 앞서 달리면 위태롭다는 뜻이 된다. 2500년 전의 말씀이지만 공부를 하는 데서 항상 주의해야 할 가르침이 그 안에 있지 않은가 생각한다. 나는 오랫동안 이 경구를 연구자이기 위한 신칙의 길잡이로 여겨 왔기에 학기마다 학생들에게도 한 번씩은 일러주었다.

그런데 책상 앞에 앉아 이 경구를 되새기면 그간 내가 널리 읽는 일에 태만했음을 스스로 꾸짖게 되고, 또 설부른 사변(思辨)에 치우쳐 논

거도 분명치 않은 이상한 주장을 했던 일이 떠오르기도 하는 것이었다. 어떤 때는 내가 과연 공부를 할 만한가 하는 심각한 회의가 들기도 했다. 그럴 때는 자연 주변을 둘러보게 마련인데 나를 주눅 들게 하는 훌륭한 본보기들이 반드시 있었다.

정형은 그 가운데 하나다. 나의 학과 동기인 그는 일단 정좌를 하고 앉으면 밤을 새워도 흐트러짐이 없는, 우스개로 엉덩이가 질긴 사람이었다. 요컨대 박람(博覽)의 조건이 갖추어져 있었던 것이다. 입학을 하고 처음 본 그는 뭔가 아픈 사연이 있는 듯했다. 좀체 말이 없고 가타부타 의사 표시도 분명히 하지 않아서 무슨 생각을 하는지 알기가 어려웠다. 그러나 대체로 다른 사람들의 요구나 부탁을 쉽게 들어주는 관용적인 성격이었다. 다만 술에 취하면 별인(別人)이 되는 경우가 있었다. 사납고 공격적으로 바뀌는 것은 아니고 전혀 어울리지 않게 노래를 흥얼거린다든가 우스꽝스런 행동을 하는 것이었다.

그와 가깝게 지내게 된 것은 3학년쯤이 되어서다. 공부에 뜻을 두었다는 것을 서로가 알게 된 다음일 것이다. 당시엔 뭐라도 하려면 청계천 헌책방을 돌아다녀야 했다. 일단 도서관의 장서가 그다지 충분치 않았고 책 자체가 귀했을 뿐 아니라 헌책은 아무래도 값이 쌌기 때문이다. 더구나 어떤 분야를 좀 더 진지하게 알고 싶을 때는 헌책방을 순례하는 것이 한 방법이었다. 쭉 이어진 헌책방을 한 차례 돌고 나면 관련이 되는 서적에 대한 견문을 두루 넓힐 수 있었다. 또 나와 같이 문학사에서 거론된 식민지 시대 출간물이나 월북문인의 책을 찾는 경우엔 누군가가 모르고 내던진 '보물'을 건지는 행운을 기대하곤 했다.

그 무렵 정형과 역시 여러 차례 청계천으로 나갔던 기억이 있다.

한번은 수사학에 관한 영문 책을 두고 그와 잠시 실랑이를 벌이기까지 했다. 사실 그가 먼저 골라낸 것이었는데 나도 갑자기 읽어야 할 책 같은 생각이 들어 넘기기를 부탁했지만, 그는 평소답지 않게 꿋꿋이 거절을 했다. 적이 서운했으나 억지를 부린 것은 나였기 때문에 그의 책 욕심을 탓할 수는 없었다.

정형이 관심을 갖고 공부한 대상은 한국 야담(野談)이었다. 조선 시대 이래 식민지 시대까지 널리 쓰이고 읽힌 야담은 설화와 민담, 인물의 전기 및 야사 등 여러 서사체를 수용하는 것으로, 소설과의 경계 또한 모호한 복합적 장르를 이른다. 흔히 야담이라면 흥미를 좇는 허튼 이야기로 여기기 쉬운데 실제 그 영역은 대단히 넓어서 그렇게만 말할 수 있는 것은 아니다. 예를 들어 사대부나 중인층에 의해 한문으로 쓰인 야담에서는 사회적 모순과 갈등이 잘 드러난다는 평가가 일반적이다. 야담이 세태(世態)를 반영하며 그 안에서 살아가는 사람들의 욕망을 그려내 보이고 있다는 것이다.

정형은 야담의 수집과 정리를 자신이 할 일로 여겼다. 저변이 넓고 양이 방대한 장르인 만큼 묻혀 있는 자료를 발굴해야 하고, 한 편 한 편을 꼼꼼하게 읽어 서로 간의 수용과 파생의 과정을 밝히는 위에, 한문을 풀어내며 주석을 다는 일 역시 힘써야 한다고 했다. 대학원 시절 동안 나는 선생님 연구실 한편에 작은 책상을 놓고 앉아 있는 그를 찾아 잠깐씩 얼굴을 보곤 했다. 그는 아무런 취미도 없고 특별히 즐기는 것도 없었다. 그저 담배나 한 대 태우는 것이 유일한 놀이이자 휴식의 방식이었다.

그는 대학원 석사과정 졸업을 앞두고 대학에 취직했다. 분야에 따라 조금씩 달랐겠지만 1980년대 초에는 대학 정원이 갑자기 늘어 부족한 교원을 채우느라 석사 졸업예정자까지 취업을 할 수 있었다. 그 과정도 간단했다. 갑자기 선생님이 불러 '자네 내일 이 학교로 아무개를 찾아 가게' 하면 그것으로 끝이었다.

    부임 후 얼마 뒤 만난 자리에서 그는 첫 수업에 들어가니 남학생들 가운데는 자기보다 나이 많아 보이는 이가 수두룩하더라고 했다. 나 역시 사관학교 교관으로 군복무를 하느라 남을 가르친다는 쉽지 않은 일을 시작했을 때였다. 공부의 길에 막 들어선 듯한데 벌써 우리는 교사가 되어 있었다. 그런 만큼 아는 것 없이 강의를 해야 한다는 것이 부담스러웠던 기억이 있다. 아마 정형 역시 그러했을 것이다. 더구나 그는 숫기가 영 모자란 편이라 나보다 더 힘들어했을 듯하다.

    대학의 교원은 강의를 하지만 동시에 연구자로서 살게 마련이다. 내가 배운 선생님들 가운데는 당신이 공부해 성과를 내놓으면 됐지 굳이 강의에 신경을 써야 되겠느냐고 대놓고 말씀하시는 분도 계셨다. 또 자신이 공부하며 생각하고 살펴본 이런저런 내용을 떠오르는 대로 혼잣말처럼 묻고 답하는 식으로 강의를 진행해서, 어떤 경우엔 큰 시사를 주는 분도 없지 않았다. 이제 정년퇴직을 하고 나니 나는 과연 성실한 교사였는지, 또 연구자로서의 소임에는 충실했는지 묻게 되는 때가 잦다.

    내 경우를 돌이키면 그저 부끄러울 뿐이지만 정형은 적어도 연구자로서는 게으르지 않았으리라고 생각한다. 내가 아는 한 그는 조급해하지도 쉬지도 않고 '돌밭을 가는 소'("石耕牛"는 최재서가 스스로 지은 호다)처럼 자신의 일에 전력투구하는 모습을 보여 주었기 때문이다. 대학의 전임교원이 된 이후 역시 그의 생활은 변함이 없었던 듯하다. 강의를 하는 이외에 보직은 물론 다른 일에 관심을 갖는 그를 나는 보지 못했다. 그의 집에 갔는데 옷걸이에 넥타이 하나가 매듭이 진 상태로 걸려 있어 서로 얼굴을 보며 웃었던 적이 있다. 매번 매는 것이 번거로워 헐겁게 해 두었다가 다시 쓰려는 '수고 경제학' 역시 그다운 생각에서 나온 것이었기 때문이다.

군복무를 마치고 취직자리를 찾던 나의 가난하던 신혼 시절, 정형은 여러 번 우리집까지 와서 저녁을 샀고, 어느 날은 우리 부부를 극장식 비어홀에 데려가기도 했다. 무대에선 이주일이라는 코미디언이 잠시 출연하는가 싶더니 현란한 볼거리가 이어지고 있었다. 그런 구경거리를 좋아했던 것 같지는 않아 약간은 의외였지만 그나 나나 얼떨떨한 채로 잠시 시름은 잊었던 것 같다. 그렇게 세월이 흐르는 동안 우리는 부부 모임을 하다 또 아이를 데리고 만나곤 했다.

평탄하기만 할 것 같은 그의 삶은 뒤늦게 본 둘째 아이를 어이없이 잃게 되면서 풍파에 휘말린다. 그 충격으로 그의 아내가 정신에 이상이 생겼고, 학교에서도 이런저런 문제 때문에 어려운 상황에 빠져 갔던 것이다. 오래 근무를 하면서도 학과 성원들과의 관계가 소원했던 탓이 아니었던가 싶다. 학회나 모임에서 만나도 그는 더 말이 없었고 담배만 피워 댔다. 그러나 근심이 깊은 속에서도 오히려 책상에 앉으면 더 요지부동이 되어 갔던 것 같다. 매일 방해를 받지 않는 밤 시간을 도와 정리한 자료를 입력한다고 했다. 그는 정년이 되기 한참 전에 담도암으로 세상을 떴다. 부음을 듣기 며칠 전 정형을 아끼는 선배와 함께 그의 처소를 찾아 저녁을 같이 한 것이 마지막이었다.

그의 죽음을 생각하면 자기 일에 전심전력으로 살아온 사람의 끝

치고 너무 허망하여 나까지 무슨 속임수에 넘어간 듯한 기분이 든다. 왜 꼭 그에게 그런 재앙이 닥쳐야 했는지 하늘을 향해서라도 항의를 해 보고 싶은 마음이다. 나에게 정형은 그럴 만한 잘못을 하지 않았는데 불의에 나락으로 떨어지고만 무죄한 희생자임이 분명해 영문 없는 재앙을 그리는 냉혹한 멜로드라마야말로 인생의 한 실제적 모습임을 인정하게 만든다.

곁눈 한번 팔지 않고 그 오랜 시간을 책상에 앉아 보낸 그가 기대하고 바랐던 것은 과연 무엇이었을까? 그가 한생을 걸쳐 집요하게 추구한 충실함에 비해 그의 삶은 작은 클라이막스 한 번 없이 끝나버린 듯해 야속할 따름이다. 다시 그의 생전 모습을 떠올리자니 인생이란 종내 알지 못할 거대한 아이러니에 의해 휘둘리는 것이라는 생각에 공연히 허공을 바라보게 된다.

내

가

살 아 온

이 야 기

4부
# 상실

### 17. 상실에 대하여

누구든 죽음이라는 궁극적 상실의 운명을 맞아야 한다. 이를 심상하게 받아들이는 것은 애도를 하되 고통에 빠지지 않는 조건일 것이다. 혹시 그러는 데 도움이 될 듯해서 틈날 때마다 '메멘토 모리(Memento mori)'를 입속으로 외어보곤 한다.

# 상실에
# 대하여

나의 할머니는 100살 가까이 살다 돌아가셨는데 마지막 수년간은 치매가 심해 거의 갇혀 지내시다시피 했다. 가까이서 수발을 들던 고모 두 분이 다 손을 들 정도였으므로 봉양을 했던 맏손자, 그러니까 나의 사촌 큰형님 내외가 겪었을 고생도 적지 않았을 것이다. 여느 할머니처럼 자식과 손자 사랑이 유별했지만 병을 앓기 시작한 할머니는 이미 예전의 할머니가 아니었다. 무감동하면서 이기적으로 변해 갔다고 할까.

내 백부인 장자를 먼저 보내야 했던 때는 이미 정도가 심해져 할머니는 무슨 일이 일어났는지도 모르는 듯했다. 하긴 사람들 말처럼 정신이 없는 편이 차라리 나았을 것이다. 그리고 마침내 매우 공격적이 되어서, 걸핏하면 '네년들이 내 돈 가져갔구나' 하고 외거나 방금 식사를 마친 이후에도 배고프다고 아우성친다고 고모들이 손사래를 쳤다. 내 어머니는 혼잣말처럼 욕설까지 하는 할머니에게 놀라 예전엔 그런 적이 전혀 없었다며 과연 치매가 무서운 병이라고 탄식했다.

그런데 치매가 오고 난 뒤 할머니가 되풀이했던 것은 일찍이 잃었던 아들 이야기였다. 훤한 인물에 명민해 온 동네 사람들이 부러워했는데 일곱 살까지나 키워 그만 열병으로 저세상에 보내고 말았다고 했다. 허공을 향해 그 이야기를 되뇌는 할머니의 어조엔 애지중지하던 첫 아들의 죽음 앞에서 젊은 어머니가 느꼈을 형언하기 어려운 상실의 고통과 허망한 감정이 묻어났다. 표정이 사라진 얼굴이었지만 회한에 잠긴 듯 흔들리는 눈동자는 할머니가 그때로 돌아가고 있음을 알게 했다.

나에겐 백부 이전의 백부가 되는 일곱 살에 죽은 아이 이야기를 기왕에 할머니로부터 들은 적은 없다. 할머니의 치매는 그 오랜 세월 동안 가슴에 묻어 두었던 아픈 기억을 끄집어내게 한 셈이었다. 그 기억은 모든 것이 머릿속에서 지워지고 어머니이자 할머니로서 쌓았던 생활의 격식마저 깡그리 흩어진 뒤에도 끝내 남아, 흙이 비에 쓸려 마침내 뿌리가 드러나듯 할머니의 입 밖으로 흘러나오게 된 것이었다. 할머니는 여덟이나 되는 자식들을 낳아 길렀다. 그런데도 죽은 아이를 잊지 못한 것은 그만큼 상실의 아픔이 깊이 새겨졌기 때문일 터이다.

몇 년 전 막역한 친구이기도 한 선배가 상배(喪配)를 당했다. 선배의 부인이 중병을 앓았던 것도 아닐뿐더러 예고가 전혀 없이 일어난 일이어서 나를 포함한 지인들은 모두 깜짝 놀랐다. 더구나 자주 부부 모임을 가지며 오랜 시간을 가까이 지내온 터라 충격이 컸다. 그 선배가 아내의 부음을 알리며 적은 첫 마디는 "어이없는 일이 일어났습니다."였다. '어이없다'는 전혀 생각 않던 일이 일어나 당황망조한 마음의 표현이었을 것이다.

　다 그런 것은 아니겠지만 중년을 넘긴 사내에게 아내란 살아가기 위한 보루(堡壘)다. 쉬고 의지할 뿐 아니라 노년으로 들어서며 감당해야 하는 허전함 내지는, 모든 일이 시들해지는 권태로움조차 함께 나눌 수 있는 거처라는 뜻에서다. 티격태격하는 때가 있더라도 오래 같이 산 부부는 상대의 속내를 누구보다 잘 아는 사이가 된다. 딱히 누가 더 훌륭해서가 아니라 이미 서로의 손을 붙잡고 있기에 상대를 받아들이고 기대도록 하는 것이다. 그런 아내를 잃은 이후의 시간은 우울할 수밖에 없다. 보루가 사라진 빈 회색 들판에 혼자 서 있어야 해서 그렇고, 그 상실이 어떻게 해도 회복 가능한 것이 아니기 때문에 더욱 그렇다.

　자식을 앞세우거나 아내와 사별하는 것은 생각만 해도 두려운 일이다. 예상치 못한 일이 얼마든지 일어나고 간절한 바람과 기대가 어그러지는 경험을 해왔기에, 어떤 순간은 그런 걱정만으로 흠칫 놀라게 된다.

　누구든 이런저런 상실을 겪을 뿐 아니라 또 이를 만회하기 위해 애쓰며 살지만 그러기가 영 힘에 부칠 때도 많은 것이 인생인가 한다. 개중에는 소중한 무엇을 잃는 데 그치지 않고 그로 인해 살아갈 자신을 잃기도 하는 것이다. 나는 그러는 게 두려워 힘들 때마다 떠나는 것은 담담히 보내야 한다고 가슴을 쓸어내리곤 했다. 그러나 아무리 스스로를 타이르고 토닥여도 잃어버린 것이 난 자리가 눈에 밟혀 뒤늦은 자책을 해대며 마음을 상하는 것이 나만의 사정은 아니리라.

　하나 마나 한 말일 터이나 소중한 무엇을 잃고 말았을 때의 아픔은 쉽게 치유되지 않는다. 더구나 앞서 말한 것처럼 참척(慘慽)을 당하고 상배를 한 처지라면 왜 자신에게 이런 일이 일어났는지 묻게 마련이고, 그러다가 주변 모든 것이 그저 야속하게 여겨져 이도 저도 다 싫은 상태에 빠질 수 있다. 또 애달파 하는 감정이 안타까움과 분노를 키워 급기야 자신까지 위태롭게 하는 지경에 이르는 것도 보았다. 그런 상황에서 잃은 것은 이미 내 것이 아니라고 아무리 외어 보아야 귀에나 닿겠는가.

　나 역시 참척이나 상배 수준은 아니나 뼈아픈 상실의 경험을 해야 했다. 그럴 때 인연이 다한 것에 연연해한들 무슨 소용이 있겠냐고 스스로 타이르곤 했으나 마음을 가라앉힐 수 있었던 것은 시간이 한참이나 지나서였다. 그러면서 되새기게 되었던 한 가지는 이미 나에게서 사라진 것의 부재는 어떻게 하든 만회할 수 없다는 사실을 받아들여야 한다는 점이었다. 부재를 아쉬워하며 매달릴 경우, 머릿속에 가상(假像)을 만들고 그에 덧칠을 하게 될 가능성도 있다. 나의 경우, 힘들 때는 오히려 부재를 확인하는 절차가 도움이 되었다. 없는 것은 없는 것이기 때문이다. 상실을 상실로 인정할 때 비로소 애도(哀悼)의 시간을 가질 수 있었던 것 같다.

　이 자리에서 내가 하려는 이야기는 소중한 것을 상실한 아픈 경험담이라기보다 앞에 거론한, 상실이라는 감정 자체에 관한 것이다. 상실의 감정에 휘둘리는 것은 어느 정도 보편적인 현상이라고 할 수 있다. 사람들은 어떤 연유로든 잃어버린 것에 대해 방금까지 주머니 안에 있던 금덩이가 빠져 달아나기라도 한 듯 아쉬워하곤 한다. 놓친 고기는 누구에게나 큰 법이다. 특히 낚시를 막 시작한 초보자라면 손에 넣을 뻔한 고기가 더 거대해 보일 수밖에 없을 것이다. 적절한 예인지 모르겠지만 청소년기에 겪는 실연의 아픔은 그런 종류가 아닐까 싶다. 민망함을 무릅쓰고 오래전 내 이야기를 해 보려 한다.

어릴 때는 딱히 간절히 소망하거나 귀중히 여긴 것이 없어서인지, 아니면 오히려 더 실제적이어서 그랬는지 무엇을 잃고 크게 상심한 기억은 별로 나지 않는다. 그러나 고등학생이 되어선 흔히 그맘때 그러하듯 가슴이 파이는 인생의 입사식(入社式)을 치른 적이 있다. 예상하듯이 범주로 구분하자면 실패한 짝사랑(?) 이야기일 터인데, 짝사랑이 으레 그렇듯 진행되는 일 없이 벌어진 상상의 드라마라고 해 두자. 아침 등굣길에 이웃에 사는 여학생을 보고 첫눈에 반해 혼자 천국과 지옥을 오갔던 이 이야기는 질풍노도쯤으로 표현해야 할 청소년기의 내면적 격동을 되짚는 데서부터 시작해야 할 것 같다.

아마도 고등학교 시절을 밝게 보낸 사람은 드물 것이다. 상급 학년에 이르자 대학 입시도 걱정이려니와, 궁금한 미지의 세계가 눈앞에 가득 펼쳐지는데 웬만한 것은 죄 금지된 현실이 답답했다. 그렇지만 과감하게 선을 넘어 볼 배포는 없어 이런저런 충동에 우왕좌왕하는 만큼 쉽게 부정적이 되었던 것 같다. 더구나 시도 때도 모르고 용솟음치는 성적 욕망 때문에 심리적 긴장만 높아져 오히려 침울하고 혼란스러워질 때가 여러 번이었다.

누구나 그런 시절이 있겠으나 그맘때의 성욕은 날뛰는 망아지 같아서 어떤 식으로 다잡거나 타일러 볼만하지 않았다. 욕망이란 그 자체로선 추상적인 것이다. 욕망을 매개해 낼 구체적 대상이 없는 상태여서 출구를 찾지 못한 에너지 덩어리는 제멋대로 부풀어 오르기 십상이었다. 어떤 때는 당장 무슨 일이라도 벌여야 할 듯 공연히 다급했고, 그러다가 또 흥건한 동화적 환상에 잠길 때도 있었다. 물론 내밀한 판타지를 실행할 기회는 오지 않았는데, 설령 그럴 여건이 되었어도 무슨 일이 진행되기는 힘들었을 것이다. 왜냐하면 내가 혼자 기대한 성적 교섭이란 뭔가 특별해야 했기 때문이다.

거리에서 흔히 마주치는 젊은 여성들은 대개 나의 상대로 여겨지지 않았다. 때로 영화 포스터나 화보에서 보는 유혹적인 포즈의 여체는 눈이 끌리는데도 오히려 혐오스러웠다. 풍만한 몸뚱이의 구석구석에서 뿜어져 나오는 도발적인 매력에는 파멸적인 어두움이 숨겨져 있는 듯했다. 전문(傳聞)에 상상을 덧붙여 그려보게 되는 성교라는 행위 역시 거추장스럽고 불결할 것 같았다.

나에게 성욕은 분명 여성을 대상으로 했지만 상상된 여성의 육체가 혐오스럽기도 해서 알지 못할 비애에 잠기곤 했다. 막연히 동경하는 바와 판이한 실상을 확인할 때 환멸의 비애에 빠지게 된다고 하는데, 나의 경우는 미처 확인도 하기 전에 환멸을 예상한 셈이었다. 젊은 시절의 염상섭(廉想涉)은 환멸의 비애가 각성의 눈을 더 크게 뜨도록 함으로써 그가 생각한 리얼리스트로서의 조건, 즉 개성의 자각에 이를 수 있었다고 썼다. 그러나 나는 그저 우울했다.

우울증은 현실과의 의미 있는 관련을 확보하지 못한 데서 비롯하는 증상이다. 상징주의자들이 생각한 대로 세상이 상징들로 이루어진 거대한 신전(神殿) 같은 체계라면 세상을 산다는 것은 그 안 어디에 줄을 대고 투신하는 일이다. 예를 들어 종교인으로 독실한 생활을 하는 사람도 있고 군인이 되어 영예에 살고 죽기도 한다. 한 영국 시인은 애국심을 일러 '건달의 마지막 보루'라고 냉소했지만, '나라 사랑'의 기치 아래서 유대의 의미를 찾아 스스로 충족하는 사람들은 여전히 적지 않다. 반면 세상과 분리된 주관성으로 인해 삶의 상징적 연계(連繫)에 실패하거나 아예 이를 외면할 때 그는 의지가지없어 불안하고, 생활의 목표와 행정(行程)을 갖지 못하니 우울하게 마련이다.

 모든 것이 유예되어 한갓된 공상을 일삼는 고등학생으로서 우울한 것은 어찌 보면 당연한 일이었다. 나에게 어른들이 내 앞에 펼쳐져 있다고 말하는 창창한 미래라는 것은 다만 불투명해 보였다. 어떤 작정도 굳게 한 바 없어 그저 시간이 알아서 가겠지 하다가, 그래 봐야 별일이 있을까 지레 낙담하는 것이 고작이었다. 그런데 육체는 넘치게 건강해서 주체 못 할 충동이 솟구치면 스스로 겁이 날 정도였다. 육박하는 욕망의 중압에 짓눌린 때문인지, 실존주의가 말하는 불안과 절망을 기분으로 앓고 있었기 때문인지, 나는 막연히 세상이 파멸되는 디스토피아적 비전을 펼치곤 했다. 밝은 앞날보다는 눈앞의 현실이 통째로 무너져 내린 폐허를 그려보는 데 더 이끌렸던 것이다.

 그 무렵 나는 아버지가 보는 일본 잡지(아마도 〈문예춘추〉였을 것)를 뒤적이다 흑백 사진 속의 한 여성으로부터 강렬한 인상을 받았다. 유럽의 길거리인 듯 각진 화강암이 깔린 도로를 배경으로 당장이라도 쓰러질 것처럼 가스등에 기대 선 그녀의 흐트러진 머리며, 홀쭉한 얼굴은 무망함에 지친 피로와 권태로움을 풍겨내고 있었다. 나는 멋대로 그녀가 창녀라고 단정했다. 깊고 퀭한 눈에선 어떤 것도 남아 있지 않은 듯한 공허함이 느껴졌기 때문이었다.

 등교를 하느라 버스를 타고 가다 보면 미아리 고개 직전, 길음동 천변에 이른바 '작부집'들이 줄지어 있는 것을 볼 수 있었다. 학교에 닿을 동안 의자에 앉아 머릿속으론 그 거리를 무대로 하는 소설을 여러 편 쓰곤 했는데, 창녀와 막장까지 간 범죄자들이 등장하는 이 삭막한 상상의 도시를 나는 무슨 연유인지 막바시(市)라고 이름 붙였다.

백일몽같이 스쳐가는 장면들 안에서 잡지 속 여성은 종종 막바시의 거리 모퉁이로 초대되었다. 뒷날 하우저(A. Hauser)를 읽다가 뿌리 뽑힌(déraciné) 자로서의 창녀는 바로 그렇기 때문에 작가 예술가가 정신적으로 공감하는 상대일 수 있었다고 한 부분에 이르러 나는 고등학생 시절, 머릿속으로 그렸던 묵시록적인 삽화들을 돌이켜 낼 수 있었다. 내가 버스의 차창 너머로 펼쳤던 창녀들의 막바시 역시 종말에 이른 군상들이 출연하는, 모든 것이 무너지고 쇠하여 색깔을 잃어버린 유적(遺跡)의 무대였기 때문이다.

자신의 육체를 남의 쾌락을 위한 상품으로 내어놓는 창녀는 성교라는 행위와 성적 욕망 자체에 대해서 역시 냉담할 수밖에 없다. 마르크스 식으로 말하면 창녀는 더 이상 인간이 아니기를 강요받는 것이며, 그럼으로써 사물화된 관계의 비인간성을 드러내는 존재였다. 뿌리 뽑혔다는 의미는 인간으로서 살기 위한 최소한의 조건마저 앗겼다는 의미일 뿐 아니라 사람이라면 갖는 감정이라든가 소망은 물론 그에 대한 미련마저 박탈된 상실의 상태를 이르는 것이리라.

살아가야 할 최소한의 이유나 명분을 잃는 것처럼 치명적인 일은 없다. 이런 상황이 계속되면 우울증은 물론 자살 충동까지 불러오게 마련이다. 고등학생이었던 나는 자신이 무슨 병을 앓고 있는지 몰랐지만, 폐허의 백일몽 속을 거닐며 상실의 감정에 빠져 있었다. 이미 사람이 아니게 된 창녀들의 막바시는 내가 그려낸 종말의 모습이었다. 그토록 혈

기가 왕성하던 시절에 모든 것이 사라지고 없어지는 세상의 마지막을 예감하는 일에 빠져들었던 이유는 과연 무엇이었을까?

그녀와의 조우는 안으론 폭풍우가 치지만 겉으론 쳇바퀴 돌듯 따분한 일상이 되풀이되는 어느 날 일어난 갑작스런 사태였다. 아침 버스 안에서 먼저 자리에 앉는 한 여학생의 얼굴과 마주쳤는데 처음엔 그저 예쁘다는 인상이었다. 그러나 이내 이상하게도 온몸으로 전율이 번지면서 내가 현실에서 찾을 가능성이 있을까 회의하던 바로 그 대상과 드디어 조우했다는 감격이 넘쳐나 가슴이 요동치고 입이 말랐다. 뒷자리에 선 탓에 나는 연한 빛이 도는 곱슬머리를 땋아 내린 그녀의 뒤통수며 교복의 칼라 위로 드러난 흰 목덜미를 계속 훔쳐볼 수 있었다. 내려야 할 정거장이 다가왔는데도 그런 따위는 안중에 없었다. 마침내 그 여학생을 따라 내렸지만 어떻게 못 하고 그녀가 교문 안으로 사라지는 뒷모습을 한동안 바라보았을 뿐이었다.

그날 이후로는 물론 그 여학생 생각뿐이었다. 이상하게도 그녀의 얼굴이 선명히 떠오르지는 않았는데 어깨의 선이나 가방을 쥔 모양 같이 디테일한 부분은 오히려 세세히 그려낼 수 있을 것 같았다. 그녀를 보기 위해 동네 버스 정거장에서 무작정 기다렸던 것도 여러 번이었다. 그 여학생 역시 이상하게 구는 남학생을 의식했을 터나, 대면의 순간이면 나는 마음이 허둥거려 제대로 된 의사표시를 할 수 없었다. 문득 그녀가 골목에 나타나는 순간은 마치 화사한 빛 덩어리나 향기 나는 바람이 몰려드는 것 같아 눈을 들기조차 어려웠다.

어느덧 나에게 그녀는 아무런 희망도 없는 폐허 위에서 빛나는 구원의 표상이 되어 있었다. 그녀를 통해 나의 삶은 다시 활기를 찾고 풍족하게 아름다워질 수 있을 것 같았다. 따라서 그녀를 꼭 붙잡아야만 한다고 생각했다. 그럼에도 불구하고 제대로 말도 붙여보지 못한 채 시간만 흘러갔다.

내가 그녀를 짝사랑했다고 말하는 것이 적절한 표현인지는 모르겠다. 그러나 남들의 짝사랑처럼 고통스러웠던 것은 사실이다. 왠지 그녀는 내 것이 되지 않을 것이라는 예감이 들곤 해서 괴롭기 짝이 없었다. 머릿속으로는 그녀에게 다가서는 갖가지 방법을 찾고 나름의 전략을 세워보기도 했다. 무슨 짓을 해서라도 그녀의 마음을 얻으리라 다짐한 것도 여러 번이었다. 그러지 못하면 영원히 행복하기는 틀린 것 같았다. 그러나 또 한편으론 그녀를 향한 나의 기대가 너무 과한 것이 아닐까 하는 의심도 스멀스멀 일었다. 그녀는 보기에 더할 나위 없이 아름다웠지만 실상은 생각과 다른데, 나 혼자 자신만의 드라마에 빠져 오해를 키우고 있는 것이 아닌가 하는 회의였다.

어느날 드디어 그 여학생과 몇 마디 대화를 나눌 수 있었다. 잔뜩 긴장한 나와 달리 그녀는 차분하게 피차 이럴 때가 아니지 않느냐고 심상한 어조로 타이르듯 말했다. 그 내용이 너무 현실적이어서 잠에서 깬 듯 얼떨떨한 기분이었고 또 상당히 실망스러웠다. 내가 할 수 있는 것은 나를 분석해 보는 일뿐이었다. 그녀가 나에게 매혹적인 완전체로 비친 것은 당시 나의 의식세계를 점거한 폐허의 상상이 미적인 부활(resurrection)의 형상을 투사해 냈기 때문이리라는 나름의 추리도 해 보았던 듯하다.

그 여학생으로부터 사실상 퇴짜를 맞고서도 나의 공상은 좌충우돌했다. 그녀가 나를 폐허의 침울로부터 건져 내리라는 기대와 그런 꿈조차 잿빛 일상 속에서 내가 만들어낸 신기루일 뿐이라는 현실적인 낙담이 교차했던 것이다. 전자에 사로잡혀 있을 때는 가슴이 두근거렸지만, 끝내 그녀를 얻지 못한다면 나는 나락으로 처박히는 신세가 될 터이기에 괴로웠다. 그러나 생각은 대개 부정적으로 흘러가 허깨비에 홀린 것이 분명한 듯해서 암담하고 역시 고통스러웠다. 결국 이러나저러나 상실을 받아들여야 할 것 같았다. 손에 넣을 가망이 없는 것을 바랐기 때문이며, 없는 것을 갈구한 셈이었기 때문이다.

이제 와서 이런 말을 하는 것이 적절한지 모르겠으나 청소년기의 격정은 세상을 향해 성긴 의미의 그물을 던져 보는 나름의 기도가 아니었을까 하는 진단을 해 본다. 어쨌든 머릿속의 폐허를 뒤로 물리는 여신(女神)을 그려냈으니 말이다. 더 그럴듯한 표현으로는 구원(redemption)을 예술적으로 기호화했다고 할까. 그러는 한편 그녀가 내 모든 희구와 동경을 모아 묶은 상징체인 것처럼 빛날 때에도 나는 그녀가 내 열망의 알레고리가 아닐까 하는 추리를 했던 듯하다. 그렇기에 나는 그 여학생을 향한 입장을 정리해 보려 애썼다. 어쨌든 그녀를 통해 원했던 것이 너무나 추상적이었기 때문이다.

그녀가 오직 내 머릿속에만 있는 것처럼 여겨질 때는 더없이 괴로웠지만, 그녀를 통한 구원이나 회복이 불가능하다면 그것을 바라는 것 자체가 오히려 패착이 아닌가 하는 데까지 생각이 미쳤다. 구원이 불가능한 처지에서 고통은 운명적인 것이 된다. 그럴 때 나는 자기파멸적인 희열을 예감했다. 그러나 어쨌든 거기까지였다. 그녀와의 관계를 달리 분명히 하는 방도는 떠오르지 않았다. 그녀가 나를 이끌어 먼 딴 세상으로 도망가는 꿈은 몇 번 꾸었던 적이 있지만, 예를 들어 그녀와 내가 흔한 부부들처럼 살아간다는 것은 한 번도 상상해 본 적이 없었다. 그녀를 휩싸고 도는 치명적인 매혹의 아우라는 나의 좌절을 통해서 그 향기가 더욱 짙어질 것이었다.

나는 끝내 그 여학생에게 나의 생각과 입장을 알리지 못했다. 내가 무슨 말을 할 수 있었겠는가? 침묵은 불가피했다. 어떤 말도 하기 힘든 우울한 시간이 흘러갔다. 나에게 그녀는 구원의 여신으로 비쳤지만 성인이 되면서 그런 식의 구원은 불가능한 꿈이었음을 확실히 깨닫게 되었다. 꿈은 그저 꿈일 뿐 실상 실제로는 원하지 않았던 것이었을 수 있다. 나 역시 세속의 삶을 살아가야 했기 때문이다. 그러나 꿈을 잃는 상실의 아픔은 사라질 것 같지 않았다. 젊음의 시간은 우울한 애도의 시간이 되었다.

애지중지하던 아들을 잃고 조강지처를 어이없이 먼저 보내야 하는 경우에 비추어 보면, 치기 어린 짝사랑의 실패담 정도는 감히 상실을 논할 만한 거리가 아닐 수 있다. 없는 것을 갖지 못해 잃었다고 괴로워한 경험과 곁에 있던 사랑스런 자식이나 생의 반려가 사라지고 말아 울부짖는 고통의 시간을 어떻게 비교할 수 있겠는가. 그러나 대상의 부재를 아쉬워하고 애달파하는 점에서 모든 상실은 다르지 않다. 더구나 부재를 만회할 가능성이 전혀 없어 상실이 영원해 보일수록 절망감을 떨쳐 내기는 어렵다.

살아가는 과정에서는 누구나 한두 번은 치명적인 상실을 경험하게 마련이다. 그 고통이 천근만근의 무게로 온몸을 짓누를 때도 있다. 그러다가 일상이 반복되고 세월이 흐르면서 또 생활을 이어가는 것이 보통이다. 이미 그렇게 된 일을 어떻게 하겠는가고 받아들이게 되는 덕분이다. 어떤 종류이든 상실을 감당하며 살아가야 하는 것이 인생이라면, 그 여정에서 애도는 불가피하다.

그럭저럭 긴 시간을 살아 본 처지에서 이는 궁금증 하나는 우울하지 않은 애도도 가능할까 하는 것이다. 애도라는 말의 의미부터 거스르는 발상이지만 슬퍼하지 않는 애도, 그래서 고통스럽지 않은 애도의 경지 같은 것을 뜬금없이 떠올려 본다. 아마도 나이를 먹으며 애착의 감정과 애착하는 자신의 모습을 조금은 거리를 두고 볼 수 있게 되었기 때문이 아닌가 싶다. 그러나 그런 경지도 생각일 뿐이어서 정작 소중한 무엇을 잃게 된다는 상상만 해도 두려워지는 것은 여전하다.

살면서 감당해야 하는 상실 가운데 가장 마지막 경험은 살아 숨 쉬는 기회조차 더 이상 갖지 못하게 되는 것, 곧 자신의 죽음일 터이다. 상실이 슬프고 고통스러운 이유는 언젠가 자신에게도 죽음이 닥쳐오리라는 점을 실감치 못하기 때문일 수 있고, 그 반대일 수도 있다. 자신은 언제까지든 살 것 같아서 소중했던 이의 부재가 애달플 수 있거니와, 거꾸로 그런 사람을 잃고 삶의 희망을 함께 잃어 마음으로 죽음에 바짝 다가서기도 한다.

애달프지 않은 애도가 가능하려면 언젠가는 결국 모든 것을 잃고 마는 죽음이 반드시 닥쳐온다는 엄연한 사실을 심상하게 받아들일 수 있어야 하는 것이 아닐까? (무엇을 가질 수 있는)자신이 사라지는 지경에선 잃고 말고 자체가 무의미해질 수밖에 없다. 언제고 다가올, 혹은 이미 가까이 와 있는지 모르는 죽음을 담담히 바라보는 공력도 쉬운 것은 아니다. 그러나 누구든 죽음이라는 궁극적 상실의 운명을 맞아야 한다.

이를 심상하게 받아들이는 것은 애도를 하되 고통에 빠지지 않는 조건일 것이다. 혹시 그러는 데 도움이 될 듯해서 틈날 때마다 '메멘토 모리(Memento mori)'를 입속으로 외어보곤 한다.

## 18. 민중을 찾아서

이른바 민중적 자각이란 우리가 다 같은 사람이라는 당연한 사실을 일깨우는 일이라고 말하고 싶다. 남이 당하는 것이라도 부당한 차별을 부당하다고 하고, 힘들어하는 사람 옆에 함께 서려는 행동은 자연스러운 인간 심성의 발로다.

# 민중을
# 찾아서

대학 초년생 때 읽은 <객지>(황석영, 1971)며 <영자의 전성시대>(조선작, 1973)같은 소설들은 나로 하여금 이전에는 잘 알지 못했던 세상과 사람들에게 눈을 돌리게 했다.

바다를 메우는 간척 공사판을 무대로, 한 청년 노동자가 겹겹의 억압과 착취에 맞서 쟁의를 이끌어 내는 과정을 좇아가는 <객지>는 무엇보다 비정한 현실과 마주하는 긴장감을 주었다. 회색빛 갯벌이 펼쳐진 외지고 추운 공사판부터 마치 황량한 유형(流刑)의 땅인 듯 그려졌다. 매일같이 돌을 바다에 퍼붓는 모진 노역에 나서는 날품 일꾼들은 그들을 옥죄는 '관리자'들의 교묘하고 야비한 술수에 의해 일층 절박한 처지로 내몰리는 상황이었다. 동료 노동자들을 묶어 자신들의 요구를 관철시키려는 주인공의 노력은 성공하지 못한다. 그러나 쟁의가 무산되는 마지막 장면에서 그는 역설적이게도 내면이 '강렬한 희망'으로 차오르는 것을 느낀다. 그가 "꼭 내일이 아니라도 좋다"며 다짐하는 장면은 서원(誓願)을 세우는 것처럼 자못 비장했다.

<객지>와 비교한다면 <영자의 전성시대>를 이끌어 가는 화자의 톤은 매우 달랐다. 우선 철공장의 용접공이었다가 베트남에 파병되었고, 돌아와선 목욕탕 때밀이로 취직했다는 화자는 자신이 처한 현실을 그럭저럭 받아들이고 있어 저항적이라는 인상을 받지 못했다. 오히려 '원래 화려한 술집에서 웨이터를 하고 싶었다'는 그는 자신이 애당초 '하류 인생'임을 스스럼없이 인정하는 듯했다. 과거 철공장 사장집의 식모였던 영자와의 사연에다가, 창녀촌을 드나든 이야기를 떠벌이는 그의 단순하고 솔직한 말투 또한 적이 흥미로웠다. 그는 태연하고 심드렁하게, 때로는 위악적으로 마치 일이 그렇게 되게 마련이었다는 것처럼 창녀촌에서 영자를 다시 만나 그녀의 '서방'이 되는 경위를 서술했다.

화자는 버스 차장을 하다가 사고로 팔을 잃은 영자에게 의수(義手)를 만들어 주는데, 영자의 불구를 감춰 영업을 잘할 수 있도록 하려는 배려였다. 처지가 이미 그런데 공연히 우울해하거나 심각해 봤자 무슨 소용이 있겠냐는 것이 그의 신조 같았다. 그러나 의수를 단 영자의 '활약'이 대단했다는 부분에서는 벌써 소설의 끝이 보이고 있었다. 창녀촌에 영문 모를 불이 나 영자는 타 죽고 만다. 까맣게 그슬린 영자의 외팔이 시신 앞에서 화자는 마침내 어디라도 세상 한구석을 불질러 없애 버리고 싶다는 절망적 분노를 드러낸다.

두 소설의 화자는 생김새가 서로 달랐지만 남성주의적 시각에 입각했다는 점에서 같았다. 남성주의의 관점에서 무감동성(impassibilité)

을 서술의 프리즘으로 삼거나 주인공의 내면적 특징으로 제시한 점이 특히 그러했다. 무감동성이란 무슨 일이 닥치든 동요하지 않는, 감정적으로 가라앉은 상태를 이른다. 즉 계속되는 박탈과 좌절의 경험을 견디다 보면 마음속에서 섬세한 감정은 사라지고 상처는 굳어 더께로 덮이기 마련이라는 전제 아래 부각되었던 내적 상모(相貌)가 무감동성이었다.

그런데 무감동성은 실천의 자질로 여겨지기도 했다. 고통의 단련을 겪고 또 겪어 감정이 무뎌진 만큼 일희일비하기보다는 두려움도 망설임도 없게 되어서 필요한 순간엔 굳건한 대오를 형성하리라는 기대였다. 일찍이 식민지 시대와 해방 직후의 노동소설들은 종종 섣부른 기대를 버리고 또 절망을 이기면서 신념을 굳히는 주인공의 모습을 그려냈다. 비애와 감상에 빠지는 것은 노동계급에겐 가당찮은 일이었다. 앞뒤를 재고 이해를 따져 보는 것 역시 '잃을 것이라곤 쇠사슬밖에 없는' 노동계급이 취할 행동이 아니었다. 무감동성은 자신의 사명에 대한 투철한 인식, 투쟁에 임하는 결연하고 단호한 입장, 중도(中途)에서 돌아서지 않는 일관함 등 노동계급이 발휘해야 할 혁명적 미덕으로 발전할 수 있는 것이었다.

<객지>의 주인공이 보여주는 선이 굵고 과묵한 모습은 세상의 풍파에 벼려진 남성 노동자의 이상형을 구현했다는 점에서 기왕의 전통을 계승한 것이라 할 만했다. 하드보일드(hard-boiled) 스타일을 연상시키는 <영자의 전성시대>의, 예사롭기에 오히려 도발적인 어투는 감상 따위에 빠질 여유는 없다고 말하고 있었다. 그러나 <객지>의 주인공은 분명한 자의식을 가질 뿐 아니라 쟁의를 키워 가는 과정에서 본보기 희생자

를 만들 정도로 전략적 계산까지 하는 인물로 그려졌던 반면, <영자의 전성시대>의 화자는 스스로 비루한 처지에 갇혀 있어서 신념은커녕 자신의 문제가 무엇인지 깨닫고 있는 것 같지 않았다. 무감동성을 성격적 특징으로 하고 있지만 그 양상은 가히 대조적이었다. 이 점은 나에게 궁금한 문젯거리가 되었다.

1970년대 중반쯤이면 민중이라는 말은 낯선 용어가 아니었다. 민중이 누구인가에 대한 학술적인 논의도 일고 있었지만, 그 말은 이미 항간의 화두였고 그런 데에는 필연적인 이유가 있었다. '개발의 시대'가 본격적으로 열리면서 그 연료가 된 노동자층의 존재가 비로소 사회적으로 드러나고 일깨워졌던 것이다. 전태일의 죽음은 그들이 누구인가를 세상에 알린 역사적 사건이었다.

나 역시 중학교 시절이던 어느 날, 아침 신문을 펼쳤을 때 평화시장의 한 재단사가 근로기준법을 지키라고 외치며 분신했다는 기사에 큰 충격을 받았다. 그가 버스 탈 돈으로 어린 여공들을 위해 풀빵을 사고 자신은 집까지 걸어 다녔다는 사연을 읽으면서는 가난한 노동자로서 같은 처지의 소녀들을 향해 가졌던 연민의 마음이 전해져 가슴이 아팠다. 아직 그런 경험을 할 나이는 아니었지만 냉혹한 현실에선 누구든 절박해지기 마련임을 알고 있었기에, 남들을 살피고 위하려 한 그의 죽음은 나에게도 매우 의미심장한 사건으로 다가왔다.

뜻있는 희생은 경건한 것이다. 인간으로서 무엇을 추구하고 어떤 삶을 살아야 하는가를 생각도록 하기 때문이다. 노동자는 전태일을 통해서 희생자이자 순교자가 되었다. 민중은 이런 노동자에다가 그의 동료와 친구, 그리고 가족들을 이르는 말이었다.

1970년대 거론된 민중은 해방 직후 좌파들이 앞세운 인민 개념과 비교해 볼 필요가 있다. 산업화가 더딘 저개발 단계에서 진행된 러시아 혁명은 당시 좌파들의 참조 대상이었다. 역시 봉건적 기반이 온존하는 위에 약탈적인 식민자본주의가 부식(扶植)되었던 조선의 현실에서 혁명은 노동계급만이 아닌 농민층 등과 연대한 통일전선체를 통해 이루어질 수밖에 없다는 것이었고, 이렇게 묶일 혁명적 기반이 '광범한 인민층'이었다.

즉 인구 구성상 여전히 농민이 대다수이고 프롤레타리아만의 역량은 충분치 않은 현실이므로, 빈농층과의 (하층)합작은 불가피하다고 보았던 것이다. 이 광범한 인민에는 비판적 지식인 내지 때로는 '양심적'인 민족 부르주아까지 포함될 수 있었다. 볼세비키의 혁명론에 의하면 농민은 그들이 갖게 마련이라는 소소유자(小所有者)적 근성 때문에 당과 노동계급의 지도를 받아야 할 대상이었지만, 동시에 도외시해서는 안 될 혁명적 자산이었다.

농민문제를 다룬 식민지 시대의 몇몇 이론가는 조선의 빈농과 소작농을 가리켜 오직 노동력을 생산수단으로 가질 뿐이라는 이유에서 '농업 프롤레타리아'로 보아야 한다고 주장했다. 해방 직후 좌파들이 인민 개념을 끌어낸 것은 이런 배경에서였다. 요컨대 노동계급을 '영도적(領導的) 주격(主格)'으로 하는 '농업 프롤레타리아'와의 결합이 인민을 이루는 핵심이었다.

그러나 1970년대의 민중론은 과거 인민 개념의 경우와 달리 내부의 계급적 구성과 역할에 대한 언급을 미루었다. 역시 계급적이고 계층적인 통합을 내포하는 개념이었음에도 불구하고 민중은 보다 단일적 호칭으로 사용되었다. 즉 부당한 억압과 고된 노역에 시달려 왔지만, 그런 만큼 갖은 모순에 맞서는 항거의 연대를 이루어 낼 존재가 민중이었다.

그 경계가 모호하면서도 구체적인 외연(外延)을 갖는 듯한 이 용어는 명백한 역사적 실체를 갖는 은유 같았다. 민중론이 민중의 도덕적이고 윤리적인 품성에 주목하는 경향을 보였다는 점은 이 용어가 흔히 은유로 사용되었다는 증거일 것이다. 마치 문명에 의해 더럽혀지지 않아서 본원적인 선성(善性)을 지켜 갖는 '고귀한 야만인(noble savage)'처럼 민중은 배운 것 없이도 노동을 통해 삶을 이끌어가는 근본적인 지혜의 실천자로 묘사되기도 했다.

마르크스는 사람들이 필요로 하는 재화를 만드는 노동의 본래적 의의에 주목한 바 있다. 자본주의 체제 아래서 프롤레타리아의 노동이 어떻게 왜곡되는가를 밝힌 그에겐 바로 그 프롤레타리아야말로 진정한 노동을 되찾을 주인공이었다. 다시 말해 자본주의가 강요하는 비인간화를 어느 누구보다 극심하게 겪어 내야 하는 노동계급은 바로 그렇기 때문에 더 이상 그렇게 살 수 없음을 깨닫고 혁명에 나서게 된다는 생각이었다. 반면 1970년대의 민중론은 종종 민중을 애당초 정화된 존재처럼 그려내었다. 민중이 스스로 비인간화를 이겨냈거나 가끔은 아예 그런 영향을 받지 않는 품성의 주인공으로 제시되었던 것이다.

당시의 민중론에 비추어 볼 때 <객지>의 주인공은 가히 민중의 전형으로 지목될 만했다. 비록 조직된 프롤레타리아가 아니라 날품을 파는 부랑노동자로 등장하고 있지만, 꿋꿋한 남성적 면모에 어울리게 그는 사람들을 이끄는 위치에 서 있었다. 게다가 대의를 위해선 자신의 희생까지 불사할 수 있음을 담담히 암시하는 마지막 장면은 미상불 전태일을 떠올리게 하는 것이었다.

반면 <영자의 전성시대>의 때밀이는 처지로 볼 때 분명히 민중이었으나 거론되는 민중의 형상에 못 미쳤다. 일단 그의 생각과 행동이 천격(賤格)에 머물러서 명백히 품성론을 부정하고 있었기 때문이다. 아마도 이런 면모는 룸펜(Lumpen proletariat) 부류에서 더 두드러질 터였거니와, 천격을 비인간화의 지표로 이해한다 하더라도 이야기 속에서 마침내 그가 드러내는 단말마 같은 분노가 <객지>의 주인공이 예고하는 비장한 희생으로 이어지기는 힘들 것 같았다.

하지만 한편으론 <객지>의 주인공처럼 속이 차 있으면서 적극적인 인물이 현실에선 과연 얼마나 있을까 하는 의문도 들었다. 책을 읽으며 그가 익숙하고 멋지게 느껴졌던 이유를 생각해 보니 어렸을 때 즐겨 보던 만화의 긍정인물들이 떠올랐다. 무감동한 면모 역시 심지가 굳은 남성 주인공의 상투적 형상이었다.

반면 때밀이는 어디서든 어렵지 않게 마주칠 만한 타입이었지만 너무 한편으로 과장된 것 같았다. 파탄이 예정된 이야기를 그만큼 태연하게 읊을 수 있는 목격자는 드물 터이기 때문이었다. 두 소설은 매우 흥미로웠으나 민중론을 일관하게 적용할 수는 없었다. 이런 민중의 형상이 실제 민중을 너무 이상화하거나 반대로 희화화하는 것은 아닐지 하는 생각에 다소 혼란스럽기도 하고, 실체를 확인하고 싶은 호기심이 일기도 했다.

대학생으로서의 첫 일 년을 마친 겨울, 내가 혼자 탄광촌을 가 보려 나섰던 것은 직접 민중 속으로 들어가고 싶다는 섣부른 의욕 때문이었다. 벌써 대학생활에 흥미를 잃은 상태여서 학교 다니기를 작파한다 해도 아쉬울 것이 없을 듯해 담담했다. 유치한 생각이었지만 어쨌든 직접 거친 현장의 공기를 마시며 노동의 세계에 몸담아 보고 싶다는 포부 아닌 포부도 있었다. 제천으로 향하는 기차 차창 밖으로 슬몃슬몃 지나가는 산등성이와 밭은 눈이 덮여 있었다. 그것도 여행이라면 여행이었는데 왠지 쓸쓸한 기분에 침울하기까지 했다. 제천에서 황지(黃池)와 고한(古汗)으로 가는 기차를 갈아탔던 것 같다.

고한행 기차의 객실엔 조개탄을 때는 큰 난로가 가운데 자리한데다가, 교회 같은 곳에서 볼 법한 긴 고동색 나무의자들이 이리저리 놓여 있어 이색적이었다. 아저씨들 몇이 난로 옆에 옹송그린 채 뭔가를 구워가며 술을 마시는 듯했고, 그 옆으론 남루한 차림의 할머니와 손자가 꼭 붙어 군고구마를 먹느라 열심이었다. 나는 멀찍이 앉아 머리를 창밖으로 향했다. 우중충한 산록 풍경이 계속되었다. 간혹 나타나는 회색빛 마을 역시 그저 춥고 황량해 보였다.

고한역에 닿은 것은 해가 질 무렵이었다. 기차에서 내리자 철로 저 밑의 시커먼 마을이 한눈에 들어왔다. 산 허리춤으로 철로가 지나가고 있어서 탄가루가 까맣게 입혀진 긴 계단을 내려가야 거리가 있었다. 차가운 칼바람이 계단을 타고 역사(驛舍)로 치불어 왔으므로 고한이 정녕 고한(高寒)이구나 싶었다.

동네는 모든 것이 다 검은 색이었다. 질컥이는 길바닥이 그러했고, 길가 가겟집들의 유리창이며 함석지붕을 이고 줄지어 선 막사들 역시 온통 검어 보였다. 심지어 오가는 사람들도 어두운 일색이었다. 나는 어디로 가야 할지 몰라 잠시 황망했다. 기차에서 만난 내 또래의 젊은이로부터 광부 일을 하려면 어떻게 해야 하는지 듣기는 했어도 해가 져 어둠이 깔리고 있었으므로 먼저 숙소를 구해야 했다. 여인숙 간판이 보였지만 왠지 마음이 내키지 않았다. 이리저리 서성이다가 한 아주머니의 안내로 독신 광부들이 묵는 빈 숙소에 들게 되었다. 방이 연이은 긴 막사의 한쪽 구석이었다.

한두 평이나 될까 싶은 방에 배낭을 놓고 나와 판자문을 단 술집에서 저녁을 먹는데 갑자기 다른 자리에 앉았던 사람들 사이에 싸움이 일었다. 전등불조차 흐릿해 답답한 공간에서 고성과 욕설을 쏟다가 마침내 치고받는 격투를 벌이는 광경은 너무 살벌해서 입술을 깨물어야 했다. 필시 광부들임이 분명한 그들의 싸움은 뭔가 절망적이고 극단적인 느낌을 주었다. 나는 저녁을 먹는 둥 마는 둥 하고 자리를 피할 수밖에 없었다.

다음 날 아침에는 동네의 면면이 더 구체적으로 드러나 보였다. 산중턱 군데군데 뚫린 갱구(坑口) 아래로 선광(選鑛)을 하고 남은 석탄 더미가 길게 쏟아져 내리고 있었다. 비탈에 지그재그로 난 비포장도로는 탄을 실어 나르는 트럭들로 그르렁거렸다. 나 같은 경우는 조합에서 운영하는 것이 아닌 사광(私鑛)에 가야 일을 얻을 수 있으리라는 것이 기차 안에서 만난 또래의 조언이었다. 그래서 하룻밤을 지낸 숙소의 주인인지 관리인인지 모를 아주머니에게 그런 곳이 어디냐고 물었지만 뾰쪽한 답을 듣지는 못했다. 결국 동네를 오가며 수소문을 해야 할 판이었다. 그런데 막상 무슨 광업소 간판을 붙인 사무실엔 왠지 들어갈 용기가 나지 않았다.

이리저리 거리를 헤매다 결국 내가 그런 일을 할 준비는커녕 실상 의도도 없다는 사실을 인정해야 했다. 그저 기분으로 인생의 막장이라고 하는 탄광을 구경 온 것이 다였다. 나는 스스로 민망해서 고개를 숙인 채 어제 내려온 계단을 올라갔다. 뭔가 미안한 마음이 들었지만 그러나 한편으론 안도하며 나는 검은 탄가루가 날리는 그곳을 떠났다.

그 겨울의 한심한 여행 뒤로 다시 탄광촌을 찾았던 기억은 없다. 유람을 간 것도 아닌데 막장은커녕 광구에 발도 들이지 않고 도망치듯 떠난 나의 행적이 부끄러워 여태껏 누구한테도 그때 일을 이야기하지 못했다. 그러나 어쨌든 겨우 하루를 머문 주마간산식 견학을 통해서도 얻은 교훈은 있었다. 민중에 대해 내가 막연히 가졌던 선입견이나 관념이 오히려 현실을 이해하는 데 방해가 될 수 있으리라는 깨달음이었다. 탄광촌에 가면 민중을 만나리라는 발상, 그곳을 거친 남성들의 무대로 기대한 것부터 난센스였다.

지금까지 기차에서 내려 본 어둠이 깔리는 고한의 풍경은 인상적으로 뇌리에 남아 있다. 탄광촌을 예사로운 장소라고 말하기는 어렵겠지만, 그곳 역시 여러 사람들이 부대끼며 살아가는 구체적인 삶의 터전이었다. 그 사람들이 한정된 어떤 캐릭터로 대변될 리 만무했다. 즉 민중을 품성적으로 규정하려 들고 민중이라면 어떠어떠하리라 말하는 것은 그들의 삶에 얽힌 갖가지 갈등과 문제들을 더 알려 하지 않거나 제멋대로 단순화한 결과일 수 있다는 생각을 희미하게나마 했던 것이다.

노동 현장엔 <객지>의 주인공 같은 인물이 있을 수 있다. 하지만 이를 노동자의 멋진 모범형으로 간주하는 것은 다른 문제다. 마찬가지로 <영자의 전성시대>의 화자로 설정된 지나치게 단순하고 위악적이기까지 한 떼밀이 역시 치우친 상상의 산물이라고 해야 옳을 것이다.

당시에 이 소설들은 민중의 모습과 그들의 세계를 구체적으로 그려냈다고 평단과 독자들의 주목을 받았다. 나 또한 민중이 이런 이야기에 의해 '발견'되었다는 말을 한 적이 있다. 그러나 이야기가 항상 실제를 온전히 유효하게 담아내는 것은 아니다. 허구로서의 이야기는 불가피하게 어떤 부분을 과장하거나 특별한 면모를 인상적으로 부각하는 메커니즘을 갖는다. 지금 와서 하는 생각이지만, 당시의 민중 논의가 일변 품성론으로 흘렀던 이유는 실제를 파악하려기보다 역시 허구적인 기대를 앞세운 데서 찾아야 하지 않을까 싶다. 그러리라는 상상으로 이야기를 꾸며 말 그대로 소설을 썼던 것이다.

1970, 80년대에 진행된 논의가 민중에게 특별한 긍정성을 부여하려 했던 배경에는 '서구적인' 시민 개념이나 1960년대의 '소시민'을 넘어선 새로운 집단적 정체성을 모색하려 한 목적의식이 작용했다고 생각한다. 산업화 시대에 맞설 주인공이 요청되었기 때문이다. 거기다가 오랫동안 도외시해 온 근로계층을 향한 부채감(負債感) 역시 영향을 미쳤을 것이다. 그러나 이런 입장에서 제시된 민중은 오히려 그렇게 불린 사람들을 대상화하는 용어로 사용되었던 것은 아닐까 하는 생각도 해 본다. 즉 이 시기에 여러 주장과 이야기들을 통해 그려지고 떠오른 민중상은 정작 당사자들 스스로 자신이 누구인가를 묻고 답하려 한 결과이기보다 허구적 관점에서 일정한 판박이 형상을 그들에게 들씌운 것일 수 있다는 비판이다.

과연 <객지>의 긍정적 주인공은 의도된 본보기라고 할 만한 측면을 갖는다. 무감동하달 정도로 과묵한 남성이 결연한 선택을 하는 이야기는 사실 클리셰가 되기 쉽다. 대상화라고 하는 점에서는 <영자의 전성시대>의 경우 또한 예외로 보이지 않는다. 때밀이가 보통 사람들의 호기심을 자극하는 일종의 비체(卑體 abject)로 그려진 점도 그러하거니와, 식모에서 버스 차장을 거쳐 창녀로 전락한 영자가 결국 원인 모를 화재로 타 죽고 마는 결말까지가 그야말로 멜로드라마틱하게 제시되었는데, 이 또한 대상화의 다른 양상일 수 있다. 무엇보다 때밀이나 영자를 자극적인 구경거리로 만든 데다가 그들의 불행이 마치 불가피한 것인 듯 단정하고 있는 점에서다.

민중 개념에 대한 품성론적인 접근은 민(民)을 근본으로 여기는 전통의 영향과도 무관치 않아 보인다. 그러나 품성론은 종종 특정 계급의 긍정성을 관념화하는 동원의 선전 수단으로 이용되었던 것이다. 나로선 긍정적인 품성이 계층이나 계급에 의해 한정된다는 견해엔 동의하기 어렵다. 물론 가난하고 못 배웠다고 해서 비천해지는 것은 더더욱 아니다. 배웠고 있는 사람들 가운데서 비천한 이들은 얼마든지 있다. 내가 그랬던 것처럼 민중을 특별한 장소와 연결시키는 입장, 마치 민중의 공간이 따로 있는 것처럼 그들을 별도의 무대에 올리는 상상 역시 대상화의 양상임이 분명하다. 민중은 먼저 사람이 아니겠는가.

전태일의 일기는 그 나이의 젊은이답게 어설픈 희망에 달뜬 모습이며, 누군가를 연모해 유치한 고백을 하는 장면들까지 담고 있다. 그는 남들이 하지 못하는 행동을 했지만 유별난 사람이 아니었던 것이다. 그는 마음속에서 이는 두려움과 망설임을 눌러 앉히고서야 순교자로 나설 수 있었으리라. 사람들이 발휘할 수 있는 (혁명적) 역량을 그가 어떤 계급에 속하느냐로 재려는 계급환원론은 나름의 명백한 근거를 갖는다. 그러나 나는 전태일이 노동계급이었기 때문에 자신을 희생시켜 의미를 남겼다고 생각하고 싶지 않다.

　1980년대 중반을 넘어서면 민중은 가히 시대의 주제어가 된다. 논의는 민중이 누구인가를 규명하는 데서 이제 민중은 무엇을 어떻게 해야 하리라는 이른바 혁명론으로 확대되어 갔다. 민중운동은 나아가야 할 역사의 방향을 가리키는 나침반의 역할을 자임했다. 민중의 생각과 삶은 갖가지 이야기를 통해서 재현되었다. 민중문학의 기치 아래 숱한 문학작품들이 쓰였고 또 노동자들 자신이 쓴 수기와 고백도 여러 편 출간되었다. 나는 독자로서 긴 시간 동안 여러 논의들과 허구적 작물들을 섭렵했지만, 예전 탄광촌에서처럼 빗겨 선 관찰자에 머물렀다. 여러 선연한 주장들이 그대로 맞장구칠 만하지 않았기 때문이었다.

　앞서도 언급했거니와 내가 볼 때 민중이라는 말은 해방 직후 좌파들이 썼던 계급 연합체로서의 인민과는 다른 것이었다. 노동계급이 민중의 핵심적 부분이라 하더라도 프롤레타리아의 관점에서 민중이 규정되어야 한다면 그 민중을 굳이 민중으로 불러야 할 이유는 없다는 것이 지금까지의 생각이다. 1980년대 막바지쯤엔 해방 직후처럼 민중혁명에서 전위적 프롤레타리아의 역할을 강조하는 주장이 각광을 받기에 이르지만, 나에게 민중은 서야 하는 관점과 가리키는 내용이 막연하게나마 더 큰 진폭을 갖는 말로 여겨졌다. 즉 민중과의 조우란 그 외연과 내포를 한정함으로써가 아니라 오히려 세상과 삶에 대한 통찰로 나아가는 열린 입장을 갖는 일이라는 기대라면 기대가 있었다. 그리고 따라서 내가 생각하는 민중적 자각과 실천은 이른바 계급적 실천과는 달리 보편적인 동기에서 비롯되는 지극히 인간적인 행동이어야 했던 것이다.

그러나 시대의 표제어인 듯했던 민중이라는 말은 차츰 사회적 관심의 무대에서 사라져 갔다. 민중이 더 이상 의미 없는 용어가 되었기 때문인가? 그런 것 같지는 않다. 예를 들어 오늘날의 이주 노동자 문제에서 드러나는, 계급적 갈등에 인종적 차별화가 겹치는 양상은 우리로 하여금 기시감을 느끼게 한다. 코리안 드림을 꿈꾸며 온 이주 노동자들이 대개는 수용의 형식으로 관리된다는 점부터 과거 농촌 출신 여공들을 대상으로 한 기숙사 시스템을 떠올리게 하는 것이다. 외국인인 탓에 자신들의 목소리를 내기 어려운 상황에서 그들의 '길고 어두운 밤'은 그저 이어질 수밖에 없다. 그들을 타자화하는 혐오감은 일시적인 동정으로 지워낼 수 있는 감정이 아니다.

나는 이른바 민중적 자각이란 우리가 다 같은 사람이라는 당연한 사실을 일깨우는 일이라고 말하고 싶다. 남이 당하는 것이라도 부당한 차별을 부당하다고 하고, 힘들어하는 사람 옆에 함께 서려는 행동은 자연스러운 인간 심성의 발로다. 그런 점에서 이주 노동자야말로 새삼 민중적 자각을 요청하는 존재가 아닐 수 없다. 일정한 관념을 들씌워 민중을 대상화하거나 아니면 희화화하는 경향은 구체적인 사람으로서의 민중과 만나는 가능성을 좁히는 것임이 분명하다. 과거와 달리 한국의 경제적 지위를 자랑하게 된 오늘날, 이주 노동자 문제에 어떻게 접근하느냐는 우리 사회의 지적이고 윤리적인 수준을 가리키는 시금석이 되리라는 생각도 해 본다.

## 19. 열린 사회의 적들

과연 진정한 적이 누구인가를 가리려면 우리가 부지불각 중에 키우는 편견이나 어느 새 마음속에 들어선 맹목적 믿음 혹은 증오 같은 것부터 찬찬히 들여다보아야 하리라고 스스로 신칙해 본다.

# 열린
# 사회의
# 적들

　대학 시절을 돌이킬 때 떠오르는 것 하나는 젊은이들의 장발을 단속하는 해괴한 풍경이다. 지금으로선 상상하기 힘드나 경찰이 거리 곳곳에서 머리가 긴 젊은이들을 잡아 함부로 가위질을 하는 일이 백주에 벌어지곤 했다. 장발을 단속해야 할 이유랄까 필요성에 대한 사회적 논의 같은 것은 없었다.

　상당한 시일에 걸쳐 전국적으로 자행된 이 우습지 않은 해프닝의 비슷한 전례로는 1960년대 후반 유행한 미니스커트를 이른바 '퇴폐풍조'라고 단속한 경우를 비교해 볼 수 있을 듯싶다. 치맛단이 무릎 위 몇 센티 이상 올라가선 안 된다는 기준을 정해 놓았던 모양이어서, 도심을 오가는 젊은 여성을 세워 놓은 채 허벅다리에 자를 들이대는 진풍경이 연출되기도 했던 것이다. 미니스커트도 마찬가지겠지만 과연 긴 머리칼이 불시에 가위질을 당해야 할 만큼 '건전한' 기풍을 흐리는 주범이었던 것일까?

남의 치마 길이를 트집 잡고 머리칼까지 손대는 폭거 같지 않은 폭거는 이른바 미풍양속을 해치는 '불법행위'를 통제하려 한 '풍속경찰(독일어로 Sitten polizei)'의 역사를 통해서 조명해 볼 필요가 있다. 풍속경찰의 주된 임무는 성도덕을 문란케 한다든지 약물을 사용하는 등의 사회에 유해하다고 여긴 풍조를 단속하는 것이었지만, 사실상 그 활동에 대한 명확한 한정은 없었다. 사회 구성원들의 생각과 행동을 규율하려 한다는 입장에서는 일상생활 전체가 단속의 대상이 될 터였기 때문이다.

푸코(M. Foucault)는 학교와 감옥, 군대 등 사회 곳곳에서 진행된 일상의 통제가 엇나가거나 개성적이기를 두려워하는 규범형 인간을 만들어 노동력을 효율적으로 재생산하는 데 있음을 밝혔다. 이렇게 보면 미니스커트나 장발 단속 역시 사회 구성원 모두를 정돈(整頓)시켜 국가 발전의 동력을 확충한다는 원대한 프로그램의 일환이지 않았나 하는 생각을 하게 된다.

혁신은 4·19이후 정치세력이 대중을 상대로 내건 표어다. 체제와 제도의 혁신에 앞서 대중이 먼저 의식적으로 깨치고 새로운 생활에 나서야 한다는 것이 그 대체적인 내용이었다. 예를 들어 4·19 직후 대학생들이 벌인 '신생활운동'은 미완에 그친 정치혁명을 완수하기 위해선 '오염된 국민생활'의 개조가 시급하다면서, 정신혁명이라는 기치를 앞세웠다. 정신혁명이 먼저 달성해야 할 목표는 내핍과 근면이었고, 이런 입장에서 대학생들은 사치 및 부패의 척결을 당면한 과제로 가리켰다. 먼저 경제적으로 자립한 연후에 국가의 발전을 도모할 수 있다고 여겼기 때문이었다. 학생들은 수입품 배격을 외치며 길거리에 양담배와 커피를 쌓아 놓고 불태우는 화형식을 벌이기도 했다. 4·19의 주역이라는 대학생들이 외친 정신혁명 역시 궁극적으로는 국가의 발전을 위한 것이었다. 국가주의적 통제가 마땅하고 또 시급하다는 생각은 곧 박정희의 쿠데타를 불러일으켰다.

    박정희 세력이 쿠데타 직후 주도한 '재건국민운동' 또한 정신혁명을 통해 국민들을 새로운 인간형으로 거듭나게 한다는 캠페인이었다. 다만 개발과 반공을 국가적 과제로 구체화하면서 혁신의 목표로 못 박은 점이 달랐다. 가난을 벗기 위한 개발에 국가의 존망을 가르는 반공이라는 절대적 목표가 들씌워지면서 강제는 마땅할 뿐 아니라 불가피한 것이 되었다. 누구 하나 이를 거슬러서는 안 될 터였으므로 제멋대로인 일부 '몰지각한' 국민들은 강압적으로라도 교정되어야 했던 것이다.

    4·19 이후 대중을 이끌고 바로잡아야 할 대상으로 삼는 하향식 혁신론이 계속된 이유는 국가를 모든 데서 앞세우는 발상법이 당연시되었던 사정을 통해서 설명될 수 있다. 더구나 이제 스스로 국가의 운명을 책임지는 주체가 출현하지 않았던가. 박정희가 통치한 시간 내내 긴급함을 핑계로 한 예외상태(state of exception)는 지속되었거니와, 1970년대의 장발 단속 역시 이런 국가주의적 혁신론의 맥락 안에서 벌어진 현상임은 논란의 여지가 없을 것이다.

    장발 단속이 규율의 방법이었다면 최소한 머리칼을 기르지 못하게 하면 과연 어떻게 규범적 인간이 만들어지는 것인지, 단발이 경제개발과 반공이라는 긴급한 국가적 과제를 수행하는 데 어떤 기여를 할 수 있는 것인지에 대해 엉터리로라도 설명이 있었어야 했다. 그러나 그런 설명은 없었다. 다만 장발은 뭔가 반항적이라는 막연한 통념이 작동했던 것 같기도 하다.

미상불 눈에 띌 만한 장발은 특이한 만큼 무슨 의미를 갖는 것일 수 있다. 개성적인 머리 모양이 기왕의 사회관습을 거부하는 표식으로 여겨지는 것은 되풀이되어 온 현상이다. 장발이 당시의 젊은이들에게 자신들을 차별화하는 유행처럼 퍼져나갔을 가능성도 생각해 봄 직하다. 그러나 장발족 가운데는 이발소에 자주 갈 형편이 못되어서, 혹은 남들의 머리도 더부룩하니 그냥 길어진 머리를 내버려둔 경우 또한 얼마든지 있을 수 있었다. 아마도 상당수가 그러했을 것이다.

나부터도 별생각 없이 몇 달을 보내면 머리칼이 길어져 있었다. 물론 경찰의 단속이 특별히 패셔너블한 장발에 한정되었을 리 만무했다. 그저 단정치 않다 싶으면 얼마든지 단속의 대상일 수 있었다. 요컨대 의도적인 장발은 물론, 어쨌든 긴 머리칼이면 그대로 둘 수 없다는 것이 단속의 모토였다. 이렇게 볼 때 단속은 그 자체가 목적이었을 가능성이 더 크다. 어떤 어른은 젊은이들이 병들고 타락하면 박수 칠 자는 김일성이라고 했지만, 머리칼을 자른다고 해서 병까지 낫고 건전해진다는 논리는 난센스였다. 오히려 나의 경험에 의하면 장발 단속은 국가권력이 남의 신체를 마음대로 훼손하는 기회가 되었다.

아직도 생생한 것은 파출소 안으로 붙들려 간 친구가 이마에서 뒷 목덜미까지 '고속도로'가 난 채 찡그리는 것도 아니고 웃는 것도 아닌 얼굴로 허청허청 계단을 내려오던 모습이다. 부들대는 그가 피처럼 흘리고 있었던 것은 강간을 당한 듯한 모욕감과 수치심이었다. 그러나 바리캉이 지나간 양옆으로 마치 홍해의 바닷물처럼 갈라진 애젊던 머리칼은 물색없이 일렁이고 있었다.

　희화의 수준을 넘어 가학적인 잔혹극을 연출한 장발 단속은 일상의 사적 영역까지 난입하는 것을 전혀 개의치 않는 전체주의 국가의 신경증(神經症)을 통해서 이해되어야 할 것으로 보인다. 무엇보다 구성원을 향한 극단적이고 과격한 행동을 무슨 불가피한 처사이기나 한 것처럼 정당화한 점에서였다. 장발 단속은 언제든 필요하다면 누구의 신체나 정신이든 짓밟을 수 있다는 광기 어린 경고이고 협박에 다름 아니었던 것이다.

　프로이트식으로 말하면 신경증이란 위기가 다가올 것이라고 여기는 상황에서 불안을 피하려는 이상반응이다. 박정희 체제는 국민을 상대로 내내 지금이 고비이며 더 힘을 모아 난관을 돌파하자고 호소했다. 무엇보다 휴전선 이북의 김일성이 거꾸러질 때까지는 한시도 마음을 놓아서는 안 될 것이었다. 국민 각자가 하루를 어떤 마음으로 어떻게 살아가느냐가 곧 안보의 문제라고 다그치기까지 했다. 개발과 반공이라는 목표가 절실한 만큼 매일이 비상시(非常時)여야 했던 것이다. 지금 돌이켜 보면 박정희 시대는 국민 전체를 상대로 신경증 환자가 되기를 종용한 시대가 아니었던가 하는 생각을 하게 된다.

　비상한 시국에서 통제는 극단화되게 마련이다. 사회 구성원 전체를 장악하고 통제하려는 열망은 이미 그 자체가 신경증의 양상이거니와, 혼란과 불안이 가중되면 될수록 과도하고 발작적인 폭력이 저질러졌던 것이다. 긴급조치가 매번 갱신되고 잊을 만하면 거창한 간첩단 사건이 발표되던 시절이었다. 박정희 체제는 번번이 위기를 과장하고 부각함으로써 폭력을 정당화하려 했는데, 과연 노동운동이나 학생운동에 참여해 본 적 없는 평범한 젊은이 역시 일상적으로 느껴야 했던 것은 자신이 뜻하지 않게 엉뚱한 일을 당하거나 마땅한 이유 없이도 얼마든지 함부로 다루어질 수 있다는 공포감이었다. 그때를 생각하면 또 문득 떠오르는 것 하나는 사복경찰이 이념서적이나 불법유인물을 단속한다고 학교를 나오는 학생들 '아무나'의 가방을 뒤지곤 했던 만행의 장면들이다.

가방 뒤짐은 대개 조를 짠 두 명의 사복경찰이 다짜고짜로 앞을 가로막곤 가방을 열라고 종용하는 식으로 이루어졌다. 더러는 내가 왜 당신한테 가방을 열어 보이냐며 거절을 하는 경우도 있었지만, 그러면 연행을 하겠다고 덤벼들었다. 영화에서나 나오는 게슈타포(Gestapo)라든가 제정 말기 러시아 비밀경찰들이 저지른 사찰과 다를 바 없었다. 누군가는 가방 뒤짐을 당해 막스 베버(Max Weber)의 책이 나왔는데 파출소까지 갔다고 했다. 막스(Max)와 마르크스(Marx)는 다르다고 했지만 귓전으로도 듣는 것 같지 않더라는 것이었다.

가방 뒤짐 하면 생각나는 사람이 있다. 죽은 동생이다. 대학 신입생 때였을 텐데 아무 생각 없이 그저 막걸리나 마시는 재미로 학교를 다니는 것 같은 그가 어느 날 집에 들어서는데 얼굴이 영 이상했다. 울고 있는 것 같았다. 자초지종을 물으니 학교 정문 앞에서 어떤 학생이 가방 뒤짐을 피해 달아나다가 사복경찰들에게 붙잡혀 얻어맞는데 자신은 그저 보고만 있었다는 것이었다. 큰 덩치에 주먹도 보통 사람 두 배는 되어서 자신의 완 펀치면 다들 눕고 만다고 허풍을 떨던 친구가 그 주먹을 쓰지 못하고 피를 흘리며 쓰러진 동료 학생을 지나친 것이 너무 창피하고 분했던 모양이었다. 동생의 발을 묶은 것은 아무나를 향해 거침없이 행사되는 폭력이 얼마든지 더 거칠고 야비할 수 있으리라는 두려움이었을 것이다. 박정희 시대를 이끈 힘이 이런 식으로 국민들을 억누르고 길들인 공포의 힘이었다고 생각하면 씁쓸한 마음을 금할 수 없다.

대중을 제압하는 기제는 단순치 않다. 아마 그 가운데서도 제일 일반적이며 효율적인 경우는 복종을 운명으로 받아들이게 하는 것이 아닐까 싶다. 운명은 이길 수 없는 상대다. 대부분의 보통 사람들로 하여금 복종 외에는 다른 선택을 할 계제가 아니거나 그럴 여지가 전혀 없다고 여기게끔 한 것은 박정희 정권이 이미 엄존하는 실재라는 생각이었다. 박정희 체제는 줄곧 우리가 선진국이 되는 미래의 비전을 제시하면서, 이를 향해 가는 실천의 경로 중에 있음을 실감토록 했다. 사람들은 번번이 새 도로가 닦이고 대규모 산업단지며 공장이 들어선다는 소식을 듣고, 자신의 삶과 주변이 뒤바뀌는 것을 눈으로 보아 온 것이다. 그 과정은 일방적인 만큼 가히 불가항력인 듯했다.

사람들의 삶을 지배하는 실제적인 변화를 주도해 가는 힘은 '옳은' 것이다. 이미 일어나고 진행되는 일을 쉽게 뒤바꿀 수 없다고 생각하게 한다는 점에서 그렇다. 게다가 박정희 정권이 끊임없이 불러낸 국가와 민족이라는 거창한 이름은 발전의 예언에 대한 막연한 확신을 불어넣었다. 개개인이 사적인 판단에 근거해 마땅히 그렇게 되어야 할 역사의 목적을 거스르는 일은 있을 수 없고 있어서도 안 될 것이었다. 지금 여기서 우리의 삶을 옥죄고 바꾸어가는 현실적인 힘이 이미 지배적이고, 불가피한 만큼 정당하다고 여기게 한 주술이야말로 복종을 운명으로 받아들이게 한 기제라고 나는 생각한다.

그러나 알 수 없는 미래를 바라보면서 자신이 이를 위한 도구에 불과함을 받아들여야 하는 삶은 음울하기 마련이다. 박정희 시대를 생각하면 그 전체가 마치 짙은 회색 공기에 휩싸인 듯한 느낌이 들곤 한다. 기억을 되감아 꼽게 되는 그 시대를 함께 했던 면면들 역시 누구 하나 행복한 때가 있었을까 싶게 어두운 표정 일색이다. 그 군상 속에서 나의 얼굴을 발견하는 것이 놀라운 일은 아니다.

석사과정을 마쳐 갈 무렵 논문 준비로 늦게 잔 날 새벽, 후배가 숨이 넘어가는 다급한 목소리로 전화를 걸어 "형! 박씨가 죽었어!"를 연발하는데도 나는 '어느 박씨가 죽었냐?'는 멍청한 반문을 거듭해야 했다. 그만큼 오랫동안 머리를 짓눌러 온 박정희라는 그림자가 걷힐 수 있다는 생각조차 쉽지 않았던 것이다.

하루 종일 장송곡이 울려 퍼지던 그날 나는 줄곧 멍하니 어리둥절한 상태였다. 마침내 일어날 일이 일어난 것이었지만 그저 막연하고 착잡할 뿐이었다. 박정희 시대를 살았던 누구도 피하기 힘들었던 음울한 공기는 그가 죽었다고 단번에 걷힐 리 만무하였다. 오히려 박정희가 군림하는 동안 내내 되뇌어졌던 무수한 말들이 갑자기 힘을 잃은 주문(呪文)처럼 흩어진 상황이, 그에 부대끼며 살아야 했던 시간을 되돌아보도록 해서 한껏 맥이 빠지는 기분이었다.

두루 겪고 알고 있다시피 박정희 시대는 그의 죽음으로 끝나지 않았다. 전두환의 군사반란은 저항을 힘으로 억누르고 인식과 비판의 경로를 틀어막으면 결과적으로 정치적 정의라든가 역사적 필연까지 장악할 수 있다는 앞선 예를 따른 것이었다. 전두환은 장발 단속 같은 짓을 벌이지 않았다. 이미 광주(光州)를 피로 물들여 권력을 쥐기 위해서는 더

한 일도 할 수 있음을 과시한 그와 그의 일당에게 그까짓 머리털이 문제일 리 없었다. 한 친우도 술자리에서 동료들과 나눈 말 때문에 삼청교육대로 끌려가야 했던 만큼 머리털이 아니라 자칫하면 목숨이 오가는 상황이었다.

이미 권력의 핵심을 손에 넣은 전두환 일당은 오히려 능청맞게 통금을 없애고 고등학생의 복장과 두발 자율화를 정책으로 내세웠다. 그들에게 대중은 통제의 대상이기 이전에 유인하고 조종해야 할 대상이었다. 상시가 곧 비상시임을 외치는 경계의 목소리를 높이는 대신 사람들의 눈과 귀를 관변 축제의 풍물놀이와 운동경기에 빠져 내는 환호성으로 가리려 했던 것이다.

전두환이 권력을 쥐었던 시간 동안 나를 포함해 많은 사람들이 피할 수 없었던 것은 갈피가 계속 흐트러지는 모욕감 같은 것이 아니었을까 생각한다. 광주 출신 친구가 고향을 다녀온 다음, '말해도 너희들은 믿지 않을 거야' 하며 입을 닫고 어두운 절망적 표정을 지을 때 우리가 느껴야 했던 무력한 죄책감은 어쩌다 통금이 사라진 밤거리 술집에 앉았을 때나 프로 야구 경기를 관람할 때도 불쑥불쑥 되살아났다. 아무 일 없다는 듯이 하루하루를 보내는 것이 부끄러웠거니와, 그럼에도 어서 시간이 가기만을 기다릴 수밖에 없는 자신의 현실이 답답했다.

게다가 전두환은 박정희가 아니었다. 전두환 정권 초기, '못 생겨서 죄송합니다'라며 어릿광대짓을 해 인기가 높았던 코미디언 이주일은 한동안 방송 출연을 금지당한다. 확인된 이야기는 아니나 이주일의 외모가 전두환과 닮았기 때문이라고 했다. 그 이후 TV에서 전두환이 나올 라치면 이주일의 '못난 얼굴'이 겹쳐 보였지만 웃기는 어려웠다. 아무런 권위가 있지도 않고 대중을 설득할 마음도 없던 그는 그러나 우리 모두를 발아래 깔고 있었다. 게임을 벌여 이긴 덕에 통치자가 된 이의 군림을 받아들여야 하는 모욕적 현실은 쓰라린 잔혹극이 분명하면서 한편으로는 맥 빠진 소극(笑劇)으로 다가왔다.

전두환은 전임자가 해 왔던 밝고 풍요로운 미래를 약속하는 엄숙한 예언자의 역할을 도외시했다. 그런 처신은 생각해 본 적이 없었을 터이고, 한다 해도 어울리지 않았을 것이다. 통치자가 예언자로서 신망을 얻으려면 자신이 제시하는 역사의 도정(道程)에 투신해야 한다. 즉 앞날의 비전을 확인하면서 이를 실현해 가는 길을 주도적으로 다잡아야 할 것이었다. 전두환은 그런 전망을 가진 인물이 못 되었다. 오히려 그로선 자신이 요행으로 과분한 자리에 올랐다는 사실 자체가 내심 놀라웠을 것이다. 그렇기에 차지한 자리를 지키는 일 이외에 다른 궁리를 하기는 어렵지 않았을까 싶다.

분에 넘치는 행운을 쥔 사람은 그렇게 된 것이 고마워 상황을 막연히 낙관할 가능성도 있다. 어쨌든 전두환 정권 아래서는 모두를 심각하게 불러 세우는 '긴급의식(spirit of urgency)'의 발동이 상대적으로 드물었다는 기억이다. 그러나 비판자들을 가혹하게 탄압한 것은 전임자와 다르지 않았다.

전두환 정권 아래서 역시 숱한 공안 사건들이 줄을 이었으며 이데올로기적인 대치는 한층 첨예해진다. 특히 어이없이 탄생한 제5공화국을 비판하는 입장에서는 오랫동안 금기라고 해야 할까 넘어서는 안 될 것 같아 보였던 선을 넘는 변화가 있었다. 학생운동세력과 비판적 지식인들의 일부가 이른바 '자유 우방'의 대표 격이었던 미국을 전두환의 배후이자 맞서야 할 외세로 지목한 것은 그 하나다. 또 하나는 민족주의적 관점 혹은 정치 이데올로기적 입장에서 북한에 대해 우호적 관심을 갖기 시작했다는 점이다.

'사악한' 외세를 물리쳐야 한다는 외침은 서세동점(西勢東漸)이래 내면화된 민족적 저항의 감정 속에 잠복해 온 것이었다. 나아가 일제의 침략에 의한 식민지의 경험은 한국인들로 하여금 민족적 '고난'의 극복이라는 과제를 초자아적인 명령으로 여기게 했다. 이미 1920,30년대부터 (서구)제국과 그에 수탈당하는 식민지의 대립적 관계를, 자본주의가 일국의 경계를 넘어 지구적으로 확대된 결과로 보는 레닌(V. Lenin)의 설명(<제국주의론 Imperialism the Highest Stage of Capitalism>)은 좌파들의 상식이었다. 즉 제국 대 식민지는 곧 부르주아 대 프롤레타리아라는 계급대립이 민족 간의 모순으로 확대된 형태이기에 계급해방은 민족해방과 다른 말일 수 없었다. 해방 직후 좌파들은 이런 입장에서 미군이 군사적으로 점령한 38이남에서의 민족해방을 외쳤다. 외세는 물론 그와 결탁한 매판세력을 물리칠 때 민족의 자유와 독립을 이룰 수 있다는 주장이었다.

1980년대에 들어서는 1945년의 해방이 분단으로 이어진 이른바 해방전후사가 현재의 직접적 전사(前史)로 조명되거니와, 해방 직후 좌파들의 활동과 인식에도 관심이 모아진다. 박정희에 이은 전두환의 집권 및 분단 상황의 지속을 지구적 자본운동의 중심인 제국과 그에 종속된 주변부의 관계를 통해 설명해 보려는 시각 역시 확산되었다. 이런 입장에서 항일무장투쟁을 이끌었다는 김일성이 집권한 북한이야말로 민족적 정통성을 갖는다는 주장도 제기되었다. 38이남에선 해방이 되고도 식민잔재의 청산을 이루지 못해 매판세력이 권력층으로 온존한 반면, 북한은 제국과 맞서는 자주적인 주권국가의 위치를 지켜온 것이 아니냐는 생각이었다.

    1980년대 초는 내가 자신을 연구자로 여기기 시작한 때다. 나에게 해방전후사며 북한은 피할 수 없는 논제로 다가왔다. 수년 후 내가 '해방 직후의 문학운동 연구'로 학위논문을 쓰게 된 것이나, 북한이 어떤 이야기들을 만들어내고 그 이야기들이 어떤 역할을 했는가를 나름대로 탐구해 온 과정은 역시 80년대라는 임팩트로부터 촉발된 것이었다. 이곳저곳의 도서관을 뒤져 얻은 자료들을 하나둘 읽어 갈수록 해방 직후는 과연 식민지 시대와 현재를 동시에 비춰내는 거멀못 같은 지점으로 보였다. 해방 직후를 출발점으로 하여 북한이 걸어간 행로는 남한사회의 변천과 대비해 살펴야 할 것임에 틀림없었다.
    식민지 시대와 해방기에 대한 공부를 시작하면서 어렴풋이 그려낼 수 있었던 것은 이념의 역사라고 할 만한, 나름대로 잔가지들이 적지 않은 사상적 흐름이었다. 제한된 수준에서나마 제국의 지적 공기를 마실 수 있었던 식민지 시대나, 미소(美蘇) 양군이 진주했지만 이데올로기적인 통제가 아직 느슨했던 해방기에서 내가 그동안 듣고 보지 못했던 다양한 논의와 탐구들이 진행되었다는 점은 그 자체가 놀라운 사실이 아닐 수 없었다. 이후 남북한이 분립하면서 오히려 그 흐름은 경색되어 각기 다른 방식으로 닫힌사회를 만들어 간 것이 아닐까 하는 짐작이 들었다.
    그렇기에 월북한 후 김일성에 의해 죽임을 당한 김남천(金南天)이며 임화(林和)와 같은 이른바 좌익 문인들이, 나름대로 고민과 번뇌를 거듭하며 현실에 부딪혀 간 과정을 뒤쫓는 데서는 흥미를 넘어 동시대인으로서의 연민 같은 것을 느끼기도 했다. 이미 학부와 석사과정을 다닐 때 그들의 저작을 다수 구해 읽었던 바지만, 가까이 다가갈수록 이들 몇몇은 나에게 서로 속내를 아는 선배나 동료인 듯 친근하게 느껴졌다. 한번은 김남천과 긴 대화를 나누었는데 깨어보니 꿈이었다. 하지만 그렇다고 그들의 생각과 선택에 다 동의할 수 있는 것은 아니었다. 그들이 맞닥뜨려야 했던 문제들 대부분이 여전히 현재형인 상황이었지만, 아니 바로 그렇기 때문에 그들의 역사적인 한계는 또한 지적되어야 했다.

나는 기울어진 해석에 빠지거나 결론을 내리려 서둘 필요는 없다는 생각이었다. 그러나 주변에는 좌파적 시각을 긍정하는 이가 많았고, 그에 심정적인 동감을 갖는 것은 매우 일반적인 경향이었다. 나와 같은 애송이 연구자나 연구자 지망생들 가운데는 독서를 통해 급진적 마르크시스트가 되는 경우들이 종종 있었다. 크리슈나무르티를 즐겨 읽던 한 친구가 어느날 헤겔을 탐독하더니 곧 견결한 마르크시스트로 거듭나는 것도 보았다. 그들은 어느새 굳은 신념의 인(人)이 되어 반드시 도래하고 말 미래를 확신하는 열렬한 예지자로서의 역할을 자임하곤 했다.

반면 나로선 역사가 나름의 이성에 의해 전진해 가는 필연적 과정이라는 명제부터 수긍하기 어려웠고, 사회변화에 대한 '과학적' 설명 역시 미심쩍었다. 나 또한 일찍이 <경제철학 수고>라든가 <자본론> 등을 읽을 기회가 있었다. 사물화(reification)와 소외의 개념은 지금까지 내 머릿속에 각인되어 있고, 자본주의의 내부적 구조를 분석한 마르크스의 놀라운 통찰력은 여전히 경이롭지만, '더 이상 그렇게 살 수 없는' 프롤레타리아가 새로운 세상을 열고, 모든 이가 전인(全人 whole man)이 되어 '능력에 따라 일하고 필요한 만큼 갖는' 공산주의 사회가 도래하리라는 주장은 종교적 예언같이 여겨졌다.

　나아가 문제는 이러한 역사론이 실천을 말하려 할 때 곧잘 경색된 도덕론으로 바뀐다는 점이었다. 예를 들어 역사의 목적(telos)이 이미 확고하다면 현실에서 긍정적인 것과 부정적인 것, 바람직한 것과 그렇지 못한 것은 분명하게 나뉠 터였다. 즉 어떤 생각이나 활동도 목적을 향해 가는 진보와 과거로 돌아가려는 반동(反動)의 두 방향으로 대별된다는 것이다. 진보를 긍정하는 입장에서 역사의 발전을 거스르는 반동은 곧 악이 아닐 수 없었다. 이러한 도덕론은 극단적인 폭력을 정당화했다. 역사가 필연적으로 목적을 향해 전진할 것인 만큼 부정적인 것의 몰락은 돌이킬 수 없는 운명이었기 때문이다. 동지와 적의 구획은 곧 생사를 가르는 것이 된다. 진리를 좇는 동지에 대해선 무한한 우호심을 가져야 하는 반면, 전진을 거스르는 반동적인 경향은 증오해야 마땅했다.

　심하게 비약적이고 냉혹하다면 냉혹하며 한편으론 우스꽝스럽기도 한 이 역사-도덕론은 불행히도 오랜 시간 동안 많은 사람들에게 큰 영향을 끼쳤다. 특히 첨예한 논리를 끌어와 선악을 나누는 이분법은 무력감 속에 살아가야 했던 여러 사람들에게 퍽 매혹적일 수 있지 않았을까 싶다. 역사의 철칙이자 곧 마땅한 것을 향한 희생적 열정은 삶의 의미를 충만하게 하는 것이었거니와, 이를 우러르고 찬양함으로써 경건한 마음을 높일 수 있었을 터였기 때문이다. 한편 적이라면 사정없이 대해야 하고 어떤 멸시나 비하도 부족하지 않았다. 반동세력을 향한 가학적인 행동수칙은 증오와 분노의 힘을 쏟도록 열어준 것이었다.

나는 북한체제가 성립되고 강화되는 과정에서 쓰이고 읽힌 이야기들을 분석하면서 경건한 추앙과 극단의 증오가 양립하는 격앙된 이분법이 줄곧 작동했음을 보았다. 민족의 해방이라는 텔로스가 김일성을 역사의 실현을 담보하는 유일자로 비추고, 그에의 복종을 운명이자 실천으로 여기게 한 결과는 철저히 폐쇄된 전체주의 사회의 완성이었다. 오직 한 발화자(發話者), 하나의 목소리가 관철되면서 바람직한 것과 그렇지 못한 것을 규정해 온 과정의 결과가 오늘의 북한일 것이다.

몇 년 전 우리나라가 선진국에 반열에 들어섰다는 한 TV프로그램 진행자의 발언을 듣고 놀란 적이 있다. 과연 그렇게 잘라 말할 수 있는가 하는 의아한 마음에서였다. 그러나 이제는 명실공히 선진국이라 할 만하다느니, 남들이 먼저 우리를 선진국으로 쳐 준다는 말을 종종 듣게 되었다. 선진국 운운이 그저 경제적 규모 때문에 나온 표현이라 해도 기분이 나쁘지는 않다. 선진국이라니! 얼마나 올려다보던 이름이던가.

여전히 미심하지만 정말로 한국이 선진국이 되었다면 박정희가 제시한 목표는 달성된 셈이다. 박정희는 일찍이 부강한 나라를 만드는 '제2의 건국'을 외치며 그 길이 반드시 가야 할 길이기에 모두가 의지로 필연을 만들어 내어야 한다고 요구했다. 필연의 의지를 다져야 한다는 명령은 국가적 차원에서 제시한 목표의 달성을 거스를 수 없는 운명으로 받아들여야 한다는 뜻이었다. 극단적인 예지만 사교(邪敎) 집단의 교리처럼 모든 구성원들이 그에 정신과 육체를 바쳐야 하며 결코 맞서도 안 된다는 선언이기도 했던 것이다. 과연 제시된 운명을 따르는 길이 선진국으로 가는 길이었을까?

한국이 선진국이 되었다면 그것은 박정희가 요구한 대로 모두가 국가 발전에 헌신하는 것을 자신의 운명으로 받아들였기 때문이라고 나는 생각하지 않는다. 전 국민이 하나가 되어야 한다는 주술이 지배하는 닫힌사회에서는 실제적이고 실질적인 발전을 기대하기 어려울 터이기 때문이다. 한국의 경제적 발전에 대해서는 전문가들의 검토가 이루어져야 하겠지만, 우리의 삶을 질적으로 바꾸는 진정한 변화란 모든 구성원이 한 목표를 향해 대열을 이루는 방식을 통해서라기보다 오히려 그에 균열을 내는 방식으로 바라볼 수 있는 것이리라. 그런 점에서 한국사회가 이룩한 성과는 구체적인 사업이나 일상생활에서부터 다른 목소리를 내면서 진정한 변화를 모색한 숱한 비판자들의 기여로 보아야 한다. 그저 권력자가 제시한 역사의 목적에 이끌려 가는 꼭두각시 군상이 달성한 선진국이 선진국일 리는 없다.

우리나라가 선진국이라는 황감한 이야기를 들었을 때 나는 우리가 그만큼 열린사회에서 살고 있는가 하는 반문을 하지 않을 수 없었다. 또 하나의 선진국이 되었는지는 몰라도 자유로운 비판과 토론이 가능하고 다원적인 배경이 보장되는 열린사회를 만드는 것은 여전히 우리의 과제임이 분명하다. 박정희나 김일성 같은 인물은 역사적 존재가 되었지만 북한에서는 유일한 권력자가 전횡하는 폐쇄적인 국가체제가 구성원들을 억누르고 있고, 민주화를 이루었다고 하나 한국사회 역시 벼락성장의 그늘에서 완전히 벗어났다고 단언할 수 없게 하는 여러 문제들을 안고 있는 현실이다.

김수영(金洙暎)이 통찰했듯 적(敵)은 멀리 있지 않을 것이다(<하--- 그림자가 없다>). 과연 진정한 적이 누구인가를 가리려면 우리가 부지불각

중에 키우는 편견이나 어느새 마음속에 들어선 맹목적 믿음 혹은 증오 같은 것부터 찬찬히 들여다보아야 하리라고 스스로 신칙해 본다.

### 20. 종말의 감각

누구나 힘들고 고통스러운 인생의 고비에 처해 이게 꿈인가 하고 반문해 본 적이 있으리라. 나 역시 그런 상황에서 애써 무상함을 관조하는 위치에 서려 한 적이 있다.

# 종말의
# 감각

　요즘은 어디에서든 종종 하늘을 찾아 멍하니 바라보고 앉았는 나를 발견하곤 한다. 퇴직 이후에 생긴 버릇이다. 어린 시절 말고는 무엇을 찾겠다는 생각 없이 그저 하늘을 향해 눈을 둔 적은 없었던 것 같은데, 다시 어린이가 되었나 하는 생각에 혼자 슬쩍 웃은 적이 있다. 그러나 '어려서 고향을 떠났다가 늙어 돌아오니(少小離家老大回) 고향도 낯선 곳이더라' 하는 당시(唐詩)의 한 구절 같이 격세지감 때문에 뭔가 서글프고 허전한 마음이 되기도 한다. 긴 세월을 에돈 방랑을 마친 뒤에야 고향집 앞에 선 탕자(蕩子) 아닌 탕자의 기분이랄까.
　그러나저러나 하늘은 말이 없다. 산책을 하다 공원 벤치에 비스듬히 앉아 고개를 젖히면 깊이를 모를 푸른 심연이 아득하다. 어떤 날은 뭉게구름이 말 그대로 뭉게뭉게 덩어리져 오르는가 하면 또 어느 저녁엔 저가는 햇살에 물든 채운(彩雲)이 날아가기라도 할 듯 가볍게 파도친다. 바람이 좀 분다 싶은 날 높은 고도에선 그 세기가 여간이 아닌 듯 구름은 황망하게 찢기어 흐르다가 또 합쳐 가며 갖가지 형상들을 만들어 낸다. 어머니의 젖가슴이 되기도 하고 돛단배다 싶어 신기해하는데, 이내 그 꼴이 이지러지고 흩어져 시야 너머로 서둘러 사라지는 모습은 종종대며 지나온 인생의 시간을 비춰 보여주는 듯하다.

어느덧 상념은 과거로 치달아 그때 만약 아무개를 만나지 않았더라면 내 인생은 어떻게 흘러갔을까? 그때 더 참고 견뎠어야 하는데 서둘다가 그만 이렇게 저렇게 된 것이구나 하는 식의 무용한 탄식을 늘어놓기에 이른다. 결과로 드러난 역사는 필연적인 것이다. 사건이 다른 사건을 불러올 때는 가능한 방향이 여러 갈래인 듯하지만, 이미 진행된 계기적 연쇄의 과정은 어떻게 하더라도 돌이킬 수 없고 그런 의미에서 필연적이다. 한 사람의 인생길도 마찬가지다. 아무리 후회를 하고 가슴을 친들 이미 꼬여버린 일을 뒤늦게 바로잡기는 어렵다. 나 역시 과거를 돌아보면 자책으로 괴롭고 아직까지 미련이 남아 아쉬운 경우들이 부지기수다.

그러나 오랜전 일임에도 불구하고 다행이었다고 새삼 가슴을 쓸어내리게 하는 사건 역시 적지 않다. 생사를 가르는 순간들이 여러 번이었을 뿐 아니라 자칫 범죄자가 될 뻔한 적까지 있었다. 저지른 잘못에도 불구하고 요리조리 운명의 덫을 피해 살아남은 셈이어서 나를 지켜준 수호자가 있었던 것인가 하는 황당한 생각도 해 보았다.

그런 회상 끝에는 이제 남은 시간을 어떻게 보내고 맺나 하는 데로 주제가 옮겨 간다. 인생이라는 여정에서는 이제 내리막에 섰음이 분명하고 지나고 겪은 일들을 지우거나 수정하는 것이 불가능한 이상, 남은 시간이라도 더 이상 잘못을 저질러서는 안 되겠다는 각오를 다지게 되는 것이다. 끝이 좋으면 된다는 말을 제멋대로 불러와 마치 그간의 과오를 만회하는 묘수라도 있는 듯 역전의 기회를 꿈꾸어도 본다.

그러나 구체적인 계획이 있을 리 만무하고 새삼스레 무슨 비전을 갖고 있는 것은 더더욱 아니다. 몸이 사라진 다음을 준비하겠다는 사람도 있을 터이나, 철저히 현세적인 입장을 갖고 살아온 나는 여태껏 죽음 이후에 대한 고려를 진지하게 해 본 적이 없다. 내가 나를 통어할 수 있는 것은 내 의식이 살아 있고 내가 세상을 버릴 때까지다. 그 끝을 어떻게 맞고 보내느냐는 이제 나의 마지막 과제다.


종말론(eschatology)이란 역사의 '최후', 즉 이 세상이 끝나는 마지막에 대한 교설(敎說)이다. 시작이 있었으니 끝도 있게 마련일 터인데 세상의 마지막이 어떠할지는 누구든 궁금해할 만하다. 물론 잠시를 살다 가는 사람의 처지에서 언제 올지 모르는 세상의 종말을 입에 올린다는 것은 가당치 않아 보이기도 한다. 그렇지만 짧은 인생밖에는 기회가 없는 만큼 자신의 삶을 세상의 시작과 종말이라는 거대한 이야기 안에 포함시키는 것은 자못 절실한 과제일 수 있다.

세상이 열리고 끝나는 운명적 이야기에 자신의 인생을 일치시킬 때 삶과 죽음에 대한 의미 있는 해석이 가능해지기 때문이다. 예를 들어 종말이 심판의 날로 닥쳐올 것이고 그에 따라 승리와 멸망이 갈리리라고 믿을 때, 인생은 매 순간 마지막을 준비해야 하는 과정이며 죽음은 다가올 심판에 임하는 기회가 된다. 이렇게 종말론은 삶의 유한함을 확인하면서 동시에 영원이라는 지평을 바라보게 하는 것이다.

저명한 낭만주의 연구자였던 커모드(F. Kermode)가 쓴 <종말의 감각 Sense of Ending>은 오래전에 읽었지만 기억에 남는 책이다. 종말론에 대한 인문학적 통찰로 가득한 이 책에 의하면 서양에선 이미 중세 때부터 종말론을 믿은 사람들에 의해 파국적인 소동이 여러 차례 빚어졌다고 한다. 즉 죄악에 빠져 개전의 여지가 없는 세상을 벌하는 하늘의 불길이 곧 땅 위의 모든 것을 태워 없애리라 여긴 나머지 공황상태에 빠진 군중이 떼로 몰려다니며 파괴를 일삼는 극단적인 행동을 벌였다는 것이다. 내일은 없다고 단정한 파탄적인 절망 속에서는 생명과 재산뿐 아니라 더 소중한 것도 내던지는 사태가 얼마든지 일어날 법하다.

종말은 전면적 쇄신의 전환점으로 여겨지기도 했다. 세상을 송두리째 뒤엎는 마지막이 기왕과는 질적으로 다른 새로운 세상을 여는 출발을 가능하게 하리라는 기대였다. 자신이 사는 세상은 퇴폐하여 쇠락이 필연적이며, 따라서 과거의 모든 것을 부정하는 쇄신이 진행되리라 믿는 사태는 고금을 통해 반복되어 왔다. 과연 기왕의 세상을 철저히 파괴하는 혁명적 격변을 찬양한다든가, 그 기치 아래 벌어진 잔혹한 숙청조차 긍정하는 광기는 가까운 우리 역사에서도 결코 낯선 것이 아니다.

미구에 종말이 닥치리라고 여기는 데는 여러 가지 사정과 이유가 있을 것이다. 모르긴 해도 세상을 타락한 곳으로 단정하는 사람들은 여전히 상당수가 아닐까 한다. 도덕이 땅에 떨어졌는데 어떻게 세상이 온전하겠냐고 개탄하는 기성세대라면 으레 '말세(末世)'론을 펼치고 만다. 사람들(특히 젊은이)의 심성을 바로잡는 획기적인 개선 없이 미래는 암울하다는 식의 진단이다. 그러나 도덕적 위기의식은 하늘의 징벌과 심판이 가까워졌다고 믿는 종교적 종말론이 그러하듯 수긍할 만한 객관적 근거를 갖는 것인지 의심스럽다.

그보다는 세상이 지금의 시스템대로 움직여 갈 때 과연 존속이 가능하겠느냐는 우려 섞인 반문 앞에서 우리는 종말을 보다 구체적으로 느끼게 된다. 불평등을 해결하기는커녕 더 심화시킬 것이 분명한 제도가 완고하게 작동하고, 지속이 불가능한 생산과 소비 시스템이 폭주 기관차처럼 나락을 향해 치달려가는 현실이야말로 세상의 파국을 예상하게 하는 것이다. 미소 두 강대국이 지구 전체를 몇 번이나 날려버릴 수 있는 양의 원자폭탄으로 무장하고 서로를 위협하던 시절에 원폭종말론이 퍼져나갔던 것은 불가피했다. 지금이라고 해서 그 상황이 더 나아졌을 리 없는데 여전히 어딘가에 숨겨져 있을 숱한 폭탄들은 세상을 파괴할 요인들 가운데 그 우선순위가 내려간 듯하다. 지구온난화에 따른 생태적 위기처럼 바로 피부에 와닿는 사태가 이미 엄엄하게 진행되고 있기 때문이 아닌가 싶다.

나로선 집단적인 믿음으로 나타나는 종말론은 물론, 원폭종말론 내지 생태론적 종말론처럼 나름의 근거가 있는 예측에 대해서도 할 말이 별반 없다. 내가 관심을 갖는 부분은 이야기 형태의 종말론이라기보다는 커모드의 책 제목에서처럼 종말을 보는 감각(sense), 즉 눈앞의 모든 것은 사그러들고 스러져간다는 원리이자 철칙에 입각해 내면화되는 정서이다.

언제 그리고 어떻게 일지 모르지만 반드시 다가올 종말을 떠올려보는 것은 '죽음을 기억하라(Memento mori)'는 잠언이 그러하듯 세상과 자신을 통찰하는 계기이자 조건일 수 있다. 우리의 오만과 집착은 종말의 감각 앞에서 한갓된 것일 뿐이다. 쇠락의 운명은 향기로운 꽃이나 아름다운 여인이라고 해서 피해 가지 않는다. 오히려 종말의 감각은 그 향기가 진하고 아름다움이 눈부신 대상 앞에서 더 예민하게 발동하기도 한다. 그리고 짙은 어둠 속에서야 비로소 빛이 얼마나 밝은지 실감하듯, 종말의 감각을 통해서 아름다움은 비로소 선명하게 새겨질 것이다.

인간을 포함하여 세상과 만물의 영고성쇠를 일깨우는 것은 예술적인 통찰이 이르게 되는 한 경지다. 돈과 소위 명예를 뒤쫓으면서 언제까지라도 건강하려 하는 세속의 입장에서 볼 때 예술이 번번이 불쾌한 대상일 수 있는 이유다. 자신의 잉태 자체를 저주받은 일로 그렸듯(<송축 Bénédiction>) 보들레르에게 시인은 부정될 운명의 존재였다. 대중과는 근본적으로 다른 예외적 위치에 서기에 고난과 박해를 피할 수 없는 시인이, 그럼으로써 구현하는 특별한 신성(神性)이란 궁극적으로 종말을 직관하는 예지와 관련된 것이 아닐까 생각해 본다.

어떤 것도 영속하지 않음을 인정하는 서글픔은 실상 매우 보편적인 감정이다. 나 역시 겨우 걸을 때쯤부터 저녁 해거름녘이면 별 이유 없이 울곤 했다는데 성장한 뒤에도 그런 감정으로 가슴이 싸해질 때가 종종 있었다. 세상이 끝나는 기분이었다. 거창한 표현으로는 하루의 끝에서 세상의 끝을 예감했다고 할까.

아닌 게 아니라 짙어 가는 노을이 주변을 비현실적으로 만들고, 땅거미까지 스멀스멀 밀려올 때는 이 세상이 끝난 저 너머가 아드막하게나마 나타나는 듯해서 멍한 상태가 되었다. 기왕에 알던 익숙한 모든 것들이 사라져 문득 진공으로 되돌려지는 부재의 감각에 휘감기면 요즘

하는 말로 여긴 '어디고 나는 누구인가' 하는 질문을 던지게 마련이었다. 잠시나마 주변 일체가 낯설어지는 순간이어서 이 세상에서의 삶은 무상하고 우연적이라는 느낌이 강하게 밀려왔다. 마치 한 발만 뒤로 물러서도 모든 일이 하찮아지는 공백 속으로 들어설 것 같았다.

누구나 힘들고 고통스러운 인생의 고비에 처해 이게 꿈인가 하고 반문해 본 적이 있으리라. 나 역시 그런 상황에서 애써 무상함을 관조하는 위치에 서려 한 적이 있다. 내가 빠져 있는 사태로부터 거리를 둘 필요가 있었고, 모든 관여(關與)로부터 손을 놓은 초연한 자유로움에 목말랐기 때문이었다. 종말을 느끼는 감각은 집착이나 탐심을 덜게 하는 인간적인 능력일지 모른다.

페이소스(pathos)는 억제되지 않은 격앙된 고통의 감정으로, 그에 동반하게 마련인 충동적인 기분과 생각을 가리킨다. 문학적 소통에서 흔히 언급되는 페이소스는 독서를 통해 일어나는 정감적인 반응이다. 예컨대 비운을 맞아 고뇌하는 주인공을 바라볼 때처럼 연민을 느끼고 그가 겪는 고통에 동감(compassion)함으로써 일어나는 정서적 현상이며 효과가 페이소스이다.

이 용어는 한국문학을 읽는 비평가나 연구자에 의해서도 자주 사용되었다. 예를 들어 식민지 시대인 1930년대에 작가로서 이름을 널리 알린 이태준(李泰俊)의 소설에 대해서는 페이소스를 자아낸다는 평가가 이어졌다. 이태준은 가난하고 배우지 못한 주변적 인물들-그저 낙천적인 신문배달보조원이나 도시가 놀랍고 두려운 시골뜨기, 가난한 소작인을 비롯하여 죽어가는 폐병 환자같이 무력한(innocent) 희생자들을 스케치해 냈다. 작가적 화자는 이들을 향한 연민의 감정을 드러내지만, 실제로 그들을 도울 의사나 방법은 없기에 소설은 그들을 가련히 여기는 자신의 심경을 피력할 뿐이다.

이태준의 소설이 자아내는 페이소스는 사라져갈 운명의 군상들을 무력하게 바라보는 서글프고 울적한 감정이었다. 이태준의 단편이 상당수 그렇게 끝나고 있는 것을 보면 작가에게 이 감정은 어느 정도 타성이 된 듯하다. 작가가 이미 그런 감정으로 대상을 바라볼 때 더 드러내고 탐구할 수 있는 부분을 오히려 외면하게 된다는 점은 지적할 만한 문제다. 역시 이런 페이소스를 기대하는 독자일 경우 이태준 소설 읽기는 잠시의 감상(感傷)에 빠져 보는 기회로 그치게 마련일 것이다.

차츰 이태준의 시선은 사라져갈 운명의 옛것이나 전통을 향한다. 그는 식민 자본주의와 동원 체제 아래 쇠락해 간 전통적인 것들을 심미화함으로써 그 의미와 아름다움을 부각하려는 고물애호가(antiquarian)를 자처하기에 이른다. 직접 고완품 수집에 나서기도 하고 옛것의 전아(典雅)함을 즐기는 딜레탕트로 행동했던 사례들을 살펴보면, 그의 고물취미는 특별한 정체성을 확보하려는 수단이기도 했던 듯하다.

당시엔 폐허였던 경주를 여행하고 쓴 몇 편의 소설들에서 그는 자신을 허물어진 유적(遺蹟)과 사랑에 빠진 산책자로 그려냈다. 과거의 영광이 사라진 잔해 속에서 알 수 없고 되찾을 길 없는 매혹을 좇아 몽유(夢遊)하는 여정은 분명히 스스로를 위로하기 위한 것이었다. 아마도 그는 폐허를 거닐며 쇠락의 운명을 되새김으로써 식민지 현실 또한 체관(諦觀)하는 입장에 서려 했으리라.

초탈한 경지에 머물러 식민지의 시간을 밀어내 놓고 바라보려는 체관은 처세의 한 방법이었을 터이다. 위협적으로 변해 가는 세상으로부터 물러앉아야 한다는 생각에서 현실에 대한 관여를 회피할 수 있고, 또 한편으론 자신의 고적한 처지를 달래면서 합리화하는 여유를 가질 수 있었기 때문이다. 무가내한 세상의 변천을 관조할 뿐이라는 입장으로부터 비롯되는 페이소스는 씁쓸하지만 때로는 몽롱하게 달콤하기까지 한 것이 아니었을까?

미상불 초탈의 경지에선 격앙된 고통을 느낄 가능성이 적고 더구나 남의 고통에 동감하기도 어렵다. 모든 것이 스러져 갈 운명 속에 있다고 여기는 관점의 철저한 수동성이 자기중심적 감정의 유희로 이어지게 마련이라면 페이소스가 자기 연민으로 화하는 현상에 놀랄 필요는 없다.

이태준의 이야기를 길게 한 이유는 그가 보여준 페이소스가 식민지 시대 이래 전쟁과 급격한 산업화 과정을 거쳐야 했던 한국인들에게는 퍽 익숙한 감정이리라고 생각하기 때문이다. 예외가 얼마든지 있겠지만 고향을 떠나 거센 세파에 휩쓸려 허둥지둥 살아야 했던 형편에선 모든 일이 다 무상하고 종내 무(無)로 돌아갈 운명이라는 체념에 젖어봄으로써 현실 변화에 뒤처진 자신을 어루만지는 경우가 꽤 있지 않았을까 싶다.

감상적인 체념은 자신을 가혹한 운명의 애매한 희생자로 여기려 드는 것이다. 이런 상태에선 자기의 처신을 합리화할 뿐 아니라 기왕에 저지른 명백한 과오에 대해서조차 본디 뜻과는 달리 어찌하다 그리된 결과라는 식의 변명을 앞세우게 된다. 그러다가 갖가지 일로 마음속에 쌓인 원한이 솟구칠 때는 지금까지의 세상을 통째로 갈아엎자는 과격한 혁신의 구호에 쉬 휩쓸리기도 한다.

자기 연민에 이르는 페이소스의 문제점은 여태껏 살아온 삶과 지금 벌이는 행동의 의미를 궁극적으로 되물어 들어가는 자세를 견지하지 못한다는 데 있다. 막연히 자신을 애잔히 여기는 정조 속으로 피신해 버릴 때 윤리적 성찰이라든가 고뇌는 불가능하다. 모든 것을 뜻대로 할 수 없는 상황 탓으로 돌리고 말기 때문이다.

요즘 들어 내가 자신을 향해 가끔씩 던져보게 되는 질문 중의 하나는 나 또한 이태준식 페이소스에 젖어 살아오지 않았는가 하는 자책과 관련된 것이다. 뭘 하려다 장애나 한계에 부딪칠 때면 자신의 무력을 한탄하는 소조한 기분에 빠져 체관을 흉내 내고자 했기 때문이다. 짐짓 초탈한 경지로 물러서 기대와는 다르게 진행되어 버린 상황에 무심하려 했지만, 그때마다 속내로는 서글픈 감정을 제어하기 어려웠다. 이태준이 낙오자 군상을 향해 읍울(悒鬱)한 심정을 표했던 것과 달리 나의 경우는 남들을 돌아볼 여유도 없었다.

더구나 내가 산 개발의 시대는 빛바래고 부서져 내린 아름다운 '황성 옛터'가 사라져 버린 시간이었다. 폐허의 경주를 홀로 헤매는 고적하고 황홀한 여행은 이태준이 누렸던 '사치'였다. 군사독재 치하에선 누구든 적어도 우울증을 피할 수 있었겠냐고 핑계 겸해서 너스레를 떨 수 있겠지만, 절망적인 상황이면 절망을 하고, 해 보는 데까지 분투를 하는 것이 옳지 않았나 하는 생각으로 마음이 착잡해지기도 한다.

아무리 견고하고 대단해 보이는 것도 언젠가는 다 먼지로 돌아갈 터인데 절망이나 분노가 무슨 소용이겠냐는 식의 체관에 따르는 가장 치명적인 문제는 지금 여기의 지배적인 현상이나 존재를 용인할 뿐 아니라 결과적으로 긍정하게 된다는 점이다. 이런 체관은 자신의 무력(無力)을 시위하는 입장과 다르다. 무력의 시위가 자신의 의사를 밝히는 점에서 나름의 적극성을 갖는다면 체관은 이미 현실로부터 물러선 데서 비롯되기 때문이다.

더구나 체관 운운한다고 해서 은둔을 지켜가려는 자세가 절로 유지되는 것 역시 아니다. 체관하는 자가 초탈한 관조의 거리를 유지하지 못할 때는 어느 순간 지배적인 편에 가까이 서게 될 수 있다. 물론 어쩌지 못해 한 일이었다 하더라도 이태준이 여러 친일 행적을 남기고 있음은 그런 예라고 할 만하다. 일본 제국주의 또한 머지않아 무너져 내리리라는 확신이 없었기 때문이었을까?

니시다 기타로(西田幾多郞)는 일본이 진주만을 기습하여 이른바 태평양전쟁을 일으키는 시기에 있었던 이른바 '근대의 초극' 논의에 이론적 배경을 제공한 철학자다. 이 논의의 핵심적 논제라면 일본은 일본만의 특별한 정신적 방식으로 많은 문제에 봉착한 서구적 근대를 넘어서야[超克] 한다는 것이었다. 그러기 위해서는 서양과는 다른 '주체적' 입장을 견지해야 했다. 불교를 공부했던 니시다는 모든 것이 공(空)임을 깨닫는 마음의 상태에 이름으로써 내재적인 초월이 가능하다고 보았다. 주체적으로 이른바 '절대 무(無)'를 직관할 때, 공이 곧 색이고 색이 공이듯(空卽是色, 色卽是空), 서양에서 말해온 것보다 더 직접적이고 구체적인 실재의 자각에 이를 수 있다고 주장한 것이다.

요컨대 무(無)라는 아득한 근원을 내면화한 상태에서 마음으로 물질적 한정을 넘어 새로운 단계에 이를 수 있는 능동적 경지가 확보된다는 논리였다. 결국 마음의 조화를 통해 물질의 논리를 포용하고 승화시켜 세계문화의 혁신을 주도한다는 계획이 근대 초극의 방안으로 제시되기에 이른다. 그런데 이런 마음의 조화가 이미 객관적으로 존재하고 작동하는 천황제 파시즘을 어찌할 수 있는 것은 아니었다. 오히려 이 지배 체제에 대한 분명한 입장 갖기가 유보되는 한 마음은 일어나고 진행되는 현상을 긍정하는 쪽으로 움직일 터였다.

절대 무의 직관은 실제에서 천황과 제국을 위해 옥쇄해야 한다는 죽음의 심미화 따위를 용인하는 쪽으로 작용했다. 그가 말한 내재적 초월은 제국주의의 침략 전쟁을 외면한 것이었다. 거창한 니시다의 철학은 천황제 파시즘으로 나타난 지배적인 의식 형태를 비판하기는커녕 이를 빚은 이해관계에 충실했던 것이라고 말할 수밖에 없다.

이태준의 체관은 니시다의 야심만만한 기획이 그러했듯 현실에서 자신이 서야 할 위치를 잡는 윤리적 고민을 결여한 것이었다. 모든 존재가 쇠할 운명임을 단정할 때 현재는 그 진행의 과도적인 순간으로 여겨질 수 있다. 따라서 지금의 문제를 두고 입장을 표명하는 것은 의미 없고 소용도 없는 일이 된다. 어떤 문제라도 얼마지 않아 스러져 갈 터이기 때문이었다.

니시다가 펼친, 무(無)를 직관하는 초월적 상태에서 모든 것을 만들고 또 없애는 마음의 조화를 기대한 독창적 구상은 번연히 진행되고 있었던 침략 전쟁에 동조하는 구실이 되었다. 수많은 사람들이 죽음과 고통을 당하는 현실조차 새로운 시대를 여는 거대한 세계사적 프로그램의 일환으로 치부되었던 것이다. 이는 윤리를 밀어 놓은 결과로 볼 수밖에 없다. 앞서 말했듯 윤리란 궁극적으로 자신이 어떤 자리에 설 것인가를 선택하는 일이다. 이태준의 페이소스는 이 선택을 미루고 회피하게 했다. 절대 무 운운한 니시다에게도 일본 제국주의가 아시아 전역을 장악하면서 벌어진 참극은 관심사가 아니었다.

누군가 그들이 한낱 작가고 서재의 철학자였다는 변명을 한다면 아마도 이렇게 대답해야 할 듯싶다. 진행되고 있는 문제를 방관한 사람들은 그에 대한 책임이 있다. 당장 행동이 불가능하다 하더라도 윤리적 인간이라면 무엇이 문제이고 왜 문제인지를 인지하고, 필요하다면 입장을 표명해야 한다. 처연히 자신의 무력을 드러낸다고 해서 윤리적 책임을 면탈할 수 있는 것은 아니다. 현실 문제를 벗어난 진공 지대 같은 것은 실제로 없다. 현실에 임하여 윤리가 발동한다기보다 윤리적 선택을 통해 비로소 현실에 다가서는 일이 가능하다.

모든 것이 스러져 마침내 이르게 될 무의 경지를 직관하는 종말의 감각이 윤리적 성찰을 막은 것이라면 이 메커니즘은 유행병같이 번진 종말론 때문에 곧 세상이 끝나리라고 믿은 군상이 떼를 지어 다니며 마구 난동을 부렸다는 중세 유럽에서의 사례와 비교해 볼 만하다. 윤리를 저버리고 포기한 점이 다르지 않거니와, 두 경우 모두 종말의 감각을 앞세워 현재에 눈감았기 때문이다.

이태준 혹은 니시다는 운명적 종말을 내면화한다는 입장이 현실의 문제를 외면하고 또 용인하게 한 보기였다. 세상의 끝을 느끼는 종말의 감각에 갇히거나 역사의 대전환을 전망하는 과격한 논리에 휘둘릴 때 이태준 혹은 니시다의 사례는 내용과 형태를 달리하여 반복될 것이다. 종말론 파동은 여전히 현재의 문제일 수 있다.

이태준은 해방 이후 이른바 좌익 정치운동에 끼어들었고 급기야 월북을 선택한다. 오랫동안 자신에게 붙여졌던 '순수 작가'라는 꼬리표가 내심 흡족하지 않았던지 적극적 변신을 도모했던 것이다. 이태준의 변신은 예상 밖이어서 기왕에 보였던 체관의 제스처나 고물애호가로서의 모습이 과연 임시로 취한 처세의 방도였던가 하는 의심을 하게 될 정도다. 이제 나서서 말하고 행동할 때라고 판단하여 '정치'에까지 뛰어들게 되었다고 그는 스스로 피력한 바 있다(소설 <해방전후>). 그러나 상황이 달라져 선택도 달라졌다는 이야기라면 이런 거취의 변화를 과연 윤리적 선택으로 보아야 할지는 논의해 볼 만하다.

월북한 이태준은 한동안 문화조직의 높은 자리에 있기도 했지만, 곧 숙청을 당해 지방을 전전하다 죽었다. 나는 그가 생을 어떤 마음으로 끝마쳤는지 궁금해했던 적이 있다. 역시 자신을 가혹한 세월에 시달린 서글픈 희생자로 여겼으리라 추측하다가, 나이브한 자신의 행동 때문에 패착을 두어 결국 사지로 몰렸다고 아쉬워하는 장면을 상상도 했던 듯하다.

체관이란 본디 어떤 경우에서든 자신이 처한 현실을 꿰뚫어 살펴서 그 이치를 깨닫는 일을 뜻한다. 그야말로 세속을 벗어나 초탈한 경지에 이르기 위해서도 체관이라는 말의 원래 의미처럼 먼저 세상과 자신을 바로 보는 진정한 현실주의자여야 할 필요가 있었다. 거듭 지적했지만 쇠락을 운명으로 여기는 감상적 정감은 실제적이 되기를 방해하는 것이었다.

식민지 시대의 이태준은 이 정감의 프레임을 벗어나지 못했다. 월북한 그가 북한을 새로운 건설이 이루어지는 예비 낙원으로 그려냈던 것은 감상적 정감의 또 다른 발로였다고 보아야 할 듯싶다. 끝 혹은 쇠

신된 시작에 대한 담화는 종종 실제를 외면함으로써 증식되는 것인데, 이태준이 북한에서 써낸 소설들 역시 이미 정해져 있는 이야기를 장황하게(redundantly) 반복한 여느 경우들과 다르지 않았다.

여태껏 살며 어렴풋이나마 알게 된 것이 있다. 현실주의란 여러 의미를 갖지만 무엇보다 일단은 처한 상황을 견뎌내는 데서 가능한 태도이고 입장이라는 깨달음이다. 쉬 낙담을 하거나 섣부른 기대를 가질 때 현실이 제대로 보일 리 없다. 분노만큼 감격도 위험하다. 끝까지 살피고 꿋꿋이 견뎌내야 할 뿐이다.

내가 이태준의 처지였다면 어떤 선택을 했을지 모르지만 그는 또 너무 성급했던 것 같다. 내일 세상이 멸망한다 하더라도 오늘 사과나무를 심겠다는 누군가의 말은 차분하게 견디는 마음으로 오늘에 충실하겠다는 다짐일 것이다.

호모 나라티오
# 이야기하는 인간

**초판 1쇄 펴냄**  2025년 8월 30일

| | |
|---|---|
| **지은이** | 신형기 |
| **펴낸이** | 김경섭 |
| **펴낸곳** | 도서출판 삼인 |
| **전화** | 02-322-1845 |
| **팩스** | 02-322-1846 |
| **이메일** | saminbooks@naver.com |
| **출판등록** | 1996년 9월 16일  제25100-2012-000045호 |
| **주소** | (03716) 서울시 서대문구 성산로 312, 북산빌딩 1층 |

| | |
|---|---|
| **디자인** | 김은선 |
| **제작** | 수이북스 |

ISBN 978-89-6436-287-7(03810)

\* 이 책의 판권은 지은이와 도서출판 삼인에 있습니다.
  저작권법에 의해 보호받는 저작물이므로 무단 전재와 복제를 금합니다.
\* 잘못된 책은 구입처에서 교환해드립니다.
\* 가격은 뒤표지에 있습니다.